梁启超经典

梁启超 著

当代世界出版社

图书在版编目（CIP）数据

梁启超经典/梁启超著．—北京：当代世界出版社，2016.2

（民国文化名家经典书馆/滕浩主编）

ISBN 978-7-5090-1071-6

Ⅰ.①梁… Ⅱ.①梁… Ⅲ.①梁启超（1873～1929）—文集 Ⅳ.①C52

中国版本图书馆CIP数据核字（2015）第309183号

书　　名：	梁启超经典
出版发行：	当代世界出版社
地　　址：	北京市复兴路4号（100860）
网　　址：	http：//www．worldpress．com．cn
编务电话：	（010）83907332
发行电话：	（010）83908409
	（010）83908455
	（010）83908377
	（010）83908423（邮购）
	（010）83908410（传真）
经　　销：	全国新华书店
印　　刷：	北京欣睿虹彩印刷有限公司
开　　本：	710毫米×1000毫米　1/16
印　　张：	16
字　　数：	248千字
版　　次：	2016年2月第1版
印　　次：	2016年2月第1次
书　　号：	ISBN 978-7-5090-1071-6
定　　价：	24.80元

如发现印装质量问题，请与承印厂联系调换。
版权所有，翻印必究；未经许可，不得转载！

目　录

讲演录

少年中国说	3
在中国公学之演说	9
论中国积弱由于防弊	12
呵旁观者文	17
过渡时代论	23
说　希　望	28
新　民　说	33
反对复辟电	40
变法通议（节选）	43
保教非所以尊孔论	58
释"革"	68
革命相续之原理及其恶果	73
复古思潮平议	79
上袁大总统书	87

文化杂谈

饮冰室自由书（节选）	93

非"唯" …………………………………………… 107

学问之趣味 ………………………………………… 111

敬业与乐业 ………………………………………… 114

为学与做人 ………………………………………… 118

知命与努力 ………………………………………… 123

新大陆游记（节选） ……………………………… 130

欧游心影录（节选） ……………………………… 138

"知不可而为"主义与"为而不有"主义 ………… 144

科学精神与东西文化 ……………………………… 153

东南大学课毕告别辞 ……………………………… 161

人生观与科学 ……………………………………… 169

论学术之势力左右世界 …………………………… 174

论小说与群治之关系 ……………………………… 181

论佛教与群治之关系 ……………………………… 186

屈原研究 …………………………………………… 194

情圣杜甫 …………………………………………… 219

三十自述 …………………………………………… 234

亡友夏穗卿先生 …………………………………… 239

南海先生七十寿言 ………………………………… 245

校刻浏阳谭氏《仁学》序 ………………………… 248

重印郑所南《心史》序 …………………………… 250

少年中国说

日本人之称我中国也，一则曰老大帝国，再则曰老大帝国。是语也，盖袭译欧西人之言也。呜呼！我中国其果老大矣乎？梁启超曰：恶！是何言！是何言！吾心目中有一少年中国在。

欲言国之老少，请先言人之老少。老年人常思既往，少年人常思将来。惟思既往也，故生留恋心；惟思将来也，故生希望心。惟留恋也，故保守；惟希望也，故进取。惟保守也，故永旧；惟进取也，故日新。惟思既往也，事事皆其所已经者，故惟知照例；惟思将来也，事事皆其所未经者，故常敢破格。老年人常多忧虑，少年人常好行乐。惟多忧也，故灰心；惟行乐也，故盛气。惟灰心也，故怯懦；惟盛气也，故豪壮。惟怯懦也，故苟且；惟豪壮也，故冒险。惟苟且也，故能灭世界；惟冒险也，故能造世界。老年人常厌事，少年人常喜事。惟厌事也，故常觉一切事无可为者；惟好事也，故常觉一切事无不可为者。老年人如夕照，少年人如朝阳。老年人如瘠牛，少年人如乳虎。老年人如僧，少年人如侠。老年人如字典，少年人如戏文。老年人如鸦片烟，少年人如泼兰地酒。老年人如别行星之陨石，少年人如大洋海之珊瑚岛。老年人如埃及沙漠之金字塔，少年人如西伯利亚之铁路。老年人如秋后之柳，少年人如春前之草。老年人如死海之潴为泽，少年人如长江之初发源。此老年与少年性格不同之大略也。梁启超曰：人固有之，国亦宜然。

梁启超曰：伤哉，老大也！浔阳江头琵琶妇，当明月绕船，枫叶瑟瑟，衾寒于铁，似梦非梦之时，追想洛阳尘中春花秋月之佳趣。西宫南内，白发宫娥，一灯如穗，三五对坐，谈开元天宝间遗事，谱《霓裳羽衣曲》。青门种瓜人，左对孺人，顾弄孺子，忆侯门似海珠履杂遝之盛事。拿破仑之流于厄蔑，阿剌飞之幽于锡兰，①与三两监守吏或过访之好事者，道当年短刀匹马，驰骋中原，席卷欧洲，血战海楼，一声叱咤，万国震恐之丰功伟烈，初而拍案，继而抚髀，终而揽镜。呜呼！面皱齿尽，白发盈把，颓然老矣！若是者，舍幽郁之外无心事，舍悲惨之外无天地，舍颓唐之外无日月，舍叹息之外无音声，舍待死之外无事业。美人豪杰且然，而况于寻常碌碌者耶？生平亲友，皆在墟墓；起居饮食，待命于人。今日且过，遑知他日？今年且过，遑恤明年？普天下灰心短气之事，未有甚于老大者。于此人也，而欲望以擎云之手段，回天之事功，挟山超海之意气，能乎不能？

呜呼！我中国其果老大矣乎？立乎今日以指畴昔，唐虞三代，若何之郅治；秦皇汉武，若何之雄杰；汉唐来之文学，若何之隆盛；康乾间之武功，若何之烜赫。历史家所铺叙，词章家所讴歌，何一非我国民少年时代良辰美景、赏心乐事之陈迹哉！而今颓然老矣！昨日割五城，明日割十城，处处雀鼠尽，夜夜鸡犬惊。十八省之土地财产，已为人怀中之肉，四百兆之父兄子弟，已为人注籍之奴，岂所谓"老大嫁作商人妇"者耶？呜呼！"凭君莫话当年事，憔悴韶光不忍看！"楚囚相对，岌岌顾影，人命危浅，朝不虑夕。国为待死之国，一国之民为待死之民，万事付之奈何，一切凭人作弄，亦何足怪。

梁启超曰：我中国其果老大矣乎？是今日全地球之一大问题也。如其老大也，则是中国为过去之国，即地球上昔本有此国，而今渐渐灭，他日之命运殆将尽也；如其非老大也，则是中国为未来之国，即地球上昔未现此国，而今渐发达，他日之前程且方长也。欲断今日之中国为老大耶，为少年耶？则不可不先明"国"字之意义。夫国也者，何物也？有土地，有人民，以居于其土地之人民，而治其所居之土地之事，自制

---

① 厄蔑：通译厄尔巴岛，意大利第三大岛，1814年拿破仑被流放于此。阿剌飞：（约1839—1911)，埃及爱国军官，1882年领导埃及军民抵抗英军失败后被捕，流放到锡兰。后文也作亚剌飞，锡兰，斯里兰卡的旧称。

法律而自守之；有主权，有服从，人人皆主权者，人人皆服从者。夫如是，斯谓之完全成立之国。地球上之有完全成立之国也，自百年以来也。完全成立者，壮年之事也。未能完全成立而渐进于完全成立者，少年之事也。故吾得一言以断之曰：欧洲列邦在今日为壮年国，而我中国在今日为少年国。

夫古昔之中国者，虽有国之名，而未成国之形也。或为家族之国，或为酋长之国，或为诸侯封建之国，或为一王专制之国，虽种类不一，要之，其于国家之体质也，有其一部而缺其一部。正如婴儿自胚胎以迄成童，其身体之一二官支，先行长成，此外则全体虽粗具，然未能得其用也。故唐虞以前为胚胎时代，殷周之际为乳哺时代，由孔子而来至于今为童子时代。逐渐发达，而今乃始将入成童以上少年之界焉。其长成所以若是之迟者，则历代之民贼有窒其生机者也。譬犹童年多病，转类老态，或且疑其死期之将至焉，而不知皆由未完全、未成立也；非过去之谓，而未来之谓也。

且我中国畴昔，岂尝有国家哉！不过有朝廷耳。我黄帝子孙，聚族而居，立于此地球之上者既数千年，而问其国之为何名，则无有也。夫所谓唐、虞、夏、商、周、秦、汉、魏、晋、宋、齐、梁、陈、隋、唐、宋、元、明、清者，则皆朝名耳。朝也者，一家之私产也。国也者，人民之公产也。朝有朝之老少，国有国之老少。朝与国既异物，则不能以朝之老少而指为国之老少明矣。文、武、成、康，周朝之少年时代也。幽、厉、桓、赧，则其老年时代也。高、文、景、武，汉朝之少年时代也。元、平、桓、灵，则其老年时代也。自余历朝，莫不有之。凡此者谓为一朝廷之老也则可，谓为一国之老也则不可。一朝廷之老且死，犹一人之老且死也，于吾所谓中国者何与焉。然则，吾中国者，前此尚未出现于世界，而今乃始萌芽云尔。天地大矣，前途辽矣，美哉我少年中国乎！

玛志尼者①，意大利三杰之魁也。以国事被罪，逃窜异邦，乃创立一会，名曰"少年意大利"。举国志士，云涌雾集以应之，卒乃光复旧物，使意大利为欧洲之一雄邦。夫意大利者，欧洲第一之老大国也。自罗马亡后，土地隶于教皇，政权归于奥国，殆所谓老而濒于死者矣。而得一玛志尼，且能举全国而少年之，况我中国之实为少年时代者耶？堂堂四百余州之国土，凛凛四百余兆之国民，岂遂无一玛志尼其人者！

龚自珍氏之集有诗一章，题曰《能令公少年行》，吾尝爱读之，而有味乎其用意之所存。我国民而自谓其国之老大也，斯果老大矣；我国民而自知其国之少年也，斯乃少年矣。西谚有之曰："有三岁之翁，有百岁之童。"然则国之老少，又无定形，而实随国民之心力以为消长者也。吾见乎玛志尼之能令国少年也，吾又见乎我国之官吏士民能令国老大也，吾为此惧！夫以如此壮丽浓郁翩翩绝世之少年中国，而使欧西日本人谓我为老大者，何也？则以握国权者，皆老朽之人也。非哦几十年八股，非写几十年白折，非当几十年差，非捱几十年俸，非递几十年手本，非唱几十年诺，非磕几十年头，非请几十年安，则必不能得一官，进一职。其内任卿贰以上，外任监司以上者，百人之中，其五官不备者，殆九十六七人也。非眼盲则耳聋，非手颤则足跛，否则半身不遂也。彼其一身，饮食步履视听言语，尚且不能自了，须三四人在左右扶之捉之，乃能度日，于此而乃欲责之以国事，是何异立无数木偶而使之治天下也！且彼辈者，自其少壮之时，既已不知亚细、欧罗为何处地方②，汉祖唐宗是那朝皇帝，犹嫌其顽钝腐败之未臻其极，又必搓磨之，陶冶之，待其脑髓已涸，血管已塞，气息奄奄，与鬼为邻之时，然后将我二万里山河，四万万人命，一举而畀于其手。呜呼！老大帝国，诚哉其老大也！而彼辈者，积其数十年之八股、白折、当差、捱俸、手本、

---

① 玛志尼：今译马志尼（1805—1972）：意大利民族运动领袖，曾发动和组织资产阶级革命，为"意大利建国三杰"之一。

② 亚细、欧罗：即亚细亚、欧罗巴的省称。

唱诺、磕头、请安，千辛万苦，千苦万辛，乃始得此红顶花翎之服色，中堂大人之名号，乃出其全副精神，竭其毕生力量，以保持之。如彼乞儿拾金一锭，虽轰雷盘旋其顶上，而两手犹紧抱其荷包，他事非所顾也，非所知也，非所闻也。于此而告之以亡国也，瓜分也，彼乌从而听之，乌从而信之！即使果亡矣，果分矣。而吾今年既七十矣，八十矣，但求其一两年内，洋人不来，强盗不起，我已快活过了一世矣！若不得已，则割三头两省之土地，奉申贺敬，以换我几个衙门；卖三几百万之人民作仆为奴，以赎我一条老命，有何不可？有何难办？呜呼！今之所谓老后、老臣、老将、老吏者，其修身齐家治国平天下之手段，皆具于是矣。"西风一夜催人老，凋尽朱颜白尽头。"使走无常当医生，携催命符以祝寿。嗟乎痛哉！以此为国，是安得不老且死，且吾恐其未及岁而殇也。

  梁启超曰：造成今日之老大中国者，则中国老朽之冤业也；制出将来之少年中国者，则中国少年之责任也。彼老朽者何足道？彼与此世界作别之日不远矣！而我少年乃新来而与世界为缘。如僦屋者然，彼明日将迁居他方，而我今日始入此室处。将迁居者，不爱护其窗棂，不洁治其庭庑，俗人恒情，亦何足怪。若我少年者，前程浩浩，后顾茫茫。中国而为牛为马、为奴为隶，则烹脔鞭棰之惨酷，惟我少年当之；中国如称霸宇内，主盟地球，则指挥顾盼之尊荣，惟我少年享之。于彼气息奄奄、与鬼为邻者何与焉？彼而漠然置之，犹可言也；我而漠然置之，不可言也。使举国之少年而果为少年也，则吾中国为未来之国，其进步未可量也；使举国之少年而亦为老大也，则吾中国为过去之国，其澌亡可跷足而待也。故今日之责任，不在他人，而全在我少年。少年智则国智，少年富则国富，少年强则国强，少年独立则国独立，少年自由则国自由，少年进步则国进步，少年胜于欧洲，则国胜于欧洲，少年雄于地球，则国雄于地球。红日初升，其道大光。河出伏流，一泻汪洋。潜龙腾渊，鳞爪飞扬。乳虎啸谷，百兽震惶。鹰隼试翼，风尘吸张。奇花初胎，矞矞皇皇。干将发硎，有作其芒。天戴其苍，地履其黄。纵有千古，横有八荒。前途似海，来日方长。美哉，我少年中国，与天不老！壮哉，我中国少年，与国无疆！

"三十功名尘与土，八千里路云和月。莫等闲，白了少年头，空悲切。"此岳武穆《满江红》词句也①，作者自六岁时即口受记忆，至今喜诵之不衰。自今以往，弃"哀时客"之名，更自名曰"少年中国之少年"。作者附识。

---

① 岳武穆：即岳飞，宋代抗金名将，谥岳武穆。

在中国公学之演说

鄙人对于校中任事诸人皆为道义交，可谓精神上久已结合一致，惟自己未曾稍尽义务为可愧耳。此次游欧，为时短而历地多，故观察亦不甚清切。所带来之土产，因不甚多，惟有一件可使精神受大影响者，即将悲观之观念完全扫清是已。因此精神得以振作，换言之，即将暮气一扫而空。此次游欧所得止此。何以能致此？则因观察欧洲百年来所以进步之故，而中国又何以效法彼邦而不能相似之故，鄙人对于此点有所感想。

考欧洲所以致此者，乃因其社会上、政治上固有基础而自然发展以成者也。其固有基础与中国不同，故中国不能效法。欧洲在此百年中，可谓在一种不自然之状态中，亦可谓在病的状态中。中国效法此种病态，故不能成功。

第一，以政治论。例如代议制，乃一大潮流，亦十九世纪唯一之宝物，各国皆趋此途，稍有成功，而中国独否。此何故？盖代议制在欧洲确为一种阶级，而在中国则无此可能性。盖必有贵族地主，方能立宪，以政权集中于少数贤人之手，以为交付于群众之过渡。如英国确有此种少数优秀之人，先由贵族扩至中产阶级，再扩至平民，以必有阶级始能次第下移，此少数人皆有自任心。日本亦然，以固有阶级之少数优秀代表全体人民。至于中国则不然。自秦以来，久无阶级，故欲效法英日，竟致失败，盖因社会根底完全不同故也。中国本有民意政治之雏形，全国人久已有舆论民岩之印象。但其表示之方法则甚为浑漠为可憾耳。如御史制度，即其一例。其实自民本主义而言，中国人民向来有不愿政府干涉之心，亦殊合民本主义之精神。对于此种特性，不可漠视。往者吾人徒作中央集权之迷梦，而忘却此种固有特性。须知集权与中国民性最不相容，强行之，其结果不生反动，必生变态，此所以吾人虽欲效法欧洲而不能成功者也。但此种不成功果为中国之不幸乎，抑幸乎？先以他国为喻。如日德，究竟其效法于英者，为成功欤，抑失败欤？日本则因结果未揭晓，悬而勿论。且言德国。其先本分两派，一为共和统一派，一为君主统一派，迨俾士麦出，君主统一乃成。假定无俾氏，又假定出于共和统一之途，吾敢断言亦必成功，特不过稍迟耳；又假定其早已采用民本主义，吾敢决其虽未能发展如现在之速，然必仍发达如故。则可见此五十年乃绕道而走，至今仍须归原路，则并非幸也可知矣。总之，德国虽学英而成，然其价值至今日则仍不免于重新估定。如中国虽为学而失败者，然其失败未必为不幸。譬如一人上山，一人走平地，山后无路，势必重下，而不能上山者，则有平路可走。可知中国国民，此次失败，不过小受波折，固无伤于大体，且将来大有希望也。

第二，论社会亦然。中国社会制度颇有互助精神。竞争之说，素为中国人所不解，而互助则西方人不甚了解。中国礼教及祖先崇拜，皆有一部分为出于克己精神与牺牲精神者。中国人之特性不能抛弃个人享乐，而欧人则反之。夫以道德上而言，决不能谓个人享乐主义为高，则中国人之所长，正在能维持社会的生存与增长。故中国数千年来经外族之蹂躏，而人数未尝减少，职此之故。因此吾以为不必学他人之竞争主义，不如就固有之特性而修正扩充之也。

第三，论经济。西方经济之发展，全由于资本主义，乃系一种不自然之状态，并非合理之组织。现在虽十分发达，然已将趋末路，且其积重难返，不能挽救，势必破裂。中国对于资本集中，最不适宜，数十年来欲为之效法，而始终失败。然此失败，未必为不幸。盖中国因无贵族地主，始终实行小农制度。此种小农制度，法国自革命后始得之，俄之多数派亦主张此制，而中国则固有之。现代经济皆以农业为经济基础，则中国学资本主义而未成，岂非大幸？将来大可取新近研究所得之制度而采用之。鄙人觉中国之可爱，正在此。

　　总之，吾人当将固有国民性发挥光大之，即当以消极变为积极是已。如政治本为民本主义，惜其止在反对方面，不在组织方面；社会制度本为互助主义，亦惜止限于家庭方面，若变为积极，斯佳矣。鄙人自作此游，对于中国，甚为乐观，兴会亦浓，且觉由消极变积极之动机，现已发端。诸君当知，中国前途绝对无悲观，中国固有之基础，亦最合世界新潮，但求各人自高尚其人格，励进前往可也。以人格论，在现代，以李宁为最①，其刻苦之精神，其忠于主义之精神，最足以感化人，完全以人格感化全俄，故其主义能见实行。惟俄国国民性为极端，与中国人之中庸性格不同。吾以为中国人亦非设法调和不可，即于思想当为彻底解放，而行为则当踏实，必自立在稳当之地位。学生诸君当人人有自任心，极力从培植能力方面着想，总须将自己发展到圆满方可。对于中国不必悲观，对于自己则设法养成高尚人格，则前途诚未可量也。

① 李宁：即列宁。

论中国积弱由于防弊

先王之为天下也公，故务治事；后世之为天下也私，故务防弊。务治事者，虽不免小弊，而利之所存，恒足以相掩；务防弊者，一弊未弭，百弊已起，如茸漏屋，愈茸愈漏，如补破衲，愈补愈破。务治事者，用得其人则治，不得其人则乱；务防弊者，用不得其人而弊滋多，即用得其人而事亦不治。自秦迄明，垂二千年，法禁则日密，政教则日夷，君权则日尊，国威则日损。上自庶官，下自亿姓，游于文网之中，习焉安焉，驯焉扰焉，静而不能动，愚而不能智。历代民贼，自谓得计，变本而加厉之。及其究也，有不受节制，出于所防之外者二事：曰彝狄，曰流寇。二者一起，如汤沃雪，遂以灭亡。于是昔之所以防人者，则适足为自敝之具而已。

梁启超曰：吾尝读史鉴古今成败兴废之迹，未尝不惛惛而悲也。古者长官有佐无贰，所以尽其权，专其责，易于考绩。（《王制》、《公羊传》、《春秋繁露》所述官制，莫不皆然，独《周礼》言"建其正，立其贰"，故既有冢宰、司徒、宗伯、司马、司寇、司空，复有小宰、小司徒、小宗伯、小司马、小司寇、小司空。凡正皆卿一人，凡贰皆中大夫二人，此今制一尚书、两侍郎之所自出。《周礼》伪书，误尽万世者也。）汉世九卿，尚沿斯制。（汉、晋间太常等尚无少卿，后魏太和十五年始有之。）后世惧一部之事，一人独专其权也，于是既有尚书，复有侍郎，重以管部，计一部而长官七人，人人无权，人人无责。防之诚密矣，然不相掣肘，即相推诿，无一事能举也。古者大国百里，小国五十，各亲其民，而上统于天子，诸侯所治之地，犹今之县令而已。汉世犹以郡领县，而郡守则直达天子。后世惧亲民之官权力过重也，于是为监司以防之；又虑监司之专权也，为巡抚、巡按等以防之；又虑抚、按之专权也，为节制、总督以防之。防之诚密矣，然而守令竭其心力以奉长官，犹惧不得当，无暇及民事也；朘万姓脂膏，为长官苞苴，虽厉民而位则固也。古者任官，各举其所知，内不避亲，外不避仇。汉、魏之间，尚存此意，故左雄在尚书，而天下号得人；毛玠、崔琰为东曹掾，而士皆砥砺名节。后世虑选人之请托，铨部之徇私也。于是崔亮、裴光庭定为年劳资格之法，孙丕扬定为掣签之法。防之诚密矣，然而奇才不能进，庸才不能退，则考绩废也；不为人择地，不为地择人，则吏治隳也。古者乡官，悉用乡人，（《周礼》、《管子》、《国语》具详之。）汉世掾尉，皆土著为之，（《京房传》：房为魏郡太守，自请得除用他郡人。可知汉时掾属无不用本郡人者，房之此请，乃是破格。）盖使耳目相近，督察易力。后世虑其舞弊也，于是隋文革选，尽用他郡，然犹南人选南，北人选北。（宋政和六年诏，知县注选，虽甚远，无过三十驿。三十驿者，九百里也。）明之君相，以为未足，于是创南北互选之法。防之诚密矣，然赴任之人，动数千里，必须举债，方可到官，非贪污无以自存也。土风不谙，语言难晓，政权所寄，多在猾胥，而官为缀旒也。古者公卿，自置室老，汉世三府，开阁辟士，九卿、三辅、郡国，咸自署吏，（顾氏《日知录》云：鲍宣为豫州牧，郭钦奏其举错烦苛，代二千石署吏。是知署吏乃二千石之职，州牧代之，尚为烦苛，今以天子而代之宜乎？事烦而职不举。）所以臂指相使，情义相通。后世虑其植党市恩也，于是一命以上，皆由吏部。防之诚密矣，然长佐不习，耳目不真，或长官有善政，而末由奉行，或小吏有异才，而不能自见也。古者用人皆久于其任，封建世卿无论矣，自余庶官，或一职而终身任之，且长子孙焉。爰及汉世，犹存此意，故守令称职者，玺书褒勉，或累秩至九卿，终不迁其位，盖使习其地，因以竟其功。后世恐其久而弊生也，于是定为几年一任之法，又数数迁调，宜南者使之居北，知礼者使之掌刑。防之诚密矣，然或欲举一事，未竟而去官，则其事废也；每易一任，必经营有年，乃更举一事，事未竟而去如初，故人人不能任事。而其盘踞不去，世其业者，乃在胥吏，则吏有权而官无权也。古者国有大事，谋及庶人，汉世亦有议郎、议大夫、博士、议曹，不属事，不直事，以下士而议国政，（余别有《古议院考》。）所以通下情，固邦本。后世恐民之讪己也，蔑其制，废其官。防之诚密矣，然上下隔绝，民气散涣，外患一至，莫能为救也。古者三公坐而论道，其权重大，其体尊严。（三公者，一相、二伯。）汉制丞相用人行政，无所不统，盖君则世及，而相则传贤，以相行政，所以救家天下之穷也。后世恐其专权敌君也，渐收其权归之尚书，渐收而归之中书，而归之侍中，而归之内阁；渐易其名为尚书令，为侍中，为左右仆射，中书侍郎，门下侍郎，为平章政事同三品，为大学士；渐增其员为二人，为四人，乃至十人；渐建其贰为同平章事，参知政事，为协办大学士。其位日卑，其权日分，于是宰相遂为天子私人。防之诚密矣，然政无所出，具官盈廷，徒供画诺，推诿延阁，百事丛脞也。古者科举皆出学校，教之则为师，官之则为君，汉、晋以降，犹采虚望。后世虑士之沽名，官之徇私也，于是为帖括诗赋以锢之，浸假而锁院，而搜检，而糊名，而誊录，而回避。若夫试官，固天子近侍亲信之臣，亲试于廷，然后出之者也，而使命一下，严封其宅焉；所至，严封其寓焉；行也，严封其舟车焉，若槛重囚。防之诚密矣，然暗中摸索，探筹赌戏，驱人于不学，导人以无耻，而关节请托之弊，卒未尝绝也。古之学者，以文会友；师儒之官，以道得民。后世恐其聚众而持清议也，于是戒会党之名，严讲学之禁。防之诚密矣，然而儒不谈道，独学孤陋，人才凋落，士气不昌，徒使无忌惮之小人，借此名以陷君子，为一网打尽之计也。古者疑狱，泛与众共，悬法象魏，民悉读之，盖使知而不犯，冤而得伸。后世恐其民之狡赖也，端坐堂皇以耸之，陈列榜杨以胁之。防之诚密矣，然刁豪者益藉此以吓小民，愿弱者每因此而戕身命，猾吏附会例案，上下其手，冤气充塞，而莫能救正也。古者天子时巡，与国人交，君于其臣，贱亦答拜；汉世丞相谒天子，御座为起，在舆为下，郡县小吏，常得召见。后世恐大泽之分不严也，九重深闭，非执政末由得见。防之诚密矣，然生长深宫，不闻外事，见贤士大夫之时少，亲宦官宫妾之时多，则主德必昏也。上下睽孤，君视臣如犬马，臣视君如国人也。凡百庶政，罔不类是，虽更数仆，悉数为难。

悠悠二千岁，莽莽十数姓，谋谟之臣比肩，掌故之书充栋，要其立法之根，不出此防弊之一心。谬种流传，遂成通理，以缜密安静为美德，以好事喜功为恶词。容容者有功，嶢嶢者必缺，在官者以持禄保位为第一义，缀学者以束身自好为第一流。大本既拨，末亦随之。故语以开铁路，必曰恐妨舟车之利也；语以兴机器，必曰恐夺小民之业也；语以振商务，必曰恐坏淳朴之风也；语以设学会，必曰恐导标榜之习也；语以改科举，必曰恐开躁进之门也；语以铸币楮，必曰恐蹈宋、元之辙也；语以采矿产，必曰恐为晚明之续也；语以变武科，必曰恐民挟兵器以为乱也；语以轻刑律，必曰恐民藐法纪而滋事也。坐此一念，百度不张。譬之忡病，自惊自怛，以废寝食；譬之痿病，不痛不痒，僵卧床蓐，以待死期。岂不异哉！岂不伤哉！

防弊之心乌乎起？曰：起于自私。请言公私之义。西方之言曰：人人有自主之权。何谓自主之权？各尽其所当为之事，各得其所应有之利，公莫大焉，如此则天下平矣。防弊者欲使治人者有权，而受治者无权，收人人自主之权，而归诸一人，故曰私。虽然，权也者，兼事与利言之也。使以一人能任天下人所当为之事，则即以一人独享天下人所当得之利，君子不以为泰也。先王知其不能也，故曰："不患寡而患不均。"又曰："君子有絜（契）矩之道，言公之为美也。"地者积人而成，国者积权而立，故全权之国强，缺权之国殃，无权之国亡。何谓全权？国人各行其固有之权；何谓缺权？国人有有权者，有不能自有其权者；何谓无权？不知权之所在也。无权恶乎起？曰：始也，欲以一人而夺众人之权，然众权之繁之大，非一人之智与力所能任也；既不能任，则其权将糜散堕落，而终不能以自有。虽然，向者众人所失之权，其不能复得如故也，于是乎不知权之所在。故防弊者，始于争权，终于让权。何谓让权？天下有事，上之天子，天子曰议以闻，是让权于部院；部院议可，移文疆吏，是让权于督抚；督抚以颁于所属，是让权于州县；州县以下于有司，是让权于吏胥。一部之事，尚侍互让；一省之事，督抚互让；一君之事，君国民互让。争固不可也，让亦不可也。争者损人之权，让者损己之权。争者半而让者半，是谓缺权；举国皆让，是谓无权。夫自私之极，乃至无权，然则防弊何为乎？吾请以一言蔽之曰：因噎而废食者必死，防弊而废事者必亡！

呵旁观者文

天下最可厌、可憎、可鄙之人，莫过于旁观者。

旁观者，如立于东岸，观西岸之火灾，而望其红光以为乐；如立于此船，观彼船之沉溺，而睹其凫浴以为欢。若是者，谓之阴险也不可，谓之狠毒也不可，此种人无以名之，名之曰无血性。嗟乎！血性者，人类之所以生，世界之所以立也；无血性，则是无人类、无世界也。故旁观者，人类之蟊贼，世界之仇敌也。

人生于天地之间，各有责任。知责任者，大丈夫之始也；行责任者，大丈夫之终也；自放弃其责任，则是自放弃其所以为人之具也。是故人也者，对于一家而有一家之责任，对于一国而有一国之责任，对于世界而有世界之责任。一家之人各各自放弃其责任，则家必落；一国之人各各自放弃其责任，则国必亡；全世界人人各各自放弃其责任，则世界必毁。旁观云者，放弃责任之谓也。

中国词章家有警语二句，曰："济人利物非吾事，自有周公孔圣人。"中国寻常人有熟语二句，曰："各人自扫门前雪，不管他人瓦上霜。"此数语者，实旁观派之经典也，口号也。而此种经典口号，深入于全国人之脑中，拂之不去，涤之不净。质而言之，即"旁观"二字代表吾全国人之性质也，是即"无血性"三字为吾全国人所专有物也。呜呼，吾为此惧！

旁观者，立于客位之意义也。天下事不能有客而无主，譬之一家，大而教训其子弟，综核其财产；小而启闭其门户，洒扫其庭除，皆主人之事也。主人为谁？即一家之人是也。一家之人，各尽其主人之职而家以成。若一家之人各自立于客位，父诿之于子，子诿之于父；兄诿之于弟，弟诿之于兄；夫诿之于妇，妇诿之于夫：是之谓无主之家。无主之家，其败亡可立而待也。惟国亦然。一国之主人为谁？即一国之人是也。西国之所以强者无他焉，一国之人各尽其主人之职而已。中国则不然，人其国，问其主人为谁，莫之承也。将谓百姓为主人欤？百姓曰：此官吏之事也，我何与焉。将谓官吏为主人欤？官吏曰：我之尸此位也，为吾威势耳，为吾利源耳，其他我何知焉。若是乎一国虽大，竟无一主人也。无主人之国，则奴仆从而弄之，盗贼从而夺之，固宜。《诗》曰："子有庭内，弗洒弗扫。子有钟鼓，弗鼓弗考。宛其死矣，他人是保。"此天理所必不至也，于人乎何尤？

夫对于他人之家、他人之国而旁观焉，犹可言也。何也？我固客也。（侠者之义，虽对于他国、他家亦不当旁观，今姑置勿论。）对于吾家、吾国而旁观焉，不可言也。何也？我固主人也。我尚旁观，而更望谁之代吾责也？大抵家国之盛衰兴亡，恒以其家中、国中旁观者之有无多少为差。国人无一旁观者，国虽小而必兴；国人尽为旁观者，国虽大而必亡。今吾观中国四万万人，皆旁观者也。谓余不信，请征其流派：

一曰浑沌派。此派者，可谓之无脑筋之动物也。彼等不知有所谓世界，不知有所谓国；不知何者为可忧，不知何者为可惧。质而论之，即不知人世间有应做之事也。饥而食，饱而游，困而睡，觉而起；户以内即其小天地，争一钱可以陨身命。彼等即不知有事，何所谓办与不办？既不知有国，何所谓亡与不亡？譬之游鱼居将沸之鼎，犹误为水暖之春江；巢燕处半火之堂，犹疑为照屋之出日。彼等之生也，如以机器制成者，能运动而不能知觉；其死也，如以电气殪毙者，有堕落而不有苦痛，蠕蠕然度数十寒暑而已。彼等虽为旁观者，然曾不自知其为旁观者，吾命之为旁观派中之天民。四万万人中属于此派者，殆不止三万万五千万人。然此又非徒不识字、不治生之人而已。天下固有不识字、不治生之人而不浑沌者，亦有号称能识字、能治生之人而实大浑沌者。大抵京外大小数十万之官吏，应乡、会、岁、科试数百万之士子，满天下之商人，皆于其中十有九属于此派者。

二曰为我派。此派者，俗语所谓遇雷打尚按住荷包者也。事之当办，彼非不知；国之将亡，彼非不知。虽然，办此事而无益于我，则我惟旁观而已；亡此国而无损于我，则我惟旁观而已。若冯道当五季鼎沸之际，朝梁夕晋，犹以五朝元老自夸；张之洞自言瓜分之后，尚不失为小朝廷大臣，皆此类也。彼等在世界中，似是常立于主位而非立于客位者。虽然，不过以公众之事业，而计其一己之利害；若夫公众之利害，则彼始终旁观者也。吾昔见日本报纸中有一段，最能摹写此辈情形者，其言曰：

> 吾尝游辽东半岛，见其沿道人民，察其情态，彼等于国家存亡危机，如不自知者；彼等之待日本军队，不见为敌人，而见为商店之主顾客；彼等心目中，不知有辽东半岛割归日本与否之问题，惟知有日本银色与纹银兑换补水几何之问题。

此实写出魑魅魍魉之情状，如禹鼎铸奸矣。推为我之蔽，割数千里之地，赔数百兆之款，以易其衙门咫尺之地，而曾无所顾惜，何也？吾今者既已六七十矣，但求目前数年无事，至一瞑之后，虽天翻地覆非所问也。明知官场积习之当改而必不肯改，吾衣领饭碗之所在也；明知学校科举之当变而不肯变，吾子孙出身之所由也。此派者，以老聃为先圣，以杨朱为先师。一国中无论为官、为绅、为士、为商，其据要津、握重权者皆此辈也，故此派有左右世界之力量。一国聪明才智之士，皆走集于其旗下，而方在萌芽卵孵之少年子弟，转率仿效之，如麻疯、肺病者传其种于子孙，故遗毒遍于天下。此为旁观派中之最有魔力者。

三曰呜呼派。何谓呜呼派？彼辈以咨嗟太息、痛哭流涕为独一无二之事业者也。其面常有忧国之容，其口不少哀时之语。告以事之当办，彼则曰诚当办也，奈无从办起何；告以国之已危，彼则曰诚极危也，奈已无可救何；再穷诘之，彼则曰国运而已，天心而已。

"无可奈何"四字是其口诀，"束手待毙"一语是其真传。如见火之起，不务扑灭，而太息于火势之炽炎；如见人之溺，不思拯援，而痛恨于波涛之澎湃。此派者，彼固自谓非旁观者也，然他人之旁观也以目，彼辈之旁观也以口。彼辈非不关心国事，然以国事为诗料；非不好言时务，然以时务为谈资者也。吾人读波兰灭亡之记，埃及惨状之史，何尝不为之感叹，然无益于波兰、埃及者，以吾固旁观也。吾人见菲律宾与美血战，何尝不为之起敬，然无助于菲律宾者，以吾固旁观也。所谓呜呼派者，何以异是！此派似无补于世界，亦无害于世界者；虽然，灰国民之志气，阻将来之进步，其罪实不薄也。此派者，一国中号称名士者皆归之。

四曰笑骂派。此派者，谓之旁观，宁谓之后观。以其常立于人之背后，而以冷言热语批评人者也。彼辈不惟自为旁观者，又欲逼人使不得不为旁观者；既骂守旧，亦骂维新；既骂小人，亦骂君子；对老辈则骂其暮气已深，对青年则骂其躁进喜事。事之成也，则曰竖子成名；事之败也，则曰吾早料及。彼辈常自立于无可指摘之地，何也？不办事故无可指摘，旁观故无可指摘。已不办事，而立于办事者之后，引绳批根以嘲讽掊击，此最巧黠之术，而使勇者所以短气，怯者所以灰心也。岂直使人灰心短气而已，而将成之事，彼辈必以笑骂沮之；已成之事，彼辈能以笑骂败之。故彼辈者，世界之阴人也。夫排斥人未尝不可，已有主义欲伸之，而排斥他人之主义，此西国政党所不讳也。然彼笑骂派果有何主义乎？譬之孤舟遇风于大洋，彼辈骂风、骂波、骂大洋、骂孤舟，乃至遍骂同舟之人；若问此船当以何术可达彼岸乎，彼等瞠然无对也。何也？彼辈借旁观以行笑骂，失旁观之地位，则无笑骂也。

五曰暴弃派。呜呼派者，以天下为无可为之事；暴弃派者，以我为无可为之人也。笑骂派者，常责人而不责己；暴弃派者，常望人而不望己也。彼辈之意，以为一国四百兆人，其三百九十九兆九亿九万九千九百九十九人中，才智不知几许，英杰不知几许，我之一人岂足轻重。推此派之极弊，必至四百兆人，人人皆除出自己，而以国事望诸其余之三百九十九兆九亿九万九千九百九十九人。统计而互消之，则是四百兆人，卒至实无一人也。夫国事者，国民人人各自有其责任者也，愈贤智则其责任愈大，即愚不肖亦不过责任稍小而已，不能谓之无也。他人虽有绝大智慧、绝大能力，只能尽其本身分内之责任，岂能有分毫之代我？譬之欲不食而使善饭者为我代食，欲不寝而使善睡者为我代寝，能乎否乎？且我虽愚不肖，然既为人矣，即为人类之一分子也；既生此国矣，即为国民之一阿屯也。我暴弃己之一身，犹可言也，污蔑人类之资格，灭损国民之体面，不可言也。故暴弃者实人道之罪人也。

六曰待时派。此派者，有旁观之实而不自居其名者也。夫待之云者，得不得未可必之词也。吾待至可以办事之时然后办之，若终无其时，则是终不办也。寻常之旁观则旁观人事，彼辈之旁观则旁观天时也。且必如何然后为可以办事之时，岂有定形哉？办事者，无时而非可办之时；不办事者，无时而非不可办之时。故有志之士，惟造时势而已，未闻有待时势者也。待时云者，欲觇风潮之所向，而从旁拾其余利，向于东则随之而东，向于西则随之而西，是乡愿之本色，而旁观派之最巧者也。

以上六派，吾中国人之性质尽于是矣。其为派不同，而其为旁观者则同。若是乎，吾中国四万万人，果无一非旁观者也；吾中国虽有四万万人，果无一主人也。以无一主人之国，而立于世界生存竞争最剧最烈、万鬼环瞰、百虎眈视之大舞台，吾不知其如何而可也。六派之中，第一派为不知责任之人，以下五派为不行责任之人，知而不行，与不知等耳。且彼不知者犹有冀焉，冀其他日之知而即行也；若知而不行，则是自绝于天地也。故吾责第一派之人犹浅，责以下五派之人最深。

虽然，以阳明学知行合一之说论之①，彼知而不行者，终是未知而已。苟知之极明，则行之必极勇。猛虎在于后，虽跛者或能跃数丈之涧；燎火及于邻，虽弱者或能运千钧之力。何也？彼确知猛虎、大火之一至，而吾之性命必无幸也。夫国亡种灭之惨酷，又岂止猛虎、大火而已。吾以为举国之旁观者直未知之耳，或知其一二而未知其究竟耳。若真知之，若究竟知之，吾意虽箝其手、缄其口，犹不能使之默然而息，块然而坐也。安有悠悠日月，歌舞太平，如此江山，坐付他族，袖手而作壁上之观，面缚以待死期之至，如今日者耶？嗟乎！

今之拥高位，秩厚禄，与夫号称先达名士有闻于时者，皆一国中过去之人也。如已退院之僧，如已闭房之妇，彼自顾此身之寄居此世界，不知尚有几年，故其于国也有过客之观，其苟且以媮逸乐，袖手以终余年，固无足怪焉。若我辈青年，正一国将来之主人也，与此国为缘之日正长。前途茫茫，未知所届。国之兴也，我辈实躬享其荣；国之亡也，我辈实亲尝其惨。欲避无可避，欲逃无可逃；其荣也非他人之所得攘，其惨也非他人之所得代。言念及此，夫宁可旁观耶？夫宁可旁观耶？吾岂好为深文刻薄之言以骂尽天下哉？毋亦发于不忍旁观区区之苦心，不得不大声疾呼，以为我同胞四万万人告也。

旁观之反对曰任。孔子曰："天下有道，丘不与易也。"孟子曰："如欲平治天下，当今之世，舍我其谁也。"任之谓也。

---

① 阳明：指明代哲学家王守仁（1472—1529），字伯安，号阳明子。他确立了心学理论体系，著有《阳明全书》等。

过渡时代论

一 过渡时代之定义

今日之中国,过渡时代之中国也。

过渡有广狭二义。就广义言之,则人间世无时无地而非过渡时代。人群进化,级级相嬗,譬如水流,前波后波,相续不断。故进步无止境,即过渡无已时,一日不过渡,则人类或几乎息矣。就狭义言之,则一群之中,常有停顿与过渡之二时代。互起互伏,波波相续体,是为过渡相;各波具足体,是为停顿相。于停顿时代,而膨胀力(即涨力)之现象显焉;于过渡时代,而发生力之现象显焉。欧洲各国自二百年以来,皆过渡时代也,而今则其停顿时代也;中国自数千年以来,皆停顿时代也,而今则过渡时代也。

二 过渡时代之希望

过渡时代者,希望之涌泉也,人间世所最难遇而可贵者也。有进步则有过渡,无过渡亦无进步。其在过渡以前,止于此岸,动机未发,其永静性何时始改,所难料也;其在过渡以后,达于彼岸,踌躇满志,其有余勇可贾与否,亦难料也。惟当过渡时代,则如鲲鹏图南,九万里而一息;江汉赴海,百千折以朝宗。大风泱泱,前途堂堂;生气郁苍,雄心矞皇。其现在之势力圈,矢贯七札,气吞万牛,谁能御之?其将来之目的地,黄金世界,荼锦生涯,谁能限之?故过渡时代者,实千古英雄豪杰之大舞台也,多少民族由死而生、由剥而复、由奴而主、由瘠而肥，所必由之路也。美哉过渡时代乎！

三　过渡时代之危险

抑过渡时代，又恐怖时代也。青黄不接，则或受之饥；邠曲难行，则惟兹狼狈。风利不得泊，得毋灭顶灭鼻之惧；马逸不能止，实维踬山踬垤之忧。摩西之彷徨于广漠，阁龙之漂泛于泰洋①，赌万死以博一生，断后路以临前敌，天下险象，宁复过之？且国民全体之过渡，以视个人身世之过渡，其利害之关系，有更重且剧者：所向之鹄若误，或投网以自戕；所导之路若差，或迷途而靡届。故过渡时代，又国民可生可死、可剥可复、可奴可主、可瘠可肥之界线，而所争间不容发者也！

四　各国过渡时代之经验

船头坎坎者，自由之鼓耶？船尾舒舒者，独立之旗耶？当十八、十九两世纪中，相衔相逐相提携，乘长风冲怒涛，以过渡于新世界者。非远西各国耶？顺流而渡者，其英吉利耶？乱流而渡者，其法兰西耶？方舟联队而渡者，其德意志、意大利、瑞士耶？攘臂冯河而渡者，其美利坚、匈牙利耶？借风附帆而渡者，其门的内哥②、塞尔维亚、希腊耶？维也纳温和会议所不能遏，三帝国神圣同盟所不能禁，拿破仑席卷囊括之战略所不能挠，梅特涅饲狙豢虎之政术所不能防。或渡一次而达焉，或渡两三次而始达焉；或渡一关而止焉，或渡两三关而犹未止焉。或中途逢大敌，血战突围而径渡焉；或发端遇挫折，卷土重来而卒渡焉。吾读《水浒传》，宋公明何以破祝庄？吾读《西游记》，唐三藏何以到西域？吾以是知过渡之非易，吾以是知过渡之非难。我陟高丘，我瞻彼

---

① 阁龙：即哥伦布。
② 门的内哥：摩纳哥。

岸。乐土乐土，先鞭已属他人；归欤归欤，座位尚容卿辈。角声动地，提耳以唤魂兮；巾影漫天，招手而邀邛涉。河汉清且浅，相去复几许？盈盈一水间，脉脉不得语。望门大嚼，我劳如何！

五　过渡时代之中国

今世界最可以有为之国，而现时在过渡中者有二。其一为俄罗斯。俄国自大彼得及亚历山大第二以来，几度厉行改革，输入西欧文明，其国民脑中渐有所谓世界公理者，日浸月润，愈播愈广，不可遏抑，而其重心力实在于各学校之学生。今世识微之士，谓俄罗斯将达于彼岸之时不远矣。其二则为我中国。中国自数千年来，常立于一定不易之域，寸地不进，跬步不移，未尝知过渡之为何状也。虽然，为五大洋惊涛骇浪之所冲激，为十九世纪狂飙飞沙之所驱突，于是穷古以来，祖宗遗传、深顽厚锢之根据地，遂渐渐摧落失陷，而全国民族，亦遂不得不经营惨淡，跋涉苦辛，相率而就于过渡之道。故今日中国之现状，实如驾一扁舟，初离海岸线，而放于中流，即俗语所谓"两头不到岸"之时也。语其大者，则人民既愤独夫民贼愚民专制之政，而未能组织新政体以代之，是政治上之过渡时代也；士子既鄙考据词章庸恶陋劣之学，而未能开辟新学界以代之，是学问上之过渡时代也；社会既厌三纲压抑虚文缛节之俗，而未能研究新道德以代之，是理想风俗上之过渡时代也。语其小者，则例案已烧矣，而无新法典；科举议变矣，而无新教育；元凶处刑矣，而无新人才；北京残破矣，而无新都城。数月以来，凡百举措，无论属于自动力者，属于他动力者，殆无一而非过渡时代也。故今日我全国人可分为两种：其一老朽者流，死守故垒，为过渡之大敌，然被有形无形之逼迫，而不得不涕泣以就过渡之途者也；其二青年者流，大张旗鼓，为过渡之先锋，然受外界内界之刺激，而未得实把握以开过渡之路者也。而要之，中国自今以往，日益进入于过渡之界线，离故步日以远，冲盘涡日以急，望彼岸日以亲，是则事势所必至，而丝毫不容疑义者也。以第二节之现象言之，可爱哉，其今日之中国乎？以第三节之现象言之，可惧哉，其今日之中国乎？

六 过渡时代之人物与其必要之德性

时势造英雄耶？英雄造时势耶？时势英雄，递相为因，递相为果耶？吾辈虽非英雄，而日日思英雄，梦英雄，祷祀求英雄。英雄之种类不一，而惟以适于时代之用为贵。故吾不欲论旧世界之英雄，亦未敢语新世界之英雄，而惟望有崛起于新旧两界线之中心的过渡时代之英雄。窃以为此种英雄，所不可缺之德性。有三端焉：

其一冒险性，是过渡时代之初期所不可缺者也。过渡者，改进之意义也。凡革新者不能保持其旧形，犹进步者必当掷弃其故步。欲上高楼，先离平地；欲适异国，先去故乡，此事势之最易明者也。虽然，保守恋旧者，人之恒性也。《传》曰："凡民可以乐成，难与图始。"故欲开一堂堂过渡之局面，其事正自不易。盖凡过渡之利益，为将来耳。然当过去已去、将来未来之际，最为人生狼狈不堪之境遇。譬有千年老屋，非更新之，不可复居；然欲更新之，不可不先权弃其旧者。当旧者已破、新者未成之顷，往往瓦砾狼藉，器物播散，其现象之苍凉，有十倍于从前焉。寻常之人，观目前之小害，不察后此之大利，或出死力以尼其进行；即一二稍有识者，或胆力不足，长虑却顾，而不敢轻于一发：此前古各国，所以进步少而退步多也。故必有大刀阔斧之力，乃能收筚路蓝缕之功；必有雷霆万钧之能，乃能造鸿鹄千里之势。若是者，舍冒险末由。

其二忍耐性，是过渡时代之中期所不可缺者也。过渡者，可进而不可退者也，又难进而易退者也。摩西之率犹太人出埃及以迁于迦南也，飘流踯躅于沙漠间者四十年，与天气战，与猛兽战，与土蛮战，停辛伫苦，未尝宁居，同行俦类，睊睊怨谗，大业未成，鬓发已白。此寻常豪杰之士，所最扼腕而短气者也。且夫所志愈大者，则其成就愈难；所行愈远者，则其归宿愈迟：事物之公例也。故倡率国民以经此过渡时代者，其间恒遇内界外界、无量无数之阻力，一挫再挫三挫，经数十年、百年，而及身不克见其成者，比比然也。非惟不见其成，或乃受唾受骂，虽有口舌，而无以自解。故非有过人之忍耐性者，鲜有不半路而退转者也。语曰："行百里者半九十。"掘井九仞，犹为弃井；山亏一篑，遂无成功。惟危惟微，间不容发。故忍耐性者，所以贯彻过渡之目的者也。

其三别择性，是过渡时代之末期所不可缺者也。凡国民所贵乎过渡者，不徒在能去所厌离之旧界而已，而更在能达所希望之新界焉。故冒万险忍万辱而不辞，为其将来所得之幸福，足以相偿而有余也。故倡率国民以就此途者，苟不为之择一最良合宜之归宿地，则其负国民也实甚。世界之政体有多途，国民之所宜亦有多途。天下事固有于理论上不可不行，而事实上万不可行者；亦有在他时他地可得极良之结果，而在此时此地反招不良之结果者。作始也简，将毕也巨。故坐于广厦细旃以谈名理，与身入于惊涛骇浪以应事变，其道不得不绝异。故过渡时代之人物，当以军人之魄，佐以政治家之魂。政治家之魂者何？别择性是已。

凡此三种德性，能以一人而具有之者上也；一群中人，各备一德，组成团体，互相补助，抑其次也。

嗟乎！英雄造时势耶？时势造英雄耶？时势时势，宁非今耶？英雄英雄，在何所耶？抑又闻之，凡一国之进步也，其主动者在多数之国民，而驱役一二之代表人以为助动者，则其事罔不成；其主动者在一二之代表人，而强求多数之国民以为助动者，则其事鲜不败。故吾所思所梦所祷祀者，不在轰轰独秀之英雄，而在芸芸平等之英雄。

说希望

机埃的之言曰①:"希望者失意人之第二灵魂也。"岂惟失意人而已,凡中外古今之圣贤豪杰,忠臣烈士,与夫宗教家、政治家、发明家、冒险家之所以震撼宇宙,创造世界,建不朽之伟业以辉耀历史者,殆莫不藉此第二灵魂之希望,驱之使上于进取之途。故希望者制造英雄之原料,而世界进化之导师也。

人类者生而有欲者也。原人之朔,榛狉无知,饥则食焉,疲则息焉,饮食男女之外,无他思想。而其所谓饮食男女者,亦止求一时之饱暖嬉乐,而不复知有明日,无所谓蓄积,无所谓预备,止有肉欲而绝无欲望,蠕蠕然无以异于动物也。及其渐进渐有思想,而将来之观念始盟,于是知为其饮食男女之肉欲,谋前进久长之计。斯时也,则有所谓生全之希望。思想日益发达,希望日益繁多。于其肉欲之外,知有所谓权力者,知有所谓名誉者,知有所谓宗教道德者,知有所谓政治法律者,由生存之希望,进而为文化之希望。其希望愈大,而其群治之进化亦愈彬彬矣。

故夫希望者人类之所以异于禽兽,文明之所以异于野蛮,而亦豪杰之所以异于凡民者也。亚历山大之远征波斯也,尽斥其所有之珍宝以遍赐群臣。群臣曰:然则王更何有乎?亚历山大曰:吾有一焉,曰"希望"。夫亚历山大之丰功盛烈,赫然照烁于今古,然其功烈之成立,实希望为之涌泉。宁独亚历山大而已,摩西之出埃及也,数十年徘徊于沙漠之中,然卒能脱犹太人之羁轭,导之于葡萄繁熟、蜜乳馥郁之境。摩

---

① 机埃:今通译歌德(Goethe)。

西之能有成功,迦南乐土之希望为之也①。哥伦布之航海也,谋之贵族而贵族哗之,谋之葡国政府而政府拒之,乃至同行之人,困沮悔恨而思杀之,然卒能发见美洲,为欧人辟一新世界。哥伦布之能有成功,发见新地之希望为之也。玛志尼诸人之建国也,突起于帝政教政压抑之下,张空拳以求独立,然卒能脱墺人之压制,建新罗马之名邦。玛志尼诸人之能有成功,意大利统一之希望为之也。华盛顿之奋起也,抗英血战者八年,联合诸州者十载,然卒能脱离母国,建一完备之共和新国以为天下倡。华盛顿之能有成功,美国独立之希望为之也。宁独西国前哲而已。勾践一降王耳,然能以五千之甲士,困夫差于甬东也,则以有报吴之希望故。申包胥一逋臣耳,然能却败吴寇,复已燔之郢都也,则以有存楚之希望故。班超一书生耳,然能开通西域,断匈奴之右臂也,则以有立功绝域之希望故。范孟博登车揽辔,有澄清天下之大志;范文正方为秀才,有天下己任之雄心。②自古之伟人杰士,类皆不肯苟安于现在之地位,其心中目中,别有第二之世界,足以餍人类向上求进之心。既悬此第二之世界以为程,则萃精神以谋之,竭全力以赴之,日夜奔赴于莽莽无极之前途,务达其鹄以为归宿。而功业成就之多寡,群治进化之深浅,悉视其希望之大小以为比列差。盖希望之力,其影响于世间者固若是其伟且大也。

  天下最惨最痛之境,未有甚于"绝望"者也。信陵之退隐封邑③,项羽之悲歌垓下,亚剌飞之窜身锡兰,拿破仑之见幽厄蔑,莫不抚髀悲悒,神气颓唐,一若天地虽大,蹙蹙无托身之所,日月虽长,奄奄皆待尽之年;醇酒妇人而外无事业,束手待死以外无志愿;我躬不阅,遑恤我后,朝不谋夕,谁能虑远。彼数子者,岂非喑呜叱咤横绝一世之英雄

---

① 迦南乐土:"迦南"一词出现在《圣经》中,在《旧约》中,这一地区被称为"乐土"。
② 范孟博:即范滂,字孟博,汉代贤士。范文正:即范仲淹。
③ 信陵:即信陵君。

哉？方其希望远大之时，虽盖世功名，曾不足以当其一盼；虽统一寰区，曾不足以满其志愿。及其希望既绝，则心死志馁，气索才尽，颓然沮丧，前后迥若两人。然后知英雄之所以为英雄者，固恃希望为之先导，而智虑才略，皆随希望以为消长者也。有希望则常人可以为英雄，无希望则英雄无以异于常人。盖希望之力，其影响于人者固若是其伟且大也。

天下之境有二：一曰现在，一曰未来。现在之境狭而有限，而未来之境广而无穷。英儒颉德之言曰①："进化之义，专在造出未来。其过去及现在，不过一过渡之方便法门耳。故现在者非为现在而存，实为未来而存。是以高等生物，皆能为未来而多所贡献，代未来而多负责任。其勤劳于为未来者，优胜者也；怠逸于为未来者，劣败者也。"希望者固以未来的目的，而尽勤劳以谋其利益者也。然未来之利益，往往与现在之利益，枘凿而不能相容，二者不可得兼，有所取必有所弃。彼既有所希望矣，则心中目中必有荼锦烂漫之生涯，宇宙昭苏之事业，亘其前途，其利益百什倍于现在，遂不惜取其现在者而牺牲之，以为未来之媒介。故释迦弃净饭太子之贵，而苦行穷山；路得辞教皇不赀之赏，而甘受廷讯；加富尔舍贵族富豪之安，而隐耕黎里；哥伦布掷乡里优游之乐，而奋身远航。以常人之眼观之，则彼好为自苦，非人情所能堪，岂不嗤为大愚，百思而不得其解哉！然苦乐本无定位。彼未来之所得，固足偿现在之失而有余，则常人所见为失而苦之者，彼固见为得而有以自乐。且攫金于市者，止见有金，不见有人。彼日有无穷之愿欲悬于其前，则其视线心光，咸萃集于其希望之前途；而目前之所谓利益者，直如蚊虻之过耳，曾不足以芥蒂于其胸。贪夫殉财，烈士殉名，夸者殉权，哲人殉道，其所殉之物虽不同，而其所以为殉者，则皆捐弃万事，

---

① 颉德：本杰明·颉德，英国社会学家，著有《社会演化》等。

以专注其希望之大欲而已。

且非独个人之希望为然也,国民之希望亦靡不然。英人固不喜急激之民族也,然一为大宪章之抗争,再为长期国会之更革,累数世之纷扰,则曰希望自由之故。法人三次革命,屡仆屡起,演大恐怖之惨剧,扰乱亘数十年,则曰希望民政之故。美人崛起抗英,糜烂其民于硝烟弹雨之中,苦战八年,伏尸百万,则曰希望独立之故。彼所牺牲之利益,固视个人为尤惨酷矣;然彼既有自由、民政、独立之伟大目的在于未来,而为国民共同之希望,凡物必有代价,则其所牺牲者,固亦以现在为代价,而购此未来而已。

然而希望者,常有失望以与之为缘者也。其希望愈大者,则其成就也愈难,而其失望也亦愈众。譬之操舟泛港汊者,微波漾荡,可以扬帆径渡也;及泛江河,则风浪之恶,将十倍蓰于港汊矣;及航溟渤,则风浪之恶,又倍蓰于江河矣。失望与希望之相为比例,殆犹是也。惟豪杰之徒,为能保其希望而使之勿失。彼盖知远大之希望,固在数十百年之后,而非可取偿于旦夕之间。既非旦夕所能取偿,则所谓拂戾失意之境遇,要不过现在与未来利益之冲突,实为事势所必然。吾心中自有所谓第二世界者存,必不以目前之区区,沮吾心而馁吾志。英雄之希望如是,伟大国民之希望亦复如是。

老子曰:"知足不辱,知止不殆。"此毁灭世界之毒药,萎杀思想之谬言也。我中人日奉一足止以为主义,恋恋于过去,而绝无未来之观念;眷眷于保守,而绝无进取之雄心。其下者日营利禄,日骛衣食,萃全神于肉欲,蜩蜩无异于原人;其上者亦惟灰心短气,太息于国事之不可为,志馁神沮,慨叹于前途之无可望。不为李后主之眼泪洗面,即为信陵君之醇酒妇人。人人皆为绝望之人,而国亦遂为绝望之国。呜乎!吾国其果绝望乎,则待死以外诚无他策;吾国其非绝望乎,则吾人之日月方长,吾人之心愿正大。旭日方东,曙光熊熊,吾其叱咤羲轮,放大光明以赫耀寰中乎！河出伏流，狂涛怒吼，吾其乘风扬帆，破万里浪以横绝五洲乎！穆王八骏，今方发轫，吾其扬鞭绝尘，骎骎骅骝竞进乎！四百余州，河山重重；四亿万人，泱泱大风。任我飞跃，海阔天空；美哉前途，郁郁葱葱。谁为人豪？谁为国雄？我国民其有希望乎，其各立于所欲立之地，又安能郁郁以终也！

新民说

叙 论

自世界初有人类以迄今日,国于环球上者何啻千万,问其岿然今存,能在五大洲地图占一颜色者,几何乎?曰百十而已矣。此百十国中,其能屹然强立,有左右世界之力,将来可以战胜于天演界者,几何乎?曰四五而已矣。

夫同是日月,同是山川,同是方趾,同是圆颅,而若者以兴,若者以亡,若者以弱,若者以强,则何以故?或曰:是在地利。然今之亚美利加,犹古阿美利加,而盎格鲁撒逊(英国人种之名也)民族何以享其荣?古之罗马,犹今之罗马,而拉丁民族何以堕其誉?或曰:是在英雄。然非无亚历山大,而何以马基顿今已成灰尘?非无成吉思汗,而何以蒙古几不保残喘?

呜呼噫嘻!吾知其由。国也者积民而成。国之有民,犹身之有四肢、五脏、筋脉、血轮也。未有四肢已断,五脏已瘵,筋脉已伤,血轮已涸,而身犹能存者;则亦未有其民愚陋、怯弱、涣散、混浊,而国犹能立者。故欲其身之长生久视,则摄生之术不可不明;欲其国之安富尊荣,则新民之道不可不讲。

论新民为今日中国第一急务

吾今欲极言新民为当务之急,其立论之根柢有二:一曰关于内治者,一曰关于外交者。

所谓关于内治者何也？天下之论政术者多矣，动曰某甲误国，某乙殃民；某之事件，政府之失机；某之制度，官吏之溺职。若是者，吾固不敢谓为非然也。虽然，政府何自成？官吏何自出？斯岂非来自民间者耶？某甲某乙者，非国民之一体耶？久矣夫聚群盲不能成一离娄，聚群聋不能成一师旷，聚群怯不能成一乌获①。以名是之民，得若是之政府官吏，正所谓种瓜得瓜，种豆得豆。其又奚尤？西哲常言："政府之与人民，犹寒暑表之与空气也。"室中之气候，与针里之水银，其度必相均，而丝毫不容假借。国民之文明程度低者，虽得明主贤相以代治之，及其人亡，则其政息焉。譬犹严冬之际，置表于沸水中，虽其度骤升，水一冷而坠如故矣。国民之文明程度高者，虽偶有暴君污吏，虔刘一时，而其民力自能补救之而整顿之。譬犹溽暑之时，置表于冰块上，虽其度忽落，不俄顷则冰消而涨如故矣。然则苟有新民，何患无新制度，无新政府，无新国家？非尔者，则虽今日变一法，明日易一人，东涂西抹，学步效颦，吾未见其能济也。夫吾国言新法数十年而效不睹者何也？则于新民之道，未有留意焉者也。

今草野忧国之士，往往独居深念，叹息想望曰："安得贤君相，庶拯我乎？"吾未知其所谓贤君相者，必如何而始为及格。虽然，若以今日之民德、民智、民力，吾知虽有贤君相，而亦无以善其后也。夫拿破仑旷世之名将也，苟授以旗绿之惰兵，则不能敌黑蛮；哥仑布航海之大家也，苟乘以朽木之胶船，则不能渡溪沚。彼君相者，非能独治也，势不得不任疆臣，疆臣不得不任监司，监司不得不任府县，府县不得不任吏胥。此诸级中人，但使其贤者半，不肖者半，犹不足以致治，而况乎其百不得一也？今为此论者，固知泰西政治之美，而欲吾国之效之矣。但推其意，得毋以若彼之政治，皆由其君若相独力所制造耶？试与一游英、美、德、法之都，观其人民之自治何如，其人民与政府之关系何

---

① 离娄：相传为黄帝时人，视力优异。师旷：春秋时晋国的乐师，能听音卜吉凶。乌获：战国时秦国的大力士，能举千钧之重。

如。观之一省，其治法俨然一国也；观之一市、一村落，其治法俨然一国也。观之一党会、一公司、一学校，其治法俨然一国也；乃至观之一人，其自治之法，亦俨然治一国也。譬诸盐有咸性，积盐如陵，其咸愈釅。然剖分此如陵之盐为若干石，石为若干斗，斗为若干升，升为若干颗，颗为若干阿屯①，无一不咸，然后大咸乃成。抟沙搜粉而欲以求咸，虽隆之高于泰岱，犹无当也。故英美各国之民常不待贤君相而足以致治。其元首，则尧舜之垂裳可也，成王之委裘亦可也；其官吏，则曹参之醇酒可也，成瑨之坐啸亦可也。何也？以其有民也。故君相常依赖国民，国民不倚赖君相。小国且然，况吾中国幅员之广，尤非一二人之长鞭所能及者耶！

则试以一家譬一国。苟一家之中，子妇弟兄，各有本业，各有技能，忠信笃敬，勤劳进取，家未有不浡然兴者。不然者，各委弃其责任，而一望诸家长，家长而不贤，固阖室为饿殍；藉令贤也，而能荫庇我者几何？即能荫庇矣，而为人子弟，累其父兄，使终岁勤动，日夕忧劳，微特于心不安，其毋乃终为家之累耶？今之动辄责政府望贤君相者，抑何不恕？抑何不智？英人有常言曰："That's your mistake. I couldn't help you."译意言："君误矣！吾不能助君也。"此虽利己主义之鄙言，而实鞭策人自治自助之警句也。故吾虽日望有贤君相，吾尤恐即有贤君相，亦爱我而莫能助也。何也？责望于贤君相者深，则自责望者必浅，而此责人不责己，望人不望己之恶习，即中国所以不能维新之大原。我责人人亦责我，我望人人亦望我，是四万万人，遂互消于相责相望之中，而国将谁与立也？新民云者，非新者一人，而新之者又一人也，则在吾民之各自新而已。孟子曰："子力行之，亦以新子之国。"自新之谓也，新民之谓也。

所谓关于外交者何也？自十六世纪以来（约三百年前），欧洲所以发

---

① 阿屯：原子的旧译。

达，世界所以进步，皆由民族主义（Nationalism）所磅礴冲激而成。民族主义者何？各地同种族、同言语、同宗教、同习俗之人，相视如同胞，务独立自治，组织完备之政府，以谋公益而御他族是也。此主义发达既极，驯至十九世纪之末（近二三十年），乃更进而为民族帝国主义（National Imperialism）。民族帝国主义者何？其国民之实力，充于内而不得不溢于外，于是汲汲焉求扩张权力于他地，以为我尾闾。其下手也，或以兵力，或以商务，或以工业，或以教会，而一用政策以指挥调护之是也。近者如俄国之经略西伯利亚、土耳其，德国之经略小亚细亚、阿非利加，英国之用兵于波亚，美国之县夏威、掠古巴、攘菲律宾，①皆此新主义之潮流，迫之不得不然也。而今也于东方大陆，有最大之国，最腴之壤，最腐败之政府，最散弱之国民。彼族一旦窥破内情，于是移其所谓民族帝国主义者，如群蚁之附膻，如万矢之向的，离然而集注于此一隅。彼俄人之于满洲，德人之于山东，英人之于扬子江流域，法人之于两广，日人之于福建，亦皆此新主义之潮流，迫之不得不然也。

夫所谓民族帝国主义者，与古代之帝国主义迥异。昔者有若亚历山大，有若查理曼②，有若成吉思汗，有若拿破仑，皆尝抱雄图，务远略，欲蹂躏大地，吞并弱国。虽然，彼则由于一人之雄心，此则由于民族之涨力；彼则为权威之所役，此则为时势之所趋。故彼之侵略，不过一时，所谓"暴风疾雨，不崇朝而息"矣；此之进取，则在久远，日扩而日大，日入而日深。吾中国不幸而适当此盘涡之中心点，其将何以待之？曰：彼为一二人之功名心而来者，吾可以恃一二之英雄以相敌；彼以民族不得已之势而来者，非合吾民族全体之能力，必无从抵制也。彼以一时之气焰骤进者，吾可以鼓一时之血勇以相防；彼以久远之政策渐

---

① 小亚细亚：又称安纳托利亚，即今土耳其的亚洲部分。阿非利加：非洲的全称。夏威：即夏威夷。非律宾：即菲律宾。

② 查理曼：即查理大帝（742—814），法兰克王国加洛林王朝国王。公元800年由罗马教皇加冕称帝，号为"罗马人的皇帝"，法兰克王国遂成为查理曼帝国。

进者，非立百年宏毅之远猷，必无从幸存也。不见乎瓶水乎？水仅半器，他水即从而入之；若内力能自充塞本器，而无一隙之可乘，他水未有能入者也。故今日欲抵当列强之民族帝国主义，以挽浩劫而拯生灵，惟有我行我民族主义之一策；而欲实行民族主义于中国，舍新民末由。

今天下莫不忧外患矣，虽然，使外而果能为患，则必非一忧之所能了也。夫以民族帝国主义之顽强突进如彼其剧，而吾犹商榷于外之果能为患与否，何其愚也！吾以为患之有无，不在外而在内。夫各国固同用此主义也，而俄何以不施诸英？英何以不施诸德？德何以不施诸美？欧美诸国何以不施诸日本？亦曰：有隙与无隙之分而已。人之患瘵者，风寒、暑湿、燥火，无一不足以侵之。若血气强盛，肤革充盈者，冒风雪，犯暴暵，冲瘴疠，凌波涛，何有焉？不自摄生，而怨风雪、暴暵、波涛、瘴疠之无情，非直彼不任受，而我亦岂以善怨而获免耶？然则为中国今日计，必非恃一时之贤君相而可以弭乱，亦非望草野一二英雄崛起而可以图成；必其使吾四万万人之民德、民智、民力，皆可与彼相埒，则外自不能为患，吾何为而患之？此其功虽非旦夕可就乎，然孟子有言："七年之病，求三年之艾。苟为不蓄，终身不得。"今日舍此一事，别无善图，宁复可蹉跎蹉跎，更阅数年，将有欲求如今日而不可复得者？呜呼！我国民可不悚耶？！可不勖耶？！

释新民之义

新民云者，非欲吾民尽弃其旧以从人也。新之义有二：一曰淬厉其所本有而新之，二曰采补其所本无而新之。二者缺一，时乃无功。先哲之立教也，不外因材而笃与变化气质之两途，斯即吾淬厉所固有、采补所本无之说也。一人如是，众民亦然。

凡一国之能立于世界，必有其国民独具之特质，上自道德法律，下至风俗习惯、文学美术，皆有一种独立之精神，祖父传之，子孙继之，然后群乃结，国乃成。斯实民族主义之根柢源泉也。我同胞能数千年立国于亚洲大陆，必其所具特质，有宏大高尚完美，厘然异于群族者，吾人所当保存之而勿失坠也。虽然，保之云者，非任其自生自长，而漫曰"我保之我保之"云尔。譬诸木然，非岁岁有新芽之苗，则其枯可立待；譬诸井然，非息息有新泉之涌，则其涸不移时。夫新芽、新泉岂自外来者耶？旧也而不得不谓之新，惟其日新，正所以全其旧也。濯之拭之，发其光晶；锻之炼之，成其体段；培之浚之，厚其本原。继长增高，日征月迈，国民之精神，于是乎保存，于是乎发达。世或以"守旧"二字为一极可厌之名词，其然岂其然哉！吾所患不在守旧，而患无真能守旧者。真能守旧者何？即吾所谓淬厉其固有而已。

仅淬厉固有而遂足乎？曰不然。今之世非昔之世，今之人非昔之人。昔者吾中国有部民而无国民，非不能为国民也，势使然也。吾国夙巍然屹立于大东，环列皆小蛮夷，与他方大国，未一交通，故我民常视其国为天下。耳目所接触，脑筋所濡染，圣哲所训示，祖宗所遗传，皆使之有可以为一个人之资格，有可以为一家人之资格，有可以为一乡一族人之资格，有可以为天下人之资格，而独无可以为一国国民之资格。夫国民之资格，虽未必有以远优于此数者，而以今日列国并立、弱肉强食、优胜劣败之时代，苟缺此资格，则决无以自立于天壤。故今日不欲强吾国则已，欲强吾国，则不可不博考各国民族所以自立之道，汇择其长者而取之，以补我之所未及。今论者于政治、学术、技艺，皆莫不知取人长以补我短矣，而不知民德、民智、民力，实为政治、学术、技艺之大原。不取于此而取于彼，弃其本而摹其末，是何异见他树之蓊郁，而欲移其枝以接我槁干；见他井之汩涌，而欲汲其流以实我智源也。故采补所本无以新我民之道，不可不深长思也。

世界上万事之现象，不外两大主义：一曰保守，二曰进取。人之运用此两主义者，或偏取甲，或偏取乙，或两者并起而相冲突，或两者并存而相调和。偏取其一，未有能立者也。有冲突则必有调和，冲突者调和之先驱也。善调和者，斯为伟大国民，盎格鲁撒逊人种是也。譬之跬步，以一足立，以一足行；譬之拾物，以一手握，以一手取。故吾所谓新民者，必非如心醉西风者流，蔑弃吾数千年之道德、学术、风俗，以求伍于他人；亦非如墨守故纸者流，谓仅抱此数千年之道德、学术、风俗，遂足以立于大地也。

反对复辟电

南京冯副总统、武鸣陆巡阅使①，各省督军、省长、护军使、镇守使、师长、旅长，上海《申报》、《新闻报》、《时报》、《时事新报》并转各报馆鉴：

昊天不吊，国生虺孽，复辟逆谋，竟实现于光天化日之下！夫以民国之官吏臣民，而公然叛国顺逆，所在无俟鞫讯。但今既逆焰熏天，簧鼓牢笼，恫胁之术无所不用其极，妖氛所播，群听或淆。启超不敢自荒言责，谨就其利害成败之数，为我国民痛陈之。

倡帝政者，首借口于共和政治成绩之不良。夫近年政治之不良，何容为讳！然其造因多端，尸咎者实在人而不在法。苟非各界各派之人咸有觉悟，洗心革面，则虽岁更其国体，而于政治之改良何与者？若曰建帝号则政自肃，则清季政象何若，我国民应未健忘。今日蔽罪共和，过去罪将焉蔽？况前此承守成余荫，虽委裘犹可苟安；今则悍帅狡士，挟天子以令诸侯，谓此而可以善政，则莽、卓之朝②，应成郅治。似斯持论，毋乃欺天！帝政论者又动以现今之党派轧轹为口实。夫党争之剧，吾侪亦曷尝不疾首痛心！然须知既以宪政号于国中，则党别实无可逃避，容之则渐纳于轨，蹙之则反扬其波。今之定策拥立者，岂能举全国青年才智之士而尽坑之？坑之不尽，党固在也；坑而尽，又焉知来者之不如今也？

今之主动者，以浅薄之凭藉，而谬师操、懿之故智③；处文明之世

---

① 冯副总统：指冯国璋，当时任副总统兼江苏督军，驻南京。陆巡阅使：指陆荣廷，时任两广巡阅使。
② 莽、卓：王莽、董卓，历史上均被视为篡权乱国者。
③ 操、懿：曹操、司马懿，历史上均被视为挟天子以令诸侯者。

运，而梦想雍、乾之操术。叩以立宪之义，盖举朝莫之能解。使其政府幸而有一年数月之寿命，则其政象吾敢为预卜曰：桓玄、朱温时代之专制而已①。夫专制结果必产革命，桓玄、朱温宁有令终？所难堪者，则国家之元气与人民之微命也。然使果能得一年数月之苟安，则吾民或且姑为容忍；殊不知立国于今世，非闭关所能自存，苟不获自厕于国际团体之林，则国实不成为国。今我民国，各友邦所承认也，当思前此易帝而民，此承认果几经艰辛而得之者；今易民而帝，其得承认也，艰辛将益倍于前。当此国交中断之期间，国将谁与立于大地者？且此次首造逆谋之人，非贪黩无厌之武夫，即大言不惭之书生，于政局甘苦毫无所知。他勿具论，即如中央政费每月七百余万，向仰给于盐课余款及各省解款，不足则借债以补之。试问现在北京之滑稽内阁，对于此三项收入有何把握？颇闻此次之恶作剧，有某国牵线于幕内，许出其银行存款供挥霍。兹事信否，诚不敢知；藉曰信也，为数几何，一两月涸可立待耳。又彼董卓与朱温者，在今日气盖一世，志得意满，纵其逆军，横行犖榖，饷糈视诸军独厚而必索现银，气焰视诸军独高而动肆陵轹。以有教育有纪律之军队，与彼共处一城，而谓可相安无事以历旬月，其谁信之？是故就外交论，就财政论，就军事论，此滑稽政府皆绝无可以苟延性命之理。虽举国人士噤若寒蝉，南北群帅袖手壁上，而彼之稔恶自毙，吾敢决其不逾两月！最可痛者，则天下万国将谓我国无复一人，其绾军符、膺疆寄者乃如犬马，凡能豢养而鞭棰我我者，即慴伏而乞怜于其下。则此耻真不可洗涤矣。最可忧者，迨董卓、朱温自毙之时，小之喋血都门，大之流寇数省，而群帅中曾无一人有戡乱之力，势必至劳邻封越俎而代，则此国其真永劫不复也！

启超一介书生，手无寸铁，舍口诛笔伐外，何能为役？且明知樊笼之下，言出祸随，徒以义之所在，不能有所惮而安于缄默。抑天下固多

---

① 桓玄：东晋权臣，后代晋自立，兵败自杀。朱温：唐末权臣，后代唐称帝，建立后梁，数年后为其子所杀。

风骨之士，又安见不有闻吾言而兴者也！

抑启超犹有欲赘陈者：一年以来，党派主奴之见，其诡谲变幻，出人意表。启超深痛极恸，向两方要人苦口忠告，劝其各自觉悟，匆驰极端，以生反动。在吾则既竭吾才，声嘶力尽，曾不蒙省察；而急进派之策士，惟日从事于挑拨构煽，引甲抵乙，谓可以操纵利用，以遂其排挤之私，而结果乃造成今日之局。今有董卓，谁实何进？今有朱温，谁实崔允①？启超前此曲突徙薪之论，适以供若曹含沙噀血之资，亦既痛愤积中，誓将缄结终古。今睹濒覆之巢，复吐在喉之鲠。知我罪我，固所不辞，来轸往车，愿质明哲。

---

① 何进：东汉末年权臣，大将军。为诛杀宦官，密召董卓率兵入都，反被宦官所杀。崔允：当为崔胤，唐末权臣，与朱温勾结乱国。

变法通议（节选）

自 序

　　法何以必变？凡在天地之间者，莫不变。昼夜变而成日，寒暑变而成岁，大地肇起，流质炎炎，热熔冰迁，累变而成地球；海草螺蛤，大木大鸟，飞鱼飞鼍，袋兽脊兽，彼生此灭，更代迭变，而成世界；紫血红血，流注体内，呼炭吸养，刻刻相续，一日千变，而成生人。藉曰不变，则天地人类并时而息矣。故夫变者，古今之公理也。贡助之法变为租庸调，租庸调变为两税，两税变为一条鞭；井乘之法变为府兵，府兵变为彍骑，彍骑变为禁军；学校升造之法变为荐辟，荐辟变为九品中正，九品变为科目。上下千岁，无时不变，无事不变，公理有固然，非夫人之为也。为不变之说者，动曰"守古守古"，庸讵知自太古、上古、中古、近古以至今日，固已不知万百千变。今日所目为古法而守之者，其于古人之意，相去岂可以道里计哉！

　　今夫自然之变，天之道也，或变则善，或变则敝。有人道焉，则智者之所审也。语曰："学者上达，不学下达。"惟治亦然，委心任运，听其流变，则日趋于敝；振刷整顿，斟酌通变，则日趋于善。吾揆之于古，一姓受命，创法立制，数叶以后，其子孙之所奉行，必有以异于其祖父矣。而彼君民上下，犹瞆瞆焉以为吾今日之法吾祖，前者以之治天下而治，蓄然守之，因循不察，渐移渐变，百事废弛，卒至疲敝，不可收拾。代兴者审其敝而变之，斯为新王矣。苟其子孙达于此义，自审其敝而自变之，斯号中兴矣。汉唐中兴，斯固然矣。

　　《诗》曰："周虽旧邦，其命维新。"言治旧国必用新法也。其事甚顺，其义至明，有可为之机，有可取之法，有不得不行之势，有不容少缓之故。为不变之说者，犹曰"守古守古"，坐视其因循废弛，而漠然无所动于中，呜呼！可不谓大惑不解者乎？《易》曰："穷则变，变则通；通则久。"伊尹曰①："用其新，去其陈，病乃不存。"夜不炳烛则昧，冬不御裘则寒，渡河而乘陆车者危，易证而尝旧方者死。今专标斯义，大声疾呼，上循士训诵训之遗，下依矇讽鼓谏之义。言之无罪，闻者足兴。为六十篇，分类十二。知我罪我，其无辞焉。

论不变法之害

今有巨厦，更历千岁，瓦墁毁坏，榱栋崩折，非不枵然大也，风雨猝集，则倾圮必矣。而室中之人，犹然酣嬉鼾卧，漠然无所闻见；或则睹其危险，惟知痛哭，束手待毙，不思拯救；又其上者，补苴罅漏，弥缝蚁穴，苟安时日，以觊有功。此三人者，用心不同，漂摇一至，同归死亡。善居室者，去其废坏，廓清而更张之，鸠工庀材，以新厥构；图始虽艰，及其成也，轮焉奂焉，高枕无忧也。惟国亦然：由前之说罔不亡，由后之说罔不强。

印度，大地最古之国也，守旧不变，夷为英藩矣。突厥地跨三洲，立国历千年，而守旧不变，为六大国执其权、分其地矣。非洲广袤，三倍欧土，内地除沙漠一带外，皆植物饶衍，畜牧繁盛，土人不能开化，拱手以让强敌矣。波兰为欧西名国，政事不修，内讧日起，俄、普、奥相约，择其肉而食矣。中亚洲回部，素号骁悍，善战斗，而守旧不变，俄人鲸吞蚕食，殆将尽之矣。越南、缅甸、高丽，服属中土，渐染习气，因仍弊政，葡摩不变，汉宫威仪，今无存矣。今夫俄宅苦寒之地，受蒙古钤辖，前皇残暴，民气凋丧，岌岌不可终日，自大彼得游历诸

---

① 伊尹：商朝初期的大臣。

国①，学习工艺，归而变政，后王受其方略，国势日盛，辟地数万里也。今夫德列国分治，无所统纪，为法所役，有若奴隶；普人发愤②，兴学练兵，遂蹶强法，霸中原也。今夫日本幕府专政，诸藩力征，受俄、德、美大创，国几不国；自明治维新，改弦更张，不三十年，而夺我琉球，割我台湾也。又如西班牙、荷兰，三百年前，属地遍天下，而内治稍弛，遂即陵弱，国度夷为四等。暹罗处缅、越之间，同一绵薄；而稍自振厉，则岿然尚存。《记》曰："不知来，视诸往。"又曰："前车覆，后车戒。"大地万国，上下百年间，强盛弱亡之故，不爽累黍，盖其几之可畏如此也！

中国立国之古等印度，土地之沃迈突厥，而因沿积敝不能振变，亦伯仲于二国之间，以故地利不辟，人满为患。河北诸省，岁虽中收，犹道殣相望。京师一冬，死者千计。一有水旱，道路不通，运赈无术，任其填委，十室九空。滨海小民，无所得食，逃至南洋、美洲诸地，鬻身为奴，犹被驱迫，丧斧以归。驯者转于沟壑，黠者流为盗贼。教匪会匪，蔓延九州，伺隙而动。工艺不兴，商务不讲，土货日见减色；而他人投我所好，制造百物，畅销内地，漏卮日甚，脂膏将枯。学校不立，学子于帖括外，一物不知；其上者考据词章，破碎相尚，语以瀛海，瞠目不信；又得官甚难，治生无术，习于无耻，曾不知怪。兵学不讲，绿营防勇，老弱癖烟，凶悍骚扰，无所可用；一旦军兴，临时募集，半属流丐，器械窳苦，馕糈微薄；偏裨以上，流品猥杂，一字不识，无论读图，营例不谙，无论兵法。以此与他人学问之将、纪律之师相遇，百战百败，无待交绥。官制不善，习非所用，用非所习；委权胥吏，百弊蝟起，一官数人，一人数官，牵制推诿，一事不举；保奖蒙混，鬻爵充塞，朝为市侩，夕登显秩；宦途壅滞，候补窘悴，非钻营奔竞，不能疗饥；俸廉微薄，供亿繁浩，非贪污恶鄙，无以自给。限年绳格，虽有奇

---

① 大彼得：俄罗斯沙皇彼得一世（1672—1725），又称彼得大帝。
② 普人：普鲁士人。

才，不能特达，必俟其筋力既衰，暮气将深，始任以事，故肉食盈廷，而乏才为患。法敝如此，虽敌国外患，晏然无闻，君子犹或忧之，况于以一羊处群虎之间，抱火厝之积薪之下而寝其上者乎？

《孟子》曰："国必自伐，然后人伐之。"又曰："未闻以千里畏人者也。"又曰："能治其国家，谁敢侮之！"中国户口之众，冠于大地；幅员式廓，亦俄、英之亚也；矿产充溢，积数千年，未经开采；土地沃衍，百植并宜；国处温带，其民材智；君权统一，欲有兴作，不患阻挠；此皆欧洲各国之所无也。夫以旧法之不可恃也如彼，新政之易为功也又如此，何舍何从，不待智者可以决矣。

难者曰：今日之法，匪今伊昔，五帝三王之所递嬗，三祖八宗之所诒谋，累代率由，历有年所，必谓易道乃可为治，非所敢闻。释之曰：不能创法，非圣人也；不能随时，非圣人也。上观百世，下观百世，经世大法，惟本朝为善变。入关之初，即下薙发之令，顶戴翎枝，端罩马褂，古无有也，则变服色矣。用达海创国书①，借蒙古字以附满洲音，则变文字矣；用汤若望、罗雅谷作宪书②，参用欧罗巴法，以改大统历，则变历法矣；圣祖皇帝，永免滋生人口之赋，并入地赋，自商鞅以来计人之法，汉武以来课丁之法，无存也，则变赋法矣；举一切城工河防，以及内廷营造，行在治跸，皆雇民给直，三王于农隙使民、用民三日，且无有也，则变役法矣。平民死刑，别为二等，曰情实，曰缓决，犹有情实而不予勾者，仕者罪虽至死，而子孙考试入仕如故，如前代所沿，夷三族之刑，发乐籍之刑，言官受廷杖、下镇抚司狱之刑，更无有也，则变刑法矣。至于国本之说，历代所重，自理密亲王之废，世宗创为密

---

① 达海：后金时文官，受努尔哈赤之命创制了满文。国书：即满文。
② 汤若望（1591—1666）：德国天主教耶稣会传教士，明末来中国，曾参与修订历法；入清后曾担任钦天监监正。罗雅谷：即罗雅阁，意大利传教士，明末来中国，曾与汤若望一起修订历法。

缄之法，高宗至于九降纶音，编为《储贰金鉴》，为世法戒①，而瞢儒始知大计矣。巡幸之典，谏臣所争，而圣祖、高宗，皆数幸江南，木兰秋狝，岁岁举行，昧者或疑之，至仁宗贬谪松筠②，宣示讲武习劳之意，而庸臣始识苦心矣。汉、魏、宋、明，由旁支入继大统者，辄议大礼，断断争讼，高宗援据《礼经》，定本生父母之称，取葬以士、祭以大夫之义，圣人制礼，万世不易，观于醇贤亲王之礼③，而天下翕然称颂矣。凡此皆本朝变前代之法，善之又善者也。至于二百余年，重熙累洽，因时变制，未易缕数。数其荦荦大者：崇德以前，以八贝勒分治所部，太宗与诸兄弟，朝会则共坐，饷用则均出，俘虏则均分；世祖入关，始严天泽之分，裁抑诸王骄蹇之习，遂壹寰宇，诒谋至今矣。累朝用兵，拓地数万里，膺阃外之寄，多用满、蒙；逮文宗而兼用汉人，辅臣文庆④，力赞成之，而曾、左诸公，遂称名将矣。八旗劲旅，天下无敌，既削平前三藩、后三藩，乾隆中屡次西征，犹复简调前往，朝驰羽檄，夕报捷书；逮宣宗时，而知索伦兵不可用，三十年来，歼荡流寇，半赖召募之勇以成功，而同治遂号中兴矣。内而治寇，始用坚壁清野之法，一变而为长江水师，再变而为防河圈禁矣；外而交邻，始用闭关绝市之法，一变而通商者十数国，再变而命使者十数国矣。此又以本朝变本朝之法者也。吾闻圣者虑时而动。使圣祖、世宗生于今日，吾知其变法之锐，必不在大彼得（俄皇名）、威廉第一（德皇名）、睦仁（日皇名）之下也。《记》曰：“法先王者法其意。”今泥祖宗之法而戾祖宗之意，是乌得为善法祖矣乎？

---

① 理密亲王：即允礽，康熙第二子，曾两度被立为太子，又两度被废，密缄：即密书继位者之名，缄封后藏于乾清宫正大光明匾后。《储贰金鉴》：乾隆时借鉴历代史事编写的太子读本。

② 松筠（1754—1835）：清朝大臣，乾隆时官至军机大臣，嘉庆时被贬。

③ 醇贤亲王之礼：醇亲王奕譞（1840—1891）为咸丰帝之弟，光绪帝之父。按例，皇帝生父死后可入供太庙，但奕譞害怕慈禧猜忌，光绪大婚时即声明身后不愿享此殊荣，故去世后仅称"皇本生考"而未另上尊号。

④ 文庆（？—1856）：清朝大臣，道光、咸丰时历任侍郎、尚书、军机大臣、武英殿大学士等。曾密陈破满汉畛域，重用曾国藩等。

中国自古一统，环列皆小蛮夷，但虞内忧，不患外侮，故防弊之意多，而兴利之意少，怀安之念重，而虑危之念轻。秦后至今，垂二千年，时局匪有大殊，故治法亦可不改。国初因沿明制，稍加损益，税敛极薄，征役几绝。取士以科举，虽不讲经世，而足以飏太平；选将由行伍，虽未尝学问，然足以威萑苻；任官论资格，虽不得异材，而足以止奔竞。天潢外戚，不与政事，故无权奸僭恣之虞；督抚监司，互相牵制，故无藩镇跋扈之患。使能闭关画界，永绝外敌，终古为独立之国，则墨守斯法，世世仍之，稍加整顿，未尝不足以治天下，而无如其忽与泰西诸国相遇也。泰西诸国并立，大小以数十计，狡焉思启，互相猜忌，稍不自振，则灭亡随之矣。故广设学校，奖励学会，惧人才不足，而国无与立也；振兴工艺，保护商业，惧利源为人所夺，而国以穷蹙也；将必知学，兵必识字，日夜训练，如临大敌，船械新制，争相驾尚，惧兵力稍弱，一败而不可振也。自余庶政，罔不如是。日相比较，日相磨厉，故其人之才智，常乐于相师，而其国之盛强，常足以相敌。盖舍是不能图存也。而所谓独立之国者，目未见大敌，侈然自尊，谓莫己若；又欺其民之驯弱而凌牿之，虑其民之才智而束缚之，积弱陵夷，日甚一日。以此遇彼，犹以敝痈当千钧之弩，故印度、突厥（突厥居欧东，五十年前未与英、法诸国交涉，故亦为独立之国。）之覆辙，不绝于天壤也。

难者曰：法固因时而易，亦因地而行。今子所谓新法者，西人习而安之，故能有功；苟迁其地，则弗良矣。释之曰：泰西治国之道，富强之原，非振古如兹也，盖自百年以来焉耳。举官新制，起于嘉庆十七年；（先是欧洲举议院及地方官，惟拥厚赀者能有此权。是年，拿破仑变西班牙之政，始令人人可以举官。）民兵之制，起于嘉庆十七年；工艺会所，起于道光四年；农学会，起于道光二十八年；国家拨款以兴学校，起于道光十三年；报纸免税之议，起于道光十六年；邮政售票，起于道光十七年；轻减刑律，起于嘉庆二十五年；汽机之制，起于乾隆三十四年；行海轮船，起于嘉庆十二年；铁路起于道光十年，电线起于道光十七年；自馀一切保国之经，利民之策，相因而至，大率皆在中朝嘉、道之间。盖自法皇拿破仑倡祸以后，欧洲忽生动力，因以更新。至其前此之旧俗，则视今日之中国无以远过。（英人李提摩太近译《泰西新史揽要》①，言之最详。）惟其幡然而变，不百年间，乃浡然而兴矣。然则吾所谓新法者，皆非西人所故有，而实为西人所改造。改而施之西方，与改而施之东方，其情形不殊，盖无疑矣。况蒸蒸然起于东土者，尚明有因变致强之日本乎？

难者曰：子言辩矣。然伊川被发，君子所叹，用彝变夏，究何取焉？释之曰：孔子曰："天子失官，学在四彝。"《春秋》之例，彝狄进至中国，则中国之。古之圣人，未尝以学于人为惭德也。然此不足以服吾子。请言中国：有土地焉，测之绘之，化之分之，审其土宜，教民树艺，神农、后稷，非西人也；度地居民，岁杪制用，夫家众寡，六畜牛羊，纤悉书之，《周礼·王制》，非西书也；八岁入小学，十五就大学，升造爵官，皆俟学成，庠序学校，非西名也；谋及卿士，谋及庶人，国疑则询，国迁则询，议郎博士，非西官也；（汉制，博士与议郎、议大夫同主论议，国有大事则承问，即今西人议院之意。）流宥五刑，疑狱众共，轻刑之法，陪审之员，非西律也；三老啬夫，由民自推，辟署功曹，不用他郡，乡亭之官，非西秩也；尔无我叛，我无强贾，商约之文，非西史也；交邻有道，不辱君命，绝域之使，非西政也；邦有六职，工与居一，国有九经，工在所劝，保护工艺，非西例也；当宁而立，当宸而立，礼无不答，旅揖士人，《礼经》所陈，非西制也；天子巡守，以观民风，皇王大典，非西仪也；地有四游，地动不止，日之所生为星，谶纬雅言，非西文也；腐水离木，均发均县，临鉴立景，蜕水谓气，电缘气生，墨翟、亢仓、关尹之徒②，非西儒也。故夫法者天下之公器也。

---

① 李提摩太（1845—1919）：英国基督教传教士。在清末维新运动期间，与维新派人士接触频繁，利用清政府赔款创办山西大学堂。著有《泰西新史揽要》、《留华四十五年记》等书。

② 亢仓：也称庚桑楚，《庄子》称其为老子弟子。关尹：相传为春秋末道家人物，《道德经》一书即他挽留老子而写成。

征之域外则如彼，考之前古则如此，而议者犹曰"彝也彝也"而弃之，必举吾所固有之物，不自有之，而甘心以让诸人，又何取耶？

难者曰：子论诚当。然中国当败衂之后，穷蹙之日，虑无余力克任此举；强敌交逼，眈眈思启，亦未必能吾待也。释之曰：日本败于三国，受迫通商，反以成维新之功。法败于普，为城下之盟，偿五千兆福兰格，割奥斯、鹿林两省①，此其痛创，过于中国今日也，然不及十年，法之盛强，转逾畴昔。然则败衂非国之大患，患不能自强耳。《孟子》曰："国家闲暇，及是时明其政刑，虽大国必畏之矣。"又曰："国家闲暇，及是时般乐怠敖，是自求祸也。"泰西各国，磨牙吮血，伺于吾旁者固属有人；其顾惜商务，不欲发难者，亦未始无之。徒以我晦盲太甚，厉阶孔繁，用启戎心，亟思染指。及今早图，示万国以更新之端，作十年保太平之约，亡羊补牢，未为迟也。

天下之为说者，动曰一劳永逸，此误人家国之言也。今夫人一日三食，苟有持说者曰"一食永饱"，虽愚者犹知其不能也，以饱之后历数时而必饥，饥而必更求食也。今夫立法以治天下，则亦若是矣。法行十年或数十年、或百年而必敝，敝而必更求变，天之道也。故一食而求永饱者必死，一劳而求永逸者必亡。今之为不变之说者，实则非真有见于新法之为民害也。夸毗成风，惮于兴作，但求免过，不求有功；又经世之学，素所未讲，内无宗主，相从吠声。听其言论，则日日痛哭；读其词章，则字字孤愤。叩其所以图存之道，则眙然无所为，对曰：天心而已，国运而已，无可为而已。委心袖手，以待覆亡，噫，吾不解其用心何在也！

要而论之，法者天下之公器也，变者天下之公理也。大地既通，万国蒸蒸，日趋于上。大势相迫，非可阏制。变亦变，不变亦变。变而变者，变之权操诸己，可以保国，可以保种，可以保教；不变而变者，变

---

① 福兰格：法郎。奥斯、鹿林：今称阿尔萨斯、洛林。

之权让诸人，束缚之，驰骤之。呜呼！则非吾之所敢言矣。是故变之途有四：其一，如日本，自变者也；其二，如突厥，他人执其权而代变者也；（埃及、高丽等国皆是。）其三，如印度，见并于一国而代变者也；（越南、缅甸等国皆是。）其四，如波兰，见分于诸国而代变者也。吉凶之故，去就之间，其何择焉？《诗》曰："嗟我兄弟，邦人诸友，莫肯念乱，谁无父母！"《传》曰："嫠妇不恤其纬，而忧宗周之陨，为将及焉。"此固四万万人之所同也。彼犹太之种，追逐于欧东；非洲之奴，充斥于大地。呜呼！夫非犹是人类也欤！

论变法不知本原之害

难者曰：中国之法，非不变也。中兴以后，讲求洋务，三十余年，创行新政，不一而足，然屡见败衄，莫克振救，若是乎新法之果无益于人国也。释之曰：前此之言变者，非真能变也，即吾向者所谓补苴罅漏，弥缝蚁穴，漂摇一至，同归死亡，而于去陈用新，改弦更张之道，未始有合也。昔同治初年，德相毕士麻克语人曰[①]："三十年后，日本其兴，中国其弱乎？日人之游欧洲者，讨论学业，讲求官制，归而行之；中人之游欧洲者，询某厂船炮之利，某厂价值之廉，购而用之。强弱之原，其在此乎？"呜呼！今虽不幸而言中矣。惩前毖后，亡羊补牢，有天下之责者，尚可以知所从也。

今之言变法者，其荦荦大端，必曰练兵也，开矿也，通商也，斯固然矣。然将率不由学校，能知兵乎？选兵不用医生，任意招募，半属流丐，体之羸壮所不知，识字与否所不计，能用命乎？将俸极薄，兵饷极微，伤废无养其终身之文，死亡无恤其家之典，能洁己效死乎？图学不兴，厄塞不知，能制胜乎？船械不能自造，仰息他人，能如志乎？海军

[①] "毕士麻克：通译俾斯麦（1815—1898），曾任德国首相，有"铁血宰相"之称。

不游弋他国,将卒不习风波,一旦临敌,能有功乎?如是则练兵如不练。矿务学堂不兴,矿师乏绝,重金延聘西人,尚不可信,能尽地利乎?机器不备,化分不精,能无弃材乎?道路不通,从矿地运至海口,其运费视原价或至数倍,能有利乎?如是则开矿如不开。商务学堂不立,罕明贸易之理,能保富乎?工艺不兴,制造不讲,土货销场,寥寥无几,能争利乎?道路梗塞,运费笨重,能广销乎?厘卡满地,抑勒逗留,朘膏削脂,有如虎狼,能劝商乎?领事不报外国商务,国家不护侨寓商民,能自立乎?如是则通商如不通。其稍进者曰:欲求新政,必兴学校,可谓知本矣。然师学不讲,教习乏人,能育才乎?科举不改,聪明之士,皆务习帖括,以取富贵,趋舍异路,能俯就乎?官制不改,学成而无所用,投闲置散,如前者出洋学生故事,奇才异能,能自安乎?既欲省、府、州、县皆设学校,然立学诸务,责在有司,今之守令,能奉行尽善乎?如是则兴学如不兴。自余庶政,若铁路,若轮船,若银行,若邮政,若农务,若制造,莫不类是。盖事事皆有相因而至之端,而万事皆同出于一本原之地,不挈其领而握其枢,犹治丝而棼之,故百举而无一效也。

今之言变法者,其蔽有二:其一,欲以震古铄今之事,责成于肉食官吏之手;其二,则以为黄种之人,无一可语,委心异族,有终焉之志。夫当急则治标之时,吾固非谓西人之必不当用;虽然,则乌可以久也?中国之行新政也,用西人者,其事多成;不用西人者,其事多败。询其故,则曰:西人明达,华人固陋;西人奉法,华人营私也。吾闻之:日本变法之始,客卿之多,过于中国也;十年以后,按年裁减;至今一切省署,皆日人自任其事,欧洲之人,百不一存矣。今中国之言变法,亦既数十年,而犹然借材异地,乃能图成,其可耻孰甚也!夫以西人而任中国之事,其爱中国与爱其国也孰愈?夫人而知之矣。况吾所用之西人,又未必其彼中之贤者乎!

若夫肉食官吏之不足任事,斯固然矣。虽然,吾固不尽为斯人咎也。帖括陋劣，国家本以此取之。一旦而责以经国之远猷，乌可得也！捐例猥杂，国家本以此市之，一旦而责以奉公之廉耻，乌可得也！一人之身，忽焉而责以治民，忽焉而责以理财，又忽焉而责以治兵，欲其条理明澈，措置悉宜，乌可得也！在在防弊，责任不专，一事必经数人，互相牵掣，互相推诿，欲其有成，乌可得也！学校不以此教，察计不以此取，任此者弗赏，弗任者弗罚，欲其振厉，黾勉图功，乌可得也！途壅俸薄，长官层累，非奔竞末由得官，非贪污无以谋食，欲其忍饥寒，蠲身家，以从事于公义，自非圣者，乌可得也！今夫人之智愚贤不肖，不甚相远也。必谓西人皆智，而华人皆愚，西人皆贤，而华人皆不肖，虽五尺之童，犹知其非。然而西官之能任事也如彼，华官之不能任事也如此，故吾曰：不能尽为斯人咎也，法使然也。立法善者，中人之性可以贤，中人之才可以智。不善者反是，塞其耳目而使之愚，缚其手足而驱之为不肖，故一旦有事，而无一人可为用也。不此之变，而鳃鳃然效西人之一二事，以云自强，无感乎言变法数十年，而利未一见，弊已百出，反为守旧之徒，抵其隙而肆其口也。

  吾今为一言以蔽之曰：变法之本，在育人才；人才之兴，在开学校；学校之立，在变科举；而一切要其大成，在变官制。难者曰：子之论探本穷原，靡有遗矣。然兹事体大，非天下才，惧弗克任，恐闻者惊怖其言以为河汉，遂并向者一二西法而亦弃之而不敢道，奈何？子毋宁卑之无甚高论，令今可行矣。释之曰：不然。夫渡江者泛乎中流，暴风忽至，握舵击楫，虽极疲顿，无敢去者，以偷安一息，而死亡在其后也。庸医疑证，用药游移；精于审证者，得病源之所在，知非此方不愈此疾，三年畜艾，所弗辞已。虽曰难也，将焉避之？抑岂不闻东海之滨，区区三岛，外受劫盟，内逼藩镇，崎岖多难，濒于灭亡，而转圜之间，化弱为强，岂不由斯道矣乎，则又乌知乎今之必不可行也？有非常之才，则足以济非常之变。呜呼！是所望于大人君子者矣。

去岁李相国使欧洲①,问治国之道于德故相俾士麦。俾士麦曰:"我德所以强,练兵而已。今中国之大,患在兵少而不练,船械窳而乏也。若留意于此二者,中国不足强也。"(见去年七、八月间上海、香港各报所译西文报中。)今岁张侍郎使欧②,与德国某爵员语,其言犹俾相言。(见七月上海某日报。)中国自数十年以来,士夫已寡论变法;即有一二,则亦惟兵之为务,以谓外人之长技,吾国之急图,只此而已。众口一词,不可胜辨。既闻此言也,则益自张大,谓西方之通人,其所论固亦如是。梁启超曰:嗟乎!亡天下者,必此言也。吾今持春秋无义战、墨翟非攻、宋钘寝兵之义以告中国,闻者必曰:以此孱国而陈高义以治之,是速其亡也。不知使有国于此,内治修,工商盛,学校昌,才智繁,虽无兵焉,犹之强也。彼美国是也。美国兵不过二万,其兵力于欧洲,不能比最小之国,而强邻眈眈,谁敢侮之?使有国于此,内治窳,工商窳,学校塞,才智希,虽举其国而兵焉,犹之亡也。彼土耳其是也。土耳其以陆军甲天下,俄、土之役,五战而土三胜焉,而卒不免于今日。若是乎国之强弱在兵,而所以强弱者不在兵,昭昭然矣。今有病者,其治之也,则必涤其滞积,养其荣卫,培其元气,使之与无病人等,然后可以及他事。此不易之理也。今授之以甲胄,予之以戈戟,而曰尔盍从事焉,吾见其舞蹈不终日,而死期已至。彼西人之练兵也,其犹壮士之披甲胄而执戈铤也。若今日之中国,则病夫也,不务治病,而务壮士之所行。故吾曰:亡天下者,必此言也。

然则西人曷为为此言?曰:嗟乎!狡焉思启封疆以灭社稷者,何国蔑有?吾深惑乎吾国之所谓开新党者,何以于西人之言,辄深信谨奉,

---

① 李相国:指李鸿章(1823—1901),清末大臣,洋务派首领。官至直隶总督兼北洋大臣。1896年10月起任总理各国事务衙门大臣。曾出使欧美等,与11个帝国主义国家签订《辛丑条约》。
② 张侍郎:指张荫恒(1837—1900),清末外交官,曾在总理衙门任职,官至户部侍郎。1885—1890年间出使欧美。

而不敢一致疑也。西人之政事,可以行于中国者,若练兵也,置械也,铁路也,轮船也,开矿也。西官之在中国者,内焉聒之于吾政府,外焉聒之于吾有司,非一日也。若变科举也,兴学校也,改官制也,兴工艺、开机器厂也,奖农事也,拓商务也,吾未见西人之为我一言也。是何也? 练兵而将帅之才,必取于彼焉;置械而船舰枪炮之值,必归于彼焉;通轮船、铁路,而内地之商务,彼得流通焉;开矿而地中之蓄藏,彼得染指焉;且有一兴作,而一切工料,一切匠作,无不仰给之于彼,彼之士民,得以养焉。以故铁路、开矿诸事,其在中国,不得谓非急务也。然自西人言之,则其为中国谋者十之一,自为谋者十之九。若乃科举、学校、官制、工艺、农事、商务等,斯乃立国之元气,而致强之本原也。使西人而利吾之智且强也,宜其披肝沥胆,日日言之。今夫彼之所以得操大权、沾大利于中国者,以吾之弱也愚也,而乌肯举彼之所以智所以强之道,而一以畀我也? 恫乎英士李提摩太之言也,曰:西官之为中国谋者,实以保护本国之权利耳。余于光绪十年回英,默念华人博习西学之期,必已不远,因拟谒见英、法、德等国学部大臣,请示振兴新学之道,以储异日传播中华之用。迨至某国,投刺晋谒其学部某大臣,叩问学校新规,并请给一文凭,俾得遍游全国大书院。大臣因问余考察本国新学之意,余实对曰:'欲以传诸中华也。'语未竟,大臣艴然变色曰:'汝教华人尽明西学,其如我国何? 其如我各与国何?'文凭遂不可得。"又曰:"西人之见华官,每以谀词献媚,曰:'贵国学问,实为各国之首。'以骄其自以为是之心,而坚其藐视新学之志,必使无以自强而后已。"(并见李所自著《西铎》卷七。《西铎》以乙未年刺于京师。) 今夫李君,亦西人也,其必非为谰言以污蔑西人,无可疑也。而其言若此,吾欲我政府有司之与西人酬酢者,一审此言也。李相国之过德也,德之官吏及各厂主人,盛设供帐,致敬尽礼,以相款宴,非有爱于相国也,以谓吾所欲购之船舰枪炮,利将不赀,而欲胁肩捷足以夺之也。及哭龙姆席间一语，咸始废然，英、法诸国，大哗笑之。(事见去年《万国公报》。)然则德人之津津然以练兵置械相劝勉者，由他国视之，若见肺肝矣。且其心犹有叵测者。彼德人固欧洲新造之雄国也，又以为苟不得志于东方，则不能与俄、英、法诸国竞强弱也。中国之为俎上肉久矣，商务之权利握于英，铁路之权利握于俄，边防之权利握于法、日及诸国。德以后起，越国鄙远，择肥而噬，其道颇难，因思握吾邦之兵权，制全国之死命。故中国之练洋操、聘教习也，德廷必选知兵而有才者以相畀，令其以教习而兼统领之任。今岁鄂省武备学堂之聘某德弁也，改令只任教习，不允统领，而德廷乃至移书总署，反覆力争。此其意欲何为也？使吾十八行省，各练一洋操，各统以德弁教之诲之，日与相习，月渐岁摩，一旦瓜分事起，吾国绿营、防勇，一无所恃，而其一二可用者，惟德人号令之是闻。如是则德之所获利益，乃不在俄、英、法、日诸国下。此又德人隐忍之阴谋，而莫之或觉者也。当中、日订通商条约之际，德国某日报云："我国恒以制造机器等，售诸中国、日本。日本仿行西法，已得制造之要领。今若任其再流之中国，恐德国之商务，扫地尽矣。"(亦见《西铎》卷七。)去岁《字林西报》载某白人来书云："昔上海西商，争请中国，务须准将机器进口，欧格讷公使回国时，则谓此事非西国之福。今按英国所养水陆各军，专为扩充商务、保护工业起见，所费不赀。今若以我英向来制造之物，而令人皆能制造，以夺我利，是自作孽也。"(见《时务报》第八册。)

呜呼！西人之言学校、商务也，则妒我如此；其言兵事也，则爱我如彼。虽负床之孙，亦可以察其故矣。一铁甲之费，可以支学堂十余年；一快船之费，可以译西书数百卷；克虏伯一尊之费，可以设小博物院三数所；洋操一营之费，可以遣出洋学生数十人。不此之务，而惟彼之图，吾甚惜乎以司农仰屋艰难罗掘所得之金币，而晏然馈于敌国，以易其用无可用之物。数年之后，又成盗粮。往车已折，来轸方遒，独至语以开民智、植人才之道,则咸以款项无出,玩日愒时,而曾不肯舍此一二以就此千万也。吾又惑乎变通科举、工艺专利等事,不劳国家铢金寸币之费者,而亦相率依违,坐视吾民失此生死肉骨之机会,而不肯一导之也。吾它无敢怼焉,吾不得不归罪于彼族设计之巧,而其言惑人之深也。《诗》曰:"无信人之言,人实诳汝。"

保教非所以尊孔论

此篇与著者数年前之论相反对,所谓我操我矛以伐我者也。今是昨非,不敢自默。其为思想之进步乎,抑退步乎?吾欲以读者思想之进退决之。

绪 论

近十年来,忧世之士,往往揭三色旗帜以疾走号呼于国中,曰保国,曰保种,曰保教。其陈义不可谓不高,其用心不可谓不苦。若不佞者,亦此旗下之一小卒徒也。虽然,以今日之脑力眼力,观察大局,窃以为我辈自今以往,所当努力者,惟保国而已,若种与教,非所亟亟也。何则?彼所云保种者,保黄种乎?保华种乎?其界限颇不分明。若云保黄种也,彼日本亦黄种,今且浡然兴矣,岂其待我保之;若云保华种也,吾华四万万人,居全球人数三分之一,即为奴隶为牛马,亦未见其能灭绝也。国能保则种自莫强,国不存则虽保此奴隶牛马,使孳生十倍于今日,亦奚益也。故保种之事,即纳入于保国之范围中,不能别立名号者也。至倡保教之议者,其所蔽有数端:一曰不知孔子之真相,二曰不知宗教之界说,三曰不知今后宗教势力之迁移,四曰不知列国政治与宗教之关系。今试一一条论之。

第一 论教非人力所能保

教与国不同。国者积民而成,舍民之外更无国,故国必恃人力以保之。教则不然。教也者，保人而非保于人者也。以优胜劣败之公例推之，使其教而良也，其必能战胜外道，愈磨而愈莹，愈压而愈伸，愈束而愈远，其中自有所谓有一种烟士披里纯（Inspiration）者①，以嘘吸人之脑识，使之不得不从我，岂其俟人保之？使其否也，则如波斯之火教，印度之婆罗门教，阿剌伯之回回教，虽一时借人力以达于极盛，其终不能存于此文明世界，无可疑也。此不必保之说也。

抑保之云者，必其保之者之智慧能力，远过于其所保者，若慈父母之保赤子，专制英主之保民是也。（保国不在此数。国者无意识者也，保国实人人之自保耳。）彼教主者，不世出之圣贤豪杰，而人类之导师也。吾辈自问其智慧能力，视教主何如？而漫曰保之保之，何其狂妄耶！毋乃自信力太大，而亵教主耶？此不当保之说也。然则所谓保教者，其名号先不合于论理，其不能成立也固宜。

第二　论孔教之性质与群教不同

今之持保教论者，闻西人之言曰，支那无宗教，辄怫然怒形于色，以为是诬我也，是侮我也。此由不知宗教之为何物也。西人所谓宗教者，专指迷信宗仰而言，其权力范围乃在躯壳界之外，以灵魂为根据，以礼拜为仪式，以脱离尘世为目的，以涅槃天国为究竟，以来世祸福为法门。诸教虽有精粗大小之不同，而其概则一也。故奉其教者，莫要于起信，（耶教受洗时，必通所谓十信经者，即信耶稣种种奇迹是也。佛教有《起信论》。）莫急于伏魔。起信者，禁人之怀疑，窒人思想自由也；伏魔者，持门户以排外也。故宗教者非使人进步之具也，于人群进化之第一期，虽有大功德，其第二期以后，则或不足以偿其弊也。孔子则不然，其所教者，专在世界国家之事，伦理道德之原，无迷信，无礼拜，不禁怀

---

① 烟士披里纯：西文音译，意为"灵感"。

疑，不仇外道。孔教所以特异于群教者在是。质而言之，孔子者哲学家、经世家、教育家，而非宗教家也。西人常以孔子与梭格拉底并称，而不以之与释迦、耶稣、摩诃末并称①，诚得其真也。夫不为宗教家，何损于孔子！孔子曰："未能事人，焉能事鬼；未知生，焉知死。""子不语怪力乱神。"盖孔子立教之根柢，全与西方教主不同。吾非必欲抑群教以扬孔子，但孔教虽不能有他教之势力，而亦不至有他教之流弊也。然则以吾中国人物论之，若张道陵（即今所谓张天师之初祖也。）可谓之宗教家，若袁了凡②（专提倡《太上感应篇》、《文昌帝君阴骘文》者。）可谓之宗教家，（宗教有大小，有善恶。埃及之拜物教，波斯之拜火教，可谓之宗教，别张、袁不可不谓之宗教。）而孔子则不可谓之宗教家。宗教之性质，如是如是。

持保教论者，辄欲设教会，立教堂，定礼拜之仪式，著信仰之规条，事事摹仿佛、耶，惟恐不肖。此靡论其不能成也，即使能之，而诬孔子不已甚耶！孔子未尝如耶稣之自号化身帝子，孔子未尝如佛之自称统属天龙，孔子未尝使人于吾言之外皆不可信，于吾教之外皆不可从。孔子，人也，先圣也，先师也；非天也，非鬼也，非神也。强孔子以学佛、耶，以是云保，则所保者必非孔教矣。无他，误解宗教之界说，而艳羡人以忘我本来也。

第三　论今后宗教势力衰颓之征

保教之论何自起乎？惧耶教之侵入，而思所以抵制之也。吾以为此之为虑，亦已过矣。彼宗教者，与人群进化第二期之文明不能相容者也。科学之力日盛，则迷信之力日衰；自由之界日张，则神权之界日缩。今日耶稣教势力之在欧洲，其视数百年前，不过十之一二耳。昔者

---

① 梭格拉底：今译苏格拉底。摩诃末：即穆罕默德。
② 袁了凡：袁黄，字坤仪，号了凡。明代官员。著有《了凡纲鉴》等。

各国君主，皆仰教皇之加冕以为尊荣，今则帝制自为也；昔者教皇拥罗马之天府，指挥全欧，今则作寓公于意大利也；昔者牧师、神父，皆有特权，今则不许参与政治也。此其在政界既有然矣。其在学界，昔者教育之事，全权属于教会，今则改归国家也。歌白尼等之天文学兴，而教会多一敌国；达尔文等进化论兴，而教会又多一敌国。虽竭全力以挤排之，终不可得，而至今不得不迁就其说，变其面目以弥缝一时也。若是乎，耶稣教之前途可以知矣。彼其取精多，用物宏，诚有所谓百足之虫，至死不僵者，以千数百年之势力，必非遽消磨于一旦，固无待言。但自今以往，耶稣教即能保其余烬，而亦必非数百年前之面目，可断言也。而我今日乃欲摹其就衰之仪式，为效颦学步之下策，其毋乃可不必乎！

或曰：彼教虽寖衰于欧洲，而寖盛于中国，吾安可以不抵制之？是亦不然。耶教之入中国也有两目的：一曰真传教者，二曰各国政府利用之以侵我权利者。中国人之入耶教也亦有两种类：一曰真信教者，二曰利用外国教士以抗官吏武断乡曲者。彼其真传教、真信教者，则何害于中国？耶教之所长，又安可诬也。吾中国汪汪若千顷之波，佛教纳之，回教纳之，乃至张道陵、袁了凡之教亦纳之，而岂具其靳于一耶稣？且耶教之入我国数百年矣，而上流人士从之者稀，其力之必不足以易我国明矣，而畏之如虎，何为者也？至各国政府与乡里莠民之利用此教以侵我主权，挠我政治，此又必非开孔子会、倡言保教之遂能抵抗也。但使政事修明，国能自立，则学格兰斯顿之予爱兰教会以平权可也①，学俾斯麦、嘉富尔教之予山外教徒以限制亦可也②，主权在我，谁能侵之！故彼之持保教抵制之说者，吾见其进退无据也。

---

① 格兰斯顿：格累斯顿（1809—1898），英国政治家，自由党领袖，于1868—1894年四度出任英国首相。

② 嘉富尔：今译加富尔（1810—1861），意大利王国第一任首相。

第四　论法律上信教自由之理

彼持保教论者，自谓所见加流俗人一等，而不知与近世文明法律之精神，适相剌谬也。今此论固不过一空言耳，且使其论日盛，而论者握一国之主权，安保其不实行所怀抱，而设立所谓国教以强民使从者？果尔，则吾国将自此多事矣。

彼欧洲以宗教门户之故，战争数百年，流血数十万，至今读史，犹使人毛悚股栗焉。几经讨论，几经迁就，始以信教自由之条，著诸国宪，至于今日，各国莫不然，而争教之祸亦几熄矣。夫信教自由之理，一以使国民品性趋于高尚，（若特立国教，非奉此者不能享完全之权利，则国民或有心信他教，而为事势所迫，强自欺以相从者，是国家导民以弃其信德也。信教自由之理论，此为最要。）一以使国家团体归于统一，（昔者信教自由之法未立，国中有两教门以上者，恒相水火。）而其尤要者，在画定政治与宗教之权限，使不相侵越也。政治属世间法，宗教属出世法。教会不能以其权侵政府，固无论矣，而政府亦不能滥用其权以干预国民之心魂也。（自由之理，凡一人之言论、行事、思想，不至有害于他人之自由权者，则政府不得干涉之。我欲信保教，其利害皆我自受之，无损于人者也，故他人与政府皆不得干预。）故此法行而治化大进焉。

吾中国历史有独优于他国者一事，即数千年无争教之祸是也。彼欧洲数百年之政治家，其心血手段，半耗费于调和宗教恢复政权之一事，其陈迹之在近世史者，班班可考也。吾中国幸而无此缪辀，是即孔子所以贻吾侪以天幸也。而今更欲循泰西之覆辙以造此界限何也？今之持保教论者，其力固不能使自今以往，耶教不入中国。昔犹孔自孔，耶自耶，各行其自由，藕俱而无猜，无端而画鸿沟焉，树门墙焉，两者日相水火，而教争乃起，而政争亦将随之而起。是为国民分裂之厉阶也。言保教者不可不深长思也。

第五　论保教之说束缚国民思想

　　文明之所以进，其原因不一端，而思想自由，其总因也。欧洲之所以有今日，皆由十四五世纪时，古学复兴，脱教会之樊篱，一洗思想界之奴性，其进步乃沛乎莫能御，此稍治史学者所能知矣。我中国学界之光明，人物之伟大，莫盛于战国，盖思想自由之明效也。及秦始皇焚百家之语，坑方术之士，而思想一窒；及汉武帝表章六艺，罢黜百家，凡不在六艺之科者绝勿进，而思想又一窒。自汉以来，号称行孔子教二千余年于兹矣，百皆持所谓表章某某、罢黜某某者，以为一贯之精神；故正学异端有争，今学古学有争，言考据则争师法，言性理则争道统。各自以为孔教，而排斥他人以为非孔教，于是孔教之范围益日缩日小，寖假而孔子变为董江都、何邵公矣，寖假而孔子变为马季长、郑康成矣，寖假而孔子变为韩昌黎、欧阳永叔矣，寖假而孔子变为程伊川、朱晦菴矣，寖假而孔子变为陆象山、王阳明矣，寖假而孔子变为纪晓岚、阮芸台矣①。皆由思想束缚于一点，不能自开生面。如群猿得一果，跳掷以相攫；如群妪得一钱，诟骂以相夺，其情状抑何可怜哉！夫天地大矣，学界广矣，谁亦能限公等之所至，而公等果行为者？无他，暖暖姝姝，守一先生之言，其有稍在此范围外者，非惟不敢言之，抑亦不敢思之，此二千年来保教党所成就之结果也。曾是孔子而乃如是乎？孔子作《春秋》，进退三代，是正百王，乃至非常异义可怪之论，闠溢于编中。孔子之所以为孔子，正以其思想之自由也。而自命为孔子徒者，乃反其精神而用之，此岂孔子之罪也？呜呼，居今日诸学日新、思潮横溢之时代，而犹以保教为尊孔子，斯亦不可以已乎！

---

① 董江都、何邵公：董仲舒、何休。马季长、郑康成：马融、郑玄。韩昌黎、欧阳永叔：韩愈、欧阳修。程伊川、朱晦菴：程颐、朱熹。陆象山、王阳明：陆九渊、王守仁。纪晓岚、阮芸台：纪昀、阮元。

抑今日之言保教者，其道亦稍异于昔。彼欲广孔教之范围也，于是取近世之新学新理以缘附之，曰某某者孔子所已知也，某某者孔子所曾言也。其一片苦心，吾亦敬之，而惜其重诬孔子而益阻人思想自由之路也。夫孔子生于二千年以前，其不能尽知二千年以后之事理学说，何足以为孔子损！梭格拉底未尝坐轮船，而造轮船者不得不尊梭格拉底；亚里士多德未尝用电线，而创电线者不敢菲薄亚里士多德；此理势所当然也。以孔子圣智，其所见与今日新学新理相暗合者必多多，此奚待言。若必一一而比附之纳入之，然则非以此新学新理厘然有当于吾心而从之也，不过以其暗合于我孔子而从之耳。是所爱者仍在孔子，非在真理也。万一遍索之于四书、六经，而终无可比附者，则将明知为铁案不易之真理，而亦不敢从矣；万一吾所比附者，有人从而剔之，曰孔子不如是，斯亦不敢不弃之矣。若是乎，真理之终不能饷遗我国民也。故吾最恶乎舞文贱儒，动以西学缘附中学者，以其名为开新，实则保守，煽思想界之奴性而滋益之也。我有耳目，我有心思，生今日文明灿烂之世界，罗列中外古今之学术，坐于堂上而判其曲直，可者取之，否者弃之，斯宁非丈夫第一快意事耶？必以古人为虾，而自为其水母，而公等果胡为者？然则以此术保教者，非诬则愚，要之决无益于国民，可断言也！

第六　论保教之说有妨外交

保教妨思想自由，是本论之最大目的也。其次焉者，曰有妨外交。中国今当积弱之时，又值外人利用教会之际，而国民又夙有仇教之性质，故自天津教案以迄义和团，数十年中，种种外交上至艰极险之问题，起于民教相争者殆十七八焉。虽然，皆不过无知小民之起衅焉耳。今也博学多识之士大夫，高树其帜曰保教保教，则其所著论演说，皆不可不昌言何以必要何教之故，则其痛诋耶教必矣。夫相争必多溢恶之言，保无有抑扬其词，文致其说，以耸听者，是恐小民仇教之不力而更扬其波也。吾之为此言，吾非劝国民以媚外人也，但举一事必计其有利无利、有害无害，并其利害之轻重而权衡之。今孔教之存与不存，非一保所能致也；耶教之入与不入，非一保所能拒也。其利之不可凭也如此。而万一以我之叫嚣，引起他人之叫嚣，他日更有如天津之案，以一教堂而索知府、知县之头；如胶州之案，以两教士而失百里之地，丧一省之权；如义和之案，以数十西人之命，而动十一国之兵，偿五万万之币者；则为国家忧，正复何如？呜呼！天下事作始也简，将毕也巨。持保教论者，勿以我为杞人也。

第七　论孔教无可亡之理

　　虽然，保教党之用心，吾固深谅之而深敬之。彼其爱孔教也甚，愈益爱之，则愈忧之，惧其将亡也，故不复权利害，不复揣力量，而欲出移山填海之精神以保之。顾吾以为抱此隐忧者，乃真杞人也。孔教者，悬日月，塞天地，而万古不能灭者也。他教惟以仪式为重也，故自由昌而仪式亡；惟以迷信为归也，故真理明而迷信替。其与将来之文明决不相容，天演之公例则然也。孔教乃异是，其所教者，人之何以为人也，人群之何以为群也，国家之何以为国也。凡此者，文明愈进，则其研究之也愈要。近世大教育家多倡人格教育之论。人格教育者何？考求人之所以为人之资格，而教育少年，使之备有此格也。东西古今之圣哲，其所言合于人格者不一，而最多者莫如孔子。孔子实于将来世界德育之林，占一最重要之位置，此吾所敢豫言也。夫孔子所望于我辈者，非欲我辈呼之为救主，礼之为世尊也。今以他人有救主、世尊之名号，而我无之，遂相惊以孔教之将亡，是乌得为知孔子矣乎？夫梭格拉底、亚里士多德之不逮孔子也亦远矣，而梭氏、亚氏之教，犹愈久而愈章，曾是孔子而顾惧是乎？吾敢断言曰：世界若无政治、无教育、无哲学，则孔教亡；苟有此三者，孔教之光大，正未艾也！持保教论者，盍高枕而卧矣。

第八 论当采群教之所长以光大孔教

吾之所以忠于孔教者，则别有在矣。曰：毋立一我教之界限，而辟其门，而恢其域，损群教而入之，以增长荣卫我孔子是也。彼佛教、耶教、回教，乃至古今各种之宗教，皆无可以容纳他教教义之量。何也？彼其以起信为本，以伏魔为用，从之者殆如妇人之不得事二夫焉。故佛曰：天上地下，唯我独尊。耶曰：独一无二，上帝真子。其范围皆有一定，而不能增减者也。孔子则不然，鄙夫可以竭两端，三人可以得我师，盖孔教之精神，非专制的而自由的也。我辈诚尊孔子，则宜直接其精神，毋拘墟其形迹。

孔子之立教，对二千年前之人而言者也，对一统闭关之中国人而言之也，其通义之万世不易者固多，其别义之与时推移者亦不少。孟子不云乎："孔子，圣之时者也。"使孔子而生于今日，吾知其教义之必更有所损益也。今我国民非能为春秋战国时代之人也，而已为二十世纪之人；非徒为一乡一国之人，而将为世界之人，则所以师孔子之意而受孔子之赐者必有在矣。故如佛教之博爱也，大无畏也，勘破生死也，普度众生也；耶教之平等也，视敌如友也，杀身为民也，此其义虽孔教固有之，吾采其尤博深切明者以相发明。其或未有者，吾急取而尽怀之，不敢廉也；其或相反而彼为优者，吾舍己以从之，不必吝也。又不惟于诸宗教为然耳，即古代希腊、近世欧美诸哲之学说，何一不可以兼容而并包之者！若是于孔教为益乎、为损乎，不等智者而决也。夫孔子特自异于狭隘之群教，而为我辈尊孔教者开此法门，我辈所当自喜而不可辜此天幸者也。大哉孔子，大哉孔子！海阔从鱼跃，天空任鸟飞，以是尊孔，而孔之真乃见；以是演孔，而孔之统乃长。又何必鳃鳃然猥自贬损,树一门,划一沟,而曰保教保教为也!

结　论

嗟乎嗟乎!区区小子,昔也为保教党之骁将,今也为保教党之大敌。嗟我先辈,嗟我故人,得毋有恶其反覆,诮其模棱,而以为区区罪者。虽然,吾爱孔子,吾尤爱真理!吾爱先辈,吾尤爱国家!吾爱故人,吾尤爱自由!吾又知孔子之爱真理,先辈、故人之爱国家、爱自由,更有甚于吾者也。吾以是自信,吾以是忏悔。为二千年来翻案,吾所不惜;与四万万人挑战,吾所不惧。吾以是报孔子之恩我,吾以是报群教主之恩我,吾以是报我国民之恩我。

释"革"

"革"也者,含有英语之 Reform 与 Revolution 之二义。Reform 者,因其所固有而损益之以迁于善,如英国国会一千八百三十二年之 Revolution 是也。日本人译之曰改革,曰革新。Revolution 者,若转轮然,从根柢处掀翻之,而别造一新世界,如法国一千七百八十九年之 Revolution 是也。日本人译之曰革命。"革命"二字,非确译也。"革命"之名词,始见于中国者,其在《易》曰:"汤武革命,顺乎天而应乎人。"其在《书》曰:"革殷受命。"皆指王朝易姓而言,是不足以当 Revo (省文,下仿此)之意也。人群中一切有形无形之事物,无不有其 Ref,亦无不有其 Revo,不独政治上为然也。即以政治论,则有不必易姓而不得不谓之 Revo 者,亦有屡经易姓而仍不得谓之 Revo 者。今以革命译 Revo,遂使天下士君子拘墟于字面,以为谈及此义,则必与现在王朝一人一姓为敌,因避之若将浼己;而彼凭权借势者,亦将曰是不利于我也,相与窒遏之、摧锄之,使一国不能顺应于世界大势以自存。若是者,皆名不正言不顺之为害也。故吾今欲与海内识者纵论革义。

Ref 主渐,Revo 主顿①;Ref 主部分,Revo 主全体;Ref 为累进之比例,Revo 为反对之比例。其事物本善,而体未完法、未备,或行之久而失其本真,或经验少而未甚发达,若此者,利用 Ref。其事物本不善,有害于群,有窒于化,非芟荑蕴崇之则不足以绝其患,非改弦更张之则不足以致其理,若是者,利用 Revo。此二者皆大《易》所谓革之时义也。其前者吾欲字之曰"改革",其后者吾欲字之曰"变革"。

---

① 渐、顿:此处借用佛教用语,指渐进的、突进的。

中国数年以前,仁人志士之所奔走所呼号,则曰改革而已。比年外患日益剧,内腐日益甚,民智程度亦渐增进,浸润于达哲之理想,逼迫于世界之大势,于是咸知非变革不足以救中国。其所谓"变革"云者,即英语 Revolution 之义也。而倡此论者多习于日本,以日人之译此语为"革命"也,因相沿而顺呼之曰"革命革命"。又见乎千七百八十九年法国之大变革,尝馘其王,刘其贵族,流血遍国内也,益以为所谓 Revo 者必当如是。于是近今泰西文明思想上所谓以仁易暴之 Revolution,与中国前古野蛮争阋界所谓以暴易暴之革命,遂变为同一之名词,深入人人之脑中而不可拔。然则朝贵之忌之、流俗之骇之、仁人君子之忧之也亦宜。

新民子曰①:革也者,天演界中不可逃避之公例也。凡物适于外境界者存,不适于外境界者灭,一存一灭之间,学者谓之淘汰。淘汰复有二种:曰"天然淘汰",曰"人事淘汰"。天然淘汰者,以始终不适之故,为外风潮所旋击,自澌自毙而莫能救者也;人事淘汰者,深察我之有不适焉者,从而易之使底于适,而因以自存者也。人事淘汰,即革之义也。外境界无时而不变,故人事淘汰无时而可停。其能早窥破于此风潮者,今日淘汰一部分焉,明日淘汰一部分焉,其进步能随时与外境界相应,如是则不必变革,但改革焉可矣。而不然者,蛰处于一小天地之中,不与大局相关系,时势既奔轶绝尘,而我犹瞠乎其后,于此而甘自澌灭则亦已耳;若不甘者,则诚不可不急起直追,务使一化今日之地位,而求可以与他人之适于天演者并立。夫我既受数千年之积痼,一切事物,无大无小,无上无下,而无不与时势相反,于此而欲易其不适者以底于适,非从根柢处掀而翻之,廓清而辞辟之,乌乎可哉?乌乎可哉?此所以 Revolution 之事业(即日人所谓革命,今我所谓变革),为今日救中国独一无二之法门。不由此道而欲以图存,欲以图强,是磨砖

---

① 新民子:梁启超曾用"中国之新民"的笔名,故此处自称"新民子"。

作镜、炊沙为饭之类也。

夫淘汰也，变革也，岂惟政治上为然耳，凡群治中一切万事万物莫不有焉。以日人之译名言之，则宗教有宗教之革命，道德有道德之革命，学术有学术之革命，文学有文学之革命，风俗有风俗之革命，产业有产业之革命。即今日中国新学小生之恒言，固有所谓经学革命、史学革命、文界革命、诗界革命、曲界革命、小说界革命、音乐界革命、文字革命等种种名词矣。若此者，岂尝与朝廷政府有毫发之关系？而皆不得不谓之革命。闻"革命"二字则骇，而不知其本义实变革而已。革命可骇，则变革其亦可骇耶？呜呼！其亦不思而已。

朝贵之忌革也，流俗之骇革也，仁人君子之优革也，以为是盖放巢流彘，悬首太白，系组东门之谓也①。不知此何足以当革义。革之云者，必一变其群治之情状，而使幡然有以异于昔日。今如彼而可谓之革也，则中国数千年来，革者不啻百数十姓。而问两汉群治有以异于秦，六朝群治有以异于汉，三唐群治有以异于六朝，宋明群治有以异于唐，本朝群治有以异于宋明否也？若此者，只能谓之数十盗贼之争夺，不能谓之一国国民之变革，昭昭然矣！故泰西数千年来，各国王统变易者以百数，而史家未尝一予之以 Revolution 之名。其得此名者，实自千六百八十八年英国之役始，千七百七十五年美国之役次之，千七百八十九年法国之役又次之。而十九世纪，则史家乃称之为 Revolution 时代。盖今日立于世界上之各国，其经过此时代者，皆仅各一次而已；而岂如吾中国前此所谓革命者，一二竖子授受于上，百十狐兔冲突于下，而遂足以冒此文明崇贵高尚之美名也。故妄以革命译此义，而使天下读者认仁为暴，认群为独，认公为私，则其言非徒误中国，而污辱此名词亦甚矣。

易姓者固不足为 Revolution，而 Revolution 又不必易姓。若十九世纪者，史家通称为 Revo 时代者也，而除法国主权屡变外，其余欧洲诸

---

① 此处的典故，分别指夏桀、周厉王、商纣王、秦二世，在革命后，或被流放，或逃亡，或自焚后被悬首，或白马素车投降。

国，王统依然。自皮相者观之，岂不以为是改革非变革乎？而询之稍明时务者，其谁谓然也。何也？变革云者，一国之民，举其前此之现象而尽变尽革之，所谓"从前种种，譬犹昨日死；从后种种，譬犹今日生"（袁了凡语），其所关系者非在一事一物一姓一人。若仅以此为旧君与新君之交涉而已，则彼君主者何物？其在一国中所占之位置，不过亿万分中之一，其荣也于国何与？其枯也于国何与？一尧去而一桀来，一纣废而一武兴，皆所谓"此朕家事，卿勿与知"，上下古今以观之，不过四大海水中之一微生物耳，其谁有此闲日月以挂诸齿牙余论也？故近百年来世界所谓变革者，其事业实与君主渺不相属，不过君主有顺此风潮者，则优而容之；而逆此风潮者，则锄而去之云尔。夫顺焉而优容、逆焉而锄去者，岂惟君主，凡一国之人，皆以此道遇之焉矣。若是乎，国民变革与王朝革命，其事固各不相蒙，较较然也。

闻者犹疑吾言乎，请更征诸日本。日本以皇统绵绵万世一系自夸耀，稍读东史者之所能知也；其天皇今安富尊荣神圣不可侵犯，又曾游东土者之所共闻也。曾亦知其所以有今日者，实食一度 Revolution 之赐乎？日人今语及庆应、明治之交，无不指为革命时代；语及尊王讨幕、废藩置县诸举动，无不指为革命事业；语及藤田东湖、吉田松阴、西乡南洲诸先辈①，无不指为革命人物。此非吾之谰言也，旅其邦、读其书、接其人者，所皆能征也。

如必以中国之汤武，泰西之克林威尔、华盛顿者②，而始谓之革命，则日本何以称焉？而乌知其明治以前为一天地，明治以后为一天地，彼其现象之前后相反，与十七世纪末之英、十八世纪末之法无以异。此乃

---

① 藤田东湖：即藤田彪（1806—1855），字斌卿，号东湖。日本学者、教育家，明治维新前"尊王攘夷"论的先驱之一，辅佐藩主反对幕府，多所建树。吉田松阴（1830—1859）：日本改革家，明治维新前改革派藩士的领导者之一，后被幕府处死。西乡南洲：即西乡隆盛（1827—1877），明治维新时期倒幕派的主要人物，维新政府成立后任参议。后发动叛乱，兵败被杀。

② 克林威尔：今通译克伦威尔（1599—1658），英国资产阶级革命的发起人，1653 年起担任护国公。

真能举Revolution之实者，而岂视乎万夫以上之一人也。

由此言之，彼忌革骇革忧革者，其亦可以释然矣。今日之中国，必非补苴掇拾一二小节，模拟欧、美、日本现时所谓改革者，而遂可以善其后也。彼等皆曾经一度之大变革，举其前此最腐败之一大部分，忍苦痛而拔除之，其大体固已完善矣，而因以精益求精，备益求备。我则何有焉？以云改革也，如废八股为策论，可谓改革矣，而策论与八股何择焉？更进焉，他日或废科举为学堂，益可谓改革矣，而学堂与科举又何择焉？一事如此，他事可知。改革云，改革云，更阅十年，更阅百年，亦若是则已耳。毒蛇在手而惮断腕，豺狼当道而问狐狸，彼尸居余气者又何责焉？所最难堪者，我国民将被天然淘汰之祸，永沉沦于天演大圈之下，而万劫不复耳！夫国民沉沦，则于君主与当道官吏又何利焉？国民尊荣，则于君主与当道官吏又何损焉？吾故曰：国民如欲自存，必自力倡大变革、实行大变革始；君主官吏而欲附于国民以自存，必自勿畏大变革且赞成大变革始。

呜呼！中国之当大变革者岂惟政治，然政治上尚不得变不得革，又遑论其余哉？呜呼！

讲演录

革命相续之原理及其恶果

　　自民国建号以来，仅十余月，而以二次革命闻者，几于无省无之，其甚者则三四次（如湘、如蜀），乃至七八次（如鄂），最近则江西之叛，尤其章明较著者也。论者或以为当局失政，宜有以召之；或谓彼好乱之辈，其狼子野心，实有以异于人。斯二说者固各明一义，虽然，非其至也。历观中外史乘，其国而自始未尝革命，斯亦已耳；既经一度革命，则二度、三度之相寻相续，殆为理势之无可逃避。我国历代鼎革之交，群雄扰攘，四海鼎沸，迭兴迭仆，恒阅数十年而始定，然犹得曰专制私天下，宜奖攘夺，非所以论于共和之始也。

　　夫言革命、言共和者，必以法兰西为祖之所自出，然法国自大革命以后，革命之波相随属者亘八十年，政体凡三四易。其最初之十余年间，则丹顿、马拉、罗拔比尔、拿破仑迭擅神器①，陷其国于恐怖时代者逾一纪。后此，中美、南美十余国踵其辙，而各皆相夺相屠，以国家供群雄之孤注，至今犹不知所届也。最近，则墨西哥两岁之间，三易其元首矣。其后此踵袭而兴者，孰审所极！葡萄牙今犹未也，而泯梦阴曀之象遍国中，稍有识者，知其僛然不可终日也。即以根器最厚之民如英国者，彼其十七世纪之革命，逮克林威尔没世，而终一翻其局。由此言之，革命复产革命，殆成为历史上普遍之原则，凡以革命立国者，未或能避也。（就中惟美国似属例外，然美国乃独立而非革命。前此英国之统治权本不能完全行于美境，美之独立，实取其固有之自治权扩充之、巩固之耳。）

---

①　丹顿：即乔治·雅克·丹东（1759—1794），18世纪法国资产阶级革命时期的活动家。1872年入选国民公会，为山岳派领袖之一。雅各宾派专政时期，反对其政府的政策，被处死。马拉：(1743—1793)，法国政治家，法国大革命时期民主派革命家，创办《人民之友》报。罗拔比尔：即罗伯斯庇尔（1758—1794），法国革命家，法国大革命时期重要的领袖人物。

夫天下事有果必有因,革命何以必复产革命?此其故可得而言也。

其一,当革命前,必前朝秕政如毛,举国共所厌苦,有能起而与为难者,民望之如望岁也。故革命成为一种美德,名誉归之。及既成功,而群众心理所趋,益以讴歌革命为第二之天性。躁进之徒以此自阶,其天真未凿者则几认革命为人生最高之天职,谓天生血性男子,只以供革命之用,无论何时,闻有革命事起,趋之若不及。苟有人焉以一语侵及"革命"二字之神圣者,即仇之若不共戴天。此种谬见深中于人心,则以机危险之革命,认为日用饮食之事,亦固其所。

其二,经一度革命之后,社会地位为之一变,阀阅之胄夷为隶氓、瓮牖之夫奋为将相者,比比然也。夫人情孰不乐富贵而恶贱贫?睹夫冒一时之险而可以易无穷之乐也,则相率以艳而效之,所谓"大丈夫不当如是耶",所谓"生不五鼎食,死即五鼎烹"耳①。此种心理最足以刺戟椎埋徇利之辈,而使之一往不反顾。其从事革命,犹商贾之逐利也。三年以前,上海有以投机于橡皮公司而博奇赢者,不数月间,全市人辍百业以趋之,荡产杀身而不悔。革命之滋味,足以诱人,盖此类也。

其三,经一度革命之后,国民生计所损无算,农辍于野,工辍于肆,商辍于廛,十人之中失业八九,迫于饥寒,则铤而走险,民之恒情也。作乱固以九死搏一生,不尔则惟有待死,故毋宁希冀于九一也。夫前此必以失业之民多,然后能啸聚以革命;革命之后,失业者又必倍蓰于前。故啸聚益易,而再革、三革以至无已也。

其四,仅聚锄耰棘矜、槁项黄馘之民,其集事也犹不易易,顾革命之后,退伍兵必充牣于国中,此事势所当然也。当前此革命进行中,啸聚裹胁,惟恐不多,恨不得举全国之民编入革命军中;一旦事定,无以为养,势必出于遣散。而此辈一度列军籍,更无从复其故业,舍椎埋剽掠外更何所事?故适以为二次革命之资也。

---

① 这里的引语,分别为汉高祖刘邦和西汉人主父偃所说,见《史记·高祖本纪》和《主父偃传》。

其五，昔法人蒲罗儿谓①，每当革命后民生极凋瘵之时，而其都会人士之奢淫必愈甚。法国当恐怖时代，而巴黎歌管游乐之盛远过往时。吾昔颇疑其言不衷于理，今观我国，乃始信之。盖一度革命成功，前此婹人贱氓一跃而居显要者，无量无数，麇集都会，生平未尝享一日之奉，暴尔发迹，事事模仿旧贵，变本加厉。"夥颐，涉之为王沈沈者！"②则淫侈之骤增也固宜。民已穷矣，而复朘削之以奉新贵族，诛求到骨，何以堪命？受祸最烈者，尤在前此素封之家，架罪构陷，屠戮籍没，视为固然。怨毒所积，反动斯起，革命之恒必相续，此又其一因也。

其六，人之欲望无穷尽也，常以己现在所处之地位为未足，而歆羡乎其上，而有所恃、有所挟者则更甚。畴昔读史，见历代开创之主夷戮功臣，未尝不恨其凉薄。虽然，功臣之自取屠戮，又岂能为辩？夫挟功而骄之人，诚有何道可以满其欲壑者？其意常曰：彼巍然临吾上者，非借吾力，安有今日？居恒既怏怏不自适，稍加裁抑，觖望滋甚；觖望至不可复忍，其旧属复有觖望者从而怂恿，则叱咤而起耳。故二次革命之主动者，恒必为初次革命有功之人，无中外，一也。昔法国当路易十一世时，培利公爵与孔特加洛侯爵同叛，传檄国中曰："吾为国家扶义而起也。"路易降诏曰："二子之叛，诚朕不德有以致之，使朕而徇彼等大贵族增俸之请，彼宁复为国扶义耶？"呜呼！国有巨子，而执国命者尤路易之智，其欲免于革命之相寻难矣。

其七，夫革命必有所借口，使政府施政而能善美，无授人以可攻之隙，则煽动自较难为力。然革命后骤难改良政治，殆亦成为历史上之一原则。盖扰攘之后，百事不遑，威信未孚，施行多碍。故一代之兴，其致太平也，动在易世之后。当其草创伊始，民志未定，政治之不满人意，事有固然。故新革命后二三年间，虽以失政为煽动再革之资料，固无往而不能得也。（附言：吾此文本泛论常理，从历史上归纳，而得其共通之原则

---

① 蒲罗儿：法国哲学家。
② 这里的引语出自《史记·陈涉世家》，是陈胜故人赞叹陈胜为王之后排场非常的话。

耳。即如此段,鲍非为现政府辩护,现政府更不得借吾言以解嘲。盖现政府之成立,本与前代君主力征经营而得之者有异,一年以来,实有改良政治之余地,而政府曾不自勉,吾不能一毫为彼宽责备也。)夫革命前后,正人民望治最殷、求治最亟之时也。当其鼓吹革命也,鲜不张皇其词以耸民听,谓旧朝一去,则黄金世界立将涌现。民也何知,执券索偿,夫安得不失望?失望则煽动者之资矣。

其八,革命后之骤难改良政治,在专制国之易姓,则既然矣;而在易专制为共和,则其难尤甚。盖为政有本,曰正纪纲。纪纲立,然后令出必行,而政策之得失乃有可言。君主国有其固有之纪纲,民主国又别有其固有之纪纲。以数千年立君之国,全恃君主一人之尊严,为凡百纪纲所从出。摇身一变,便成共和,(袭小说《西游记》语,形容最肖,读者勿笑其俚。)畴昔所资为上下相维之具者,举深藏不敢复用,抑势亦不可复用;而新纪纲无道以骤立,强立焉而不足以为威重,夫此更何复一政之能施者!以汉高之英武,苟长此群臣饮酒争功,醉或妄呼,拔剑击柱,如初即位定陶时,试问汉之为汉复何如者?革命之后,人人皆手创共和,家家皆有功民国,设官万亿,不足供酬勋;白昼杀人,可以要肆赦。有赏无罚,有陟无黜,以此而求善治,岂直蒸沙求饭之喻而已哉?执国命者而有英迈负重之气,犹可以渐树威信,整齐严肃其一部分;而不然者,疲奔命于敷衍,既已日不暇给,纪纲永无能立之时,政且无有,遑论于良?夫承革命之后以从政,雄才犹以为难,庸才则更何论!雄才不世出,故酝酿再革命、三革命者,什而八九也。

其九,共和国之尤易倡革命者。虽自私之鄙夫,常得托名国家以胁人;虽极野心者,常得宣言吾非欲居其位也。只须煽动响应,不必其果服属于我。一革去其所欲革之目的物,则复得以统一共和等名义钳他人之口而制其命,而不复劳征伐。此真革命家之资也。虽然,初次革命之资,抑亦再次、三次之资也。

其十,闻之:"有无妄之福者,必有无妄之祸。"成功太易,而获实丰于其所期,浅人喜焉,而深识者方以为吊。个人有然,国家亦有然。

不烦一矢，不血一刃，笔墨歌舞于报章，使谍儿戏于尊俎，遂乃梦中革命，摇身共和。过来者狃于蒲骚，未试者见猎心喜。初生一犊，奚猛虎之足慑；狎潮之儿，谓溟渤其可揭。夫艰险之革命，犹足以生二次革命，而况于简易酣乐之革命也哉？夫既已简易酣乐，则无惑乎革命成为一种职业，除士、农、工、商之外，而别辟一新生涯。《水浒传》张横道："老爷一向在这浔阳江上，做这安分守己的生理。"强盗之成为一职业久矣。举国靡然从之，固其所耳。

由此言之，革命之必产革命，实事所必至，理有固然。推究终始，既有因果之可寻；广搜史乘，复见前车之相踵。今吾国人见二次革命之出现，而始相与惊诧，宁非可悯？然则此种现象果为国之福耶，为国之祸耶？此在稍有常识者，宜不必复作是问。顾吾见夫今日国中彷徨于此疑问中者犹多也，故吾不得惮词费也。吾以为假使革命而可以止革命，则革命何必非国家之福；革命而适以产革命，则其祸福复何待审计者！今倡革命者，孰不曰吾今兹一革以后，必可以不复再革也。夫当初次革命时，亦孰不曰一革后可无复再革也，而今则何如者？今革而不成，斯勿论矣；假其能成，吾知非久必且有三次革命之机会发生。而彼时昌言革命者，其持之有故、言之成理如今日，其以为一革后可无再革亦如今日，而其结果如何，则非至事后言之，则罕有能信者。

今欲征因知果，则且勿问所革之客体作何状，而先问能革之主体作何状。试问前所列举之十种事理，再度革命之后，其恶现象果缘此稍灭乎？抑缘此赓续增益乎？前列十种，有其三四，祸既未艾，而况于俱备者！循此递演，必将三革、四革之期日，愈拍愈急；大革、小革之范围，愈推愈广。地载中国之土，只以供革命之广场；天生中国之人，只以作革命之器械。试思斯国果作何状，而斯民又作何状者？古诗曰："公无渡河，公竟渡河，堕河而死，将奈公何？"而俗谚隐括其旨曰："不到黄河心不死。"斯言虽俚，盖称善譬。昔吾侪尝有以语清之君臣矣，曰：君其毋尔尔，君如长尔尔者，君且无幸。夫彼君臣非惟不余听而且余罪也,吾侪言之十数年,其褎如充耳也亦十数年,彼犹未到黄河也。吾侪明明见其疾趋赴河,愈趋愈迫,为之恻隐焦急不可任,而彼之疾趋如故也。中兴道消,穷于辛亥,及乎临河足三分垂在外,或庶猛醒,然既已一落千丈强矣。今之未到黄河心未死者,吾所见盖两种人焉:其一则兴高采烈,以革命为职业者;其他则革命家所指目而思革之者。兹两种人者,或左或右,或推或挽,以挟我中国向前横之大河而狂走焉,而跳掷焉,患其不即至也,而日日各思所以增其速力。呜呼!今为程亦不远矣。多尔衮入关,斯周延儒、李自成、吴三桂之大功成;伊藤开府,则金玉均、李完用、李容九之大事毕①。满洲人不断送满洲至尽,满洲人之天职未尽也;中国人不断送中国至尽,中国人天职未尽也。欲满洲人信吾非妄言,非至今日安能;欲中国人信吾非妄言,呜呼!吾何望此?吾何望此?

今请以一言正告彼被革命者曰:畴昔制造革命者,非革命党也,满洲政府也。满洲政府自革不足惜,而中国受其毒至今未艾。公等虽欲自为满洲,奈中国何;公等如不欲自为满洲,则宜有所以处之。更请以一言告彼革命者曰:公等为革命而革命耶?抑别有所为而革命耶?吾知公等必复于我曰:吾为欲改良政治而革命也。则吾更引谚以相告语曰:种瓜得瓜,种豆得豆。革命只能产出革命,决不能产出改良政治。改良政治,自有其途辙,据国家正当之机关,以时消息其权限,使自专者无所得逞。舍此以外,皆断潢绝港,行之未有能至者也。国人犹不信吾言乎?则请遍翻古今中外历史,曾有一国焉,缘革命而产出改良政治之结果者乎?试有,以语我来。虽然,吾言之何益?谁具听之者?莫或听之而犹不忍不言,吾尽吾言责而已。

---

① 伊藤开府:指1905年11月17日日本政府与朝鲜签订《日韩保护条约》后,12月20日强行在朝鲜京城设立统监府,次日任命伊藤博文为朝鲜统监。1906年3月2日,伊藤博文在汉城组织统监府。金与二李均为当时朝鲜的政变者或卖国者。

复古思潮平议

吾友蓝君，尝著论辟复古之谬，登载本报第一号①。海内人士读之，多骇汗谯诃，即鄙人乍见，亦不免失色相诧，思宜有所以折衷之，乃为平议如次：

吾以为蓝君所言，洵诡激而失诸正鹄，吾不能为之阿辩也。然此种诡激之言，曷为发生于今日，则固有使之者焉，亦不可不深省也。蓝君之论最骇人听闻者，彼对于忠孝节义，皆若有所怀疑，而对于崇拜孔子，亦若有所不慊。此其持论诚偏宕而不足为训也。盖忠孝节义诸德，其本质原无古今中外之可言。昔人不云乎，天下之善一也。凡道德上之抽象名词，若智仁勇、诚明、忠信、笃敬、廉让乃至若某若某，虽其涵孕之范围广狭全偏或有不同，然其同于为美德，则无以易。盖事理善恶之两面，譬则犹光明之与暗黑，讨论事理者，辩析若何而足为光明之标准焉可也，研究若何而能使光明之焕发赓续焉可也，若乃贱斥光明而尊尚暗黑，则岂惟蟊理，实乃拂情。即如忠孝节义四德者，原非我国所可独专，又岂外国所能独弃。古昔固尊为典彝，来兹亦焉能泯蔑？夫以忠孝节义与复古并为一谈，揆诸论理，既已不辞；以厌恶复古故而致疑于忠孝节义，其瞀缪又岂仅因噎废食之比云尔！若夫孔子教义，其所以育成人格者，诸百周备，放诸四海而皆准，由之终身而不能尽。以校泰西古今群哲，得其一体而加粹精者，盖有之矣。若孟子所谓"集大成"，庄生所谓"大小精粗其运无乎不备"，则固未有加于孔子者。孔子而可毁，斯真虽欲自绝，其何伤于日月也！且试思我国历史，若将孔子夺

---

① 蓝公武《辟近日复古之谬》一文，刊《大中华》第1卷第1期。

去，则暗然复何颜色？且使中国而无孔子，则能否抟挽此民族以为一体，盖未可知。果尔，则二千年来之中国知作何状？又况孔子之教，本尊时中，非若他教宗之树崖岸、排异己，有以锢人之灵明而封之以故见也。然则居今日而教人以诵法孔子，又岂有几微足为国民进取之障者？故蓝君此论，实诡激而失正鹄，其说若昌，弊且不可纪极，吾断不能为之阿辩也。

顾以吾所知，蓝君盖粹美君子人也。其钻仰孔子之论著，且尝传诵于世（见《庸言报》）。今曷为而忽有此诡激恣谬之论？且其论既出，而国中一部分人，犹或于骇责之中含恕谅之意。吾默察世变，觉其几甚微，而逆想回环激荡之所由，乃不禁栗然以惧，是故不得不折其衷而两是正之。

夫提倡旧道德，（道德本无新旧之可言，"旧道德"三字，实不成名词，但行文之便，姑就时流之名名之耳。）宁非谋国知本之务。然此论何以忽盛于今日，则其机有不可不察者。自前清之季，举世竞言新政、新学，竺旧之徒，本大有所不慊，而壁垒无以自坚，日即靡伏。虽欲靡伏，而谋所以堙遏之者，卒未尝息，以不可堙遏之势而强事堙遏，故激而横决，以有辛亥之革命。又正惟以堙遏之结果，其迁流之势，不轨于正，故其所演生之现象，无一焉能餍人望。其间桀黠轻儇之辈，复乘此嬗蜕抢攘之隙，恣为纵欲败检之行，乃益在在惹起社会之厌苦，而予人以集矢之的。一年以来，则其极端反动力之表现时代也。是故吾辈自昔固汲汲于提倡旧道德，然与一年来时流之提倡旧道德者，其根本论点，似有不同。吾侪以为道德无时而可以蔑弃，且无中外新旧之可言。正惟倾心新学、新政，而愈感旧道德之可贵；亦正惟实践旧道德，而愈感新学、新政之不容已。今之言旧道德者不然。彼睹目前社会泯棼之象，曾不深求其所以然，不知其为种种复杂原因之所和合蕴酿，而一切以府罪于其所不喜之新学、新政。其意若曰：天下扰扰，正坐此辈横议处士，兴风作浪，造言生事，苟不尔者，吾国今日固犹是唐虞三代也。又若曰：吾国自有所以善治之道，可以无所待于外，今特患不能复吾故步耳，苟其能焉，他复何求！此非吾故为深刻之言，试质旧多数老辈之良心，是否有此两种见地蟠据于其脑际而确乎不拔者？此种见地展转谬演，于是常觉新学、新政之为物，恒与不道德相缘；欲挫新学、新政之焰而难于质言，则往往假道德问题以相压迫。坐是之故，引起新学家一部分人之疑惑，亦谓道德论与复古论相缘，凡倡道德，皆假之以为复古地也，非起而与角，则退化之运将不知所届。此所以互相搏激而异论日起也。

然则新思潮与旧道德果有不相容者存乎？道德论与复古论果有何种之缘系乎？请得而博论之。

今都会之地，士大夫群居相语，每一矢口，辄相与太息于人心风俗之败坏。败坏云者，劣于昔之云也。吾以为全国多数小民之风俗，固不敢谓视前加良，亦未见其视前加坏，于营营蹩蹩之中，仍略带浑浑噩噩之气，与他国风俗相校，各有得失，不能尽诬也。然则今日曷为以风俗特坏闻？曰：特坏者，惟吾曹号称士大夫者流耳。盖日日太息于人心风俗败坏之人，即败坏人心风俗之主动者也。而如吾曹者，其亦孰不诵孔氏之书，服忠孝节义之训，而其所造业，胡乃适得其反？譬言某药可以辟疫，而常备此药之家，乃即为播疫之丛。是必所备药或非其真也，或备而未尝服也，或服之不以其法也，或其他不良之起居食息与药力相消也。不探其源以治之，而但侈言置药以御疫，疫不得御，徒反使人致疑于药而已。夫孰不知提倡道德为改良风俗之大原，然以今日社会周遭之空气，政治手段之所影响，中外情势之所诱胁，苟无道以解其症而廓其障，则虽日以道德论喃喃于大众之前，曷由有效？徒损道德本身之价值耳！尤可异者，竺旧者流，侈然俨以道德为其专卖品，于是老官僚、老名士之与道德家，遂俨成三位一体之关系。而欲治革命以还道德堕落之病者，乃径以老官僚、老名士为其圣药，而此辈亦几居之不疑。夫此辈中固多操行洁白之士，吾岂敢尽诬。要之，当有清末叶，此辈固多已在社会上占优越之地位，其言论行事，本有风行草偃之资，此辈诒谋苟臧，中国岂至有今日？

　　平心论之，中国近年风气之坏，坏于佻浅不完之新学说者，不过什之二三；坏于积重难返之旧空气者，实什而七八。今之论者，动辄谓自由平等之邪说，深中人心，将率天下而入于禽兽。申令文告，反复诵言，坐论偶语，群焉集矢，一若但能廓清此毒，则治俗即可立致清明。夫当鼎革之交二三年间，此种狂焰，固尝披靡一时，吾侪痛心疾首，视今之论者未多让焉。今日则兹焰殆尽熄矣，而治俗又作何象者？盖今日风气之坏，其孽因实造自二十年以来，彼居津要之人，常利用人类之弱点，以势利富贵奔走天下，务斫丧人之廉耻，使就我范围。社会本已不尚气节，遭此诱胁，益从风而靡；重以使贪使诈之论，治事者奉为信条，憸壬乘之，纷纷以自跻于青云；其骄盈佚乐之举动，又大足以歆动流俗，新进之俦，艳羡仿效，薪火相续，日以蔓滋。俗之大坏，职此之由。故一般农工商社会，其良窳无以大异于前，而独所谓士大夫者，日日夷于妾妇而沦于禽兽。此其病之中于国家者，其轻重深浅，以视众所指目之自由平等诸邪说何如？夫假自由平等诸名以败德者，不过少数血气未定之青年，其力殊不足以左右社会。若乃所谓士大夫居高明之地者，开口孔子，闭口礼教，实则相率而为败坏风俗之源泉。今谋国者方日日蹈二十年来之覆辙，汩流以扬波，而徒翘举方严广漠之门面语曰尊崇孔子、曰维持礼教者，以相扇奖，冀此可以收效。殊不知此等语者，今之所谓士大夫，人人优能言之，无所施其扇奖；其在一般社会，则本自率循，又无所深待于扇奖。而欲求治俗之正本清源，要视乎在上位者之真好恶以为祈向，义袭而取，恐未有能济者也。

　　读者幸勿疑吾谓此种扇奖之可以已也，吾固日日从事于扇奖之一人，此天下所共见也。顾吾谓扇奖之道，贵用其中而蕲其平，一有所倚，则弊之所届，恒出意外。譬诸树表，表之敧以分寸，影之斜以寻丈，此最不可不慎也。今指当道为有意复古，必且斷斷自辩曰：吾曷尝尔尔。然而事实所趋，遂章章不可掩也。此亦无待吾一一胪举其迹，吾但请读者闭目以思，最近一二年来，上自中央地方各级机关之组织，下逮各部大小行政之措施，曷尝有一焉非尽反民国元二年之所为？岂惟民国元二年而已，前清光、宣之交，凡所规画所建置，殆无不废变停顿。夫光、宣之政，诚不足以餍人望也；民国初元之政，诚尤不足以餍人望也。然岂必其政之本体，绝对不适用于中国，毋亦行之非其道非其人耳？既察某制度为今后所万不可不采行，前此行之而有弊，只能求其弊之所在而更张补救之耳。若并制度其物而根本摧弃之，天下宁有此政猷？例如民选议会制度，既为今世各国所共由，且为共和国体所尤不可缺，前此议会未善，改正其选举法可也，直接、间接以求政党之改良可也，厘定其权限可也，若乃并议会其物而去之，安见其可？例如司法独立，既天下之通义，前此法庭未善，改变其级制可也，改变其程序可也，改变其任用法可也，若乃并法庭其物而去之，安见其可？推之百政，莫不皆然。

彼其制度，既为早晚必须采用之制度，今虽废之，不旋踵为时势所迫，必胥谋所以复兴之。而一废一兴之际，第一，则使国运进步迟阻若干年；第二，则隳已肇之基础，将来作始更难；第三，则使人民彷徨迷惑，减国家之威信耳。昔吴淞铁路初建，政府以二十余万金购而毁之，在彼时曷尝不以为有所大不得已者存！既毁之际，曷尝不多数人称快！由今思之，所为何来？夫今日众共集矢之制度，后之视今，必且与吴淞铁路同感，可断言也，而狐埋狐搰，天下其谓政府何？又或有所瞻顾，不敢悍然径废其名，遂复换面改头，指鹿为马，此其为弊，殆更甚焉。夫作法于真，其敝犹伪；作法于伪，敝将若之何？今凡百设施，多属创举，即非夙习，运用倍难，苟诚心以赴，期于必成，使当事者怀靖共毋忒之心，使社会作拭目观成之想，其庶黾勉，日起有功。今也不然，于其本所不欲之事，阴摧坏其实而阳涂饰其名，受其事者曰，此敷衍吾侪耳，吾毋宁以敷衍应之。而自爱之心与践职义务之观念，日趋薄弱。社会亦曰：某项事业，所以敷衍某类人耳，先怀一种轻蔑之心以对此事业；甚者从而掎之，而进行乃益以艰；及其挫跌，则抚掌称快，曰：吾固谓此种制度之不可采，今果如是也。呜呼！凡今之所以应付各种新政者，何一非尔尔耶？则旁观者嚣然以复古为疑，亦何足怪！

以言夫用人耶，鼎革之交，万流杂进，羊胃羊头，见者呃逆，谋澄叙之，宜也。而一矫其弊，遂乃以前清官历为衡才独一之标准。问其故，则曰尊经验也。夫前清官吏中，其洁白干练通达治理者，原大有人在，吾诚不敢挟主奴之见，漫为抵排。虽然，其中大多数，锢蔽龌龊，憸黠偷靡，晚清之败坏，岂不以此辈？革命之局，宁非此辈实助长之？其尤无耻者，则朝失清室之官，暮入同盟之会，极口骂项，胁肩美新，及事势一迁，又反颜下石。第其品质，宜在豺虎不食之班，即予优容，亦惟高阁束之已足。而今皆弹冠联翩，专城相望，且俨然以挽回风习、主持大化自命，为上游所器赏，为社会所欢承。不旋踵而赃证狼藉，对簿跄踉，而败落相寻，继踵犹昔。叩其所谓经验，则期会簿书，钩距掊克，对面盗贼，暮夜苞苴，乃至以财政厅长而不解预算之字义，以兼理司法之知事而不知有新刑律其物。类此笑柄，更仆难罄，犹且能名鹊起，一岁屡迁，俯睨新进，视如无物。呜呼！凡今日登庸人才之标准，岂不如是耶？则旁观者嚣然以复古为疑，又何足怪！

甚矣国人之善忘也。《记》有之："不知来，视诸往。"彼晚清以来之陈迹，岂不犹历历在人耳目耶？使其所操术而可以措国家于治安，则清室其至今存矣。二十年前，而所谓旧法者，已失其维持国家之功用，国人不胜其敝，乃骇汗号呼以求更新；今又以不胜新之敝也，乃更思力挽之，以返于二十年前之旧。二十年前所共患苦者，若全然忘却；岂惟忘却，乃更颠倒歆慕，视为盛世郅治而思追攀之。（此非吾过言，试以一年来所规画之政策，与二十年前政象比较，其刻意追攀之点不知凡几。吾他日更当为文列举评之。）夫目之于色，有同美焉。二十年前共指为甚恶者，二十年后忽能变为甚美，此宁非天下大可怪之事！而或者曰：清之亡，非亡于其恋旧也，而实亡于其骛新。使清廷非惟新是骛，而坚持其旧者以相始终，夫安得有今日？若此论者，微论其言之终不能成理也，借曰事理或然，然尤当知清廷之骛新，本非其所欲也。非所欲而曷为骛之？则以旧制之作用已穷，事势所驱，不得不出于此。譬诸行旅，所遵之路，荆棘已塞，乃始改从他涂。夫在今日，彼路之荆棘，是否能刈除？能否不为事势所驱，更折而出于骛新之举？终已不能，则将来几经波折之后，卒亦取清廷所回旋之覆辙而次第一一复蹈之，可断言耳。夫清廷曷为以骛新而得亡？正以其本不改新，非徒以大势所迫勉趋于新。虽勉趋于新，而于新之性质、新之价值，实未有所了解，常以恋旧之精神牵制于其间，故新与旧之功用两相消，进退失据，而一败涂地也。今以恋旧责当局，而当局决不肯自认。虽然，试静气一自勘其心理，其有以异于二十年前老辈之心理者几何？凡所设施，又何一非新与旧功用相消者？此复古之疑，所以虽哓辩而终无以自解于天下也。

或曰：病斯有待于药，药求已病而已。复古论虽曰可议，然以药数年来骛新太过之病，安见其不可？应之曰：斯固然也，然在一二年前病象颇剧之时，服之或不失为良药，今则病征已变，犹服之不已，则药反成病矣。大抵一时偶感之病，来势虽勇，而祛除实易；积年蟠结之病，不甚惹警觉，而绵久遂不可复救。夫恋旧者人类之通性也，当其一时受刺激于外，骛新太过，就令任其自然，不加矫正，非久必为惰力性作用所支配，自能返其故态。然此惰力性作用猖獗之后，欲更从而振之，恐非加以雷霆万钧，莫之能致。夫惮于趋新而狃于安旧，圆颅通性，固已有然。况我民族尤以竺旧为特长，而以自大为凤禀；而坐谈礼教，吐弃学艺，又最足以便于空疏涂饰之辈。靡然从风，事有固然。若详推其利害之所届，则此种方严广漠之门面语，其于矫正末俗，实际上收效能几，殊未敢知；而惰力性或且缘此大增，率国人共堕入于奄奄无生气之境，此则吾所为眴眴而忧者耳。

若夫蓝君所论之诡激，吾既已不惮辞而辟之。要之此两者，皆社会心理之病征而已，而其病则不能相克而常相生。蔑古论昌，则复古论必乘之；复古论昌，则蔑古论又必乘之。以极端遇极端，累反动以反动，则其祸之中于国家社会者遂不可纪极。孟曰："生于其心，害于其政；发于其政，害于其事。是以君子慎之也。"

上袁大总统书

大总统钧鉴：

前奉温谕，冲挹之怀，悱挚之爱，两溢言表，私衷感激，不知所酬。即欲竭其愚诚，有所仰赞，既而复思：简言之耶，不足以尽所怀；详言之耶，则万几之躬，似不宜晓渎，以劳清听。且启超所欲言者，事等于忧天，而义存于补阙，诚恐不蒙亮察，或重咎尤，是用吮笔再三，欲陈辄止。会以省亲南下，远睽国门，瞻对之期，不能预计，缅怀平生知遇之感，重以方来世变之忧，公义私情，两难恝默，故敢卒贡其狂愚，惟大总统垂察焉。

国体问题已类骑虎，启超良不欲更为谏沮，益蹈愆嫌。惟静观大局，默察前途，愈思愈危，不寒而栗。友邦责言，党人构难，虽云纠葛，犹可维防；所最痛忧者，我大总统四年来为国尽瘁之本怀，将永无以自白于天下。天下之信仰自此隳落，而国本即自此动摇。《传》不云乎："与国人交，止于信。"信立于上，民自孚之；一度背信，而他日更欲有以自结于民，其难犹登天也。明誓数四，口血未干，一旦而所行尽反于其所言，后此将何以号令天下？民将曰，是以义始而以利终，率其趋利之心，何所不至，而吾侪更何所托命者？夫我大总统本无利天下之心，启超或能信之，然何由以尽喻诸逖听之小民？大总统高拱深宫，所接见者惟左右近习，将顺意旨之人，方且饰为全国一致拥戴之言，相与徼功取宠，而岂知事实乃适相反。即京朝士夫燕居偶语，涉及兹事，类皆出以嘲谐轻谑，而北京以外之报纸，其出辞乃至不可听闻，山陬海澨，闾阎市廛之氓，则皆曰皇皇焉若大乱之即发于旦夕。夫使仅恃威力而可以祚国也，则秦始、隋炀之胤，宜与天无极；若威力之外犹须恃人心以相维系者,则我大总统今日岂可不瞿然自省,而毅然自持也哉!

或谓既张皇于事前,忽疑沮于中路,将资姗笑,徒损尊严。不知就近状论之,则此数月间之营营扰扰,大总统原未与闻;况以实录证之,则大总统敝屣万乘之本怀,既皭然屡矢于天日,今践高洁之成言,谢非义之劝进,益章盛德,何嫌何疑?或又谓兹议之发,本自军人,强拂其情,惧将解体。启超窃以为军人服从元首之大义,久已共明,夫谁能以一己之虚荣,陷大总统于不义?但使我大总统开诚布公,导之轨物,义正词严,谁敢方命?若今日以民国元首之望,而竟不能辍陈桥之谋,则将来虽以帝国元首之威,又岂必能弭渔阳之变①?倒阿授柄,为患且滋,我大总统素所训练蓄养之军人,岂其有此?昔人有言,凡举事,无为亲厚者所痛,而为见仇者所快。今也水旱频仍,祲灾洊至,天心示警,亦已昭然;重以吏治未澄,盗贼未息,刑罚失中,税敛繁重,祁寒暑雨,民怨沸腾,内则敌党蓄力待时,外则强邻狡焉思启。我大总统何苦以千金之躯,为众矢之鹄,舍磐石之安,就虎尾之危,灰葵藿之心,长萑苻之志?启超诚愿我大总统以一身开中国将来新英雄之纪元,不愿我大总统以一身作中国过去旧奸雄之结局;愿我大总统之荣誉与中国以俱长,不愿中国之历数随我大总统而斩。是用椎心泣血,进此最后之忠言,明知未必有当高深,然心所谓危而不以闻,则其负大总统也滋甚。见知见罪,惟所命之。

抑启超犹有数言欲效忠告于我大总统者。立国于今世,自有今世所以生存之道,逆世界潮流以自封,其究必归于淘汰。愿大总统稍捐复古之念,力为作新之谋。法者,上下所共信守,而后能相维于不敝者也;法令一失效力,则民无所措手足,而政府之威信亦隳。愿大总统常以法自绳,毋导吏民以舞文之路。参政权与爱国心关系至密切,国民不能容喙于政治,而欲其与国家同体休戚,其道无由。愿大总统建设真实之民

---

① 陈桥:陈桥驿(今河南开封东北),五代末赵匡胤陈桥兵变处。渔阳:今北京密云,秦末陈胜吴广等900余名戍卒被征戍边之地。

意机关，涵养自由发抒之舆论，毋或矫诬遏抑，使民志不伸，翻成怨毒。中央、地方犹枝与干，枝条尽从雕悴，本干岂能独荣？愿大总统一面顾念中央威权，一面仍留地方发展之余地。礼义廉耻，是谓四维，四维不张，国乃灭亡。使举国尽由妾妇之道，威逼利诱，靡然趋炎，则国家将何以与立？愿大总统提倡名节，奖厉廉隅，抑贪竞之鄙夫，容骨鲠之善类，则国家元气不尽销磨，而缓急之际，犹或有恃矣。

以上诸节，本属常谈，以大总统之明，岂犹见不及此？顾犹拳拳致词者，在启超芹曝之献，未忍遏其微诚；在大总统药石之投，应不厌于常御，伏维采纳，何幸如之！

去阙日远，趋觐无期，临书悯怆，墨与泪俱。专请钧安，尚祈慈鉴。

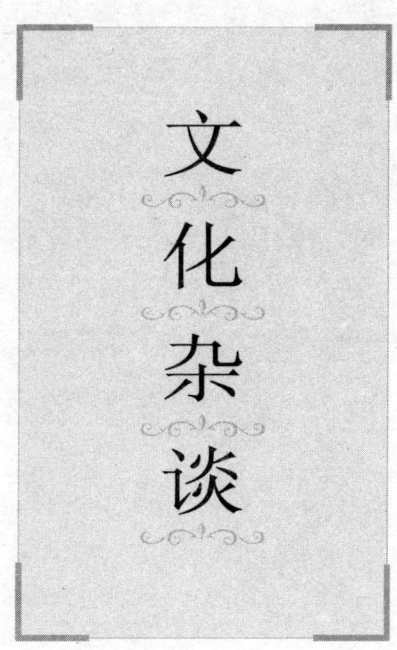
文化杂谈

饮冰室自由书（节选）

成 败

凡任天下大事者，不可不先破成败之见。然欲破此见，大非易事。必知天下之事，无所谓成，无所谓败，参透此理而笃信之，则庶几矣。何言乎无所谓成？天下进化之理，无有穷也，进一级更有一级，透一层更有一层。今之所谓文明大业者，自他日观之，或笑为野蛮，不值一钱矣。然则所谓成者果何在乎？使吾之业能成于一国，而全世界应办之事复无限，其不成者正多矣；使吾之业能成于一时，而将来世界应办之事复无限，其不成者正多矣。况即以一时一国论之，欲求所谓美满、圆好、毫无缺憾者，终不可得，其有缺憾者，即其不成者也。盖世界之进化无穷，故事业亦因之无穷，而人生之年命境遇、聪明才力则有穷。以有穷者入于无穷者，而欲云有成，万无是处。何言乎无所谓败？天下之理，不外因果。不造因则断不能结果，既造因则无有不结果，而其结果之迟速远近，则因其内力与外境而生种种差别。浅见之徒，偶然未见其结果，因谓之为败云尔，不知败于此者或成于彼，败于今者或成于后，败于我者或成于人。尽一分之心力，必有一分之补益，故惟日孜孜，但以造因为事，则他日结果之收成，必有不可量者。若怵于目前，以为败矣败矣，而不复办事，则遂无成之一日而已。故办事者，立于不败之地者也；不办事者，立于全败之地者也。苟通乎此二理，知无所谓成，则无希冀心；知无所谓败，则无恐怖心。无希冀心，无恐怖心，然后尽吾职分之所当为，行吾良知所不能自已，奋其身以入于世界中，磊磊落落，独往独来，大丈夫之志也，大丈夫之行也！

日本维新之首功，西乡乎？木户乎？大久保乎？曰，唯唯否否。伊藤乎？大隈乎？井上乎？后藤乎？板垣乎？曰，唯唯否否。诸子皆以成为成者也。若以败为成者，则吉田松阴其人是也。吉田诸先辈造其因，而明治诸元勋收其果。无因则无果，故吉田辈当为功首也。考松阴生平欲办之事，无一成者：初欲投西舰逃海外求学而不成，既欲纠志士入京都勤王而不成，既欲遣同志阻长藩东上而不成，事事为当道所抑压，卒坐吏议就戮，时年不过三十，其败也可谓至矣。然松阴死后，举国志士，风起水涌，卒倾幕府，成维新，长门藩士最有力焉，皆松阴之门人也。吾所谓败于今而成于后，败于己而成于人，正谓是也。丈夫以身任天下事，为天下耳，非为身也。但有益于天下，成之何必自我？必求自我成之，则是为身也，非为天下也。

吉田松阴曰："今之号称正义人，观望持重者，比比皆是，是为最大下策；何如轻快捷速，打破局面，然后徐图占地布石之为胜乎？"又曰："士不志道则已，苟志道矣，而畏祸惧罪，有所不尽于言，取容当世，贻误将来，岂君子学者之所为哉？"又曰："今日事机之会，朝去夕来，使有志之士，随变喜怒于其间，何能有为？"又曰："当今天下之事，有眼者皆见而知之，吾党为任甚重，立志宜大，不可区区而自足。"又曰："生死离合，人事倏忽，但不夺者志，不灭者业，天地间可恃者独是而已。死生原是开阖眼，祸福正如反覆手。呜呼！大丈夫之所重，在彼不在此也。"又曰："今世俗有一说曰，时尚未至，轻动取败，何如浮沉流俗，免人怪怒，乘时一起，攫取功名耶？当今所谓有志之士，皆抱持此说。抱持此说者，岂未思今上皇帝之宸忧乎？宸忧如彼，犹抱持此说，非士之有志者也。"以上各条，吾愿以书诸绅，亦愿我同志以书诸绅。

读松阴之集，然后知日本有今日之维新者，盖非偶然矣。老子曰："不为天下先。"盖为天下先者，未有不败者也。然天下人人皆畏败而惮先，天下遂以腐坏不可收拾。吉田松阴之流，先天下以自取败者也。天下之事，往往有数百年梦想不及者，忽焉一人倡之，数人和之，不数年而遍于天下焉。苟无此倡之之一人，则或沉埋隐伏，更历数十年、数百年而不出现，石沉大海，云散太虚而已。然后叹老氏之学之毒天下，未有艾也。

英雄与时势

或云英雄造时势，或云时势造英雄，此二语皆名言也。为前之说者曰：英雄者，人间世之造物主也。人间世之大事业，皆英雄心中所蕴蓄而发现者，虽谓世界之历史，即英雄之传记，殆无不可也。故有路得①，然后有新教；有哥仑布，然后有新洲；有华盛顿，然后有美国独立；有俾士麦，然后有德国联邦。为后之说者曰：英雄者，乘时者也，非能造时者也。人群之所渐渍积累、旁薄蕴蓄，既已持满而将发，于斯时也，自能孕育英雄，以承其乏。故英雄虽有利益及于人群，要不过以其所受于人群之利益而还付之耳。故使路得非生于十六世纪（西人以耶稣纪年一百年为一世纪)，而生于第十世纪，或不能成改革宗教之功；使十六世纪即无路得，亦必有他人起而改革之者。其他之实例亦然，虽无歌白尼②，地动之说终必行于世；虽无哥仑布，美洲新世界终必出现。

余谓两说皆是也。英雄固能造时势，时势亦能造英雄，英雄与时势，二者如形影之相随，未尝少离。既有英雄，必有时势；既有时势，必有英雄。呜呼，今日禹域之厄运，亦已极矣！地球之杀气，亦已深矣！孟子不云乎："以其数则过矣，以其时考之则可矣。"斯乃举天下翘首企足喁喁焉望英雄之时也。二三豪俊为时出，整顿乾坤济时了。我同志，我少年，其可自菲薄乎？

意大利当罗马久亡，教皇猖披，奥国干涉，岌岌不可终日之时，而

---

① 路得：德国宗教改革家。下文"新洲"，即新大陆。
② 歌白尼：今通译哥白尼。

始有嘉富尔；普鲁士当日耳曼列国散漫积弱，见制法人、国体全失之时，而始有俾士麦；美利坚当受英压制，民不聊生之时，而始有华盛顿。然则人特患不英不雄耳，果为英雄，则时势之艰难危险何有焉？暴雷烈风，群鸟戢翼恐惧，而蛟龙乘之飞行绝迹焉；惊涛骇浪，鰷鱼失所错愕，而鲸鲲御之一徙千里焉。故英雄之能事，以用时势为起点，以造时势为究竟。英雄与时势，互相为因，互相为果，造因不断，斯结果不断。

养心语录

人之生也，与忧患俱来；苟不尔，则从古圣哲，可以不出世矣。种种烦恼，皆为我练心之助；种种危险，皆为我练胆之助，随处皆我之学校也。我正患无就学之地，而时时有此天造地设之学堂以饷之，不亦幸乎！我辈遇烦恼遇危险时，作如是观，未有不洒然自得者。

凡办事必有阻力。其事小者，其阻力亦小；其事愈大，其阻力亦愈大。阻力者乃由天然，非由人事也。故我辈惟当察阻力之来而排之，不可畏阻力之来而避之。譬之江河，千里入海，曲折奔赴，遇有沙石则挟之而下，遇有山陵则绕越而行，要之必以至海为究竟。办事遇阻力者，当作如是观：至诚所感，金石为开，何阻力之有焉；苟畏而避之，则终无一事可办而已。何也？天下固无无阻力之事也。

理想与气力

普相士达因曰[①]："无哲学的理想者，不足以为英雄；无必行敢为之气力者，亦不足以为英雄。"日本渡边国武述此语而引申其义曰："今人

---

① 士达因：今通译施泰因。

之弊，有理想者无气力，立于人后以冷笑一世；有气力者无理想，排他人以盲进于政界。"饮冰主人曰：理想与气力兼备者英雄也；有理想而无气力，犹不失为一学者；有气力而无理想，犹不失为一冒险家。我中国四万万人，有理想者几何人？有气力者几何人？理想气力兼备者几何人？嗟乎！国于天地，必有与立。念及此可为寒心。

中国魂安在乎

日本人之恒言，有所谓日本魂者，有所谓武士道者。又曰日本魂者何？武士道是也。日本之所以能立国维新，果以是也。吾因之以求我所谓中国魂者，皇皇然大索之于四百余州，而杳不可得。吁嗟乎伤哉！天下岂有无魂之国哉？吾为此惧。

或曰：尚武之风，由激厉而成也。朝廷以此为荣途，民间以此为习惯，于是武士道出焉。吾中国向来薄视军士，其兵卒不啻奴隶，则谓从军苦也固宜。自由主人曰：此固一义也，然犹有未尽者。尚武之风，由人民之爱国心与自爱心，两者和合而成也。人人皆有性命财产，国家之设兵以保人人之性命财产，故民之为兵者，不啻各自为其性命财产而战也。以此为战，战犹不勇者，未之闻也。不观两乡之械斗者乎？其子弟相率冲锋陷阵，其老弱相率馈饮食，虽欲禁之而不能焉。彼固各自为其剥肤之利害与切己之荣辱也。故吾观于械斗，而知吾中国所谓武士道之种子，在于是矣。

今中国之有兵也，所以钤制其民也。夺民之性命财产，私为己有，惧民之知之而复之也，于是乎有兵。故政府之视民也如盗贼，民之视政府亦如盗贼；兵之待民也如草芥，民之待兵也亦如草芥。似此者，虽日日激厉之，奖荣之，以求成所谓武士道者，必不可得矣。尔来当道者知兵之不可以已也，相率而讲之练之，奖之劝之，荣禄、张之洞之徒，则其人也。吾见其每年縻数千万之饷，而兵之不可用如故也。何也？方且相视以盗贼，相待以草芥，虽欲振之，孰从而振之？夫是之谓无魂之兵。无魂之兵者，犹无兵也。

今日所最要者，则制造中国魂是也。中国魂者何？兵魂是也。有有魂之兵，斯为有魂之国。夫所谓爱国心与自爱心者，则兵之魂也。而将欲制造之，则不可无其药料，与其机器，人民以国家为己之国家，则制造国魂之药料也；使国家成为人民之国家，则制造国魂之机器也。

忧国与爱国

有忧国者，有爱国者。爱国者语忧国者曰：汝曷为好言国民之所短？曰：吾惟忧之之故。忧国者语爱国者曰：汝曷为好言国民之所长？曰：吾惟爱之之故。忧国之言，使人作愤激之气，爱国之言，使人厉进取之心，此其所长也；忧国之言，使人堕颓放之志，爱国之言，使人生保守之思，此其所短也。朱子曰："教学者如扶醉人，扶得东来西又倒。"用之不得其当，虽善言亦足以误天下。为报馆主笔者，于此中消息，不可不留意焉。

今天下之可忧者，莫中国若；天下之可爱者，亦莫中国若。吾愈益忧之，则愈益爱之；愈益爱之，则愈益忧之。既欲哭之，又欲歌之。吾哭矣，谁欤踊者？吾歌矣，谁欤和者？

日本青年有问任公者曰：支那人皆视欧人如蛇蝎，虽有识之士亦不免，虽公亦不免，何也？任公曰：视欧人如蛇蝎者，惟昔为然耳。今则反是，视欧人如神明，崇之拜之，献媚之，乞怜之，若是者，比比皆然，而号称有识之士者益甚。昔惟人人以为蛇蝎，吾故不敢不言其可爱；今惟人人以为神明，吾故不敢不言其可嫉。若语其实，则欧人非神明、非蛇蝎，亦神明、亦蛇蝎，即神明、即蛇蝎。虽然，此不过就客观的言之耳。若自主观的言之，则我中国苟能自立也，神明将奈何？蛇蝎又将奈何？苟不能自立也，非神明将奈何？非蛇蝎又将奈何？

惟 心

境者，心造也。一切物境皆虚幻，惟心所造之境为真实。同一月夜也，琼筵羽觞，清歌妙舞，绣帘半开，素手相携，则有余乐；劳人思妇，对影独坐，促织鸣壁，枫叶绕船，则有余悲。同一风雨也，三两知己，围炉茅屋，谈今道故，饮酒击剑，则有余兴；独客远行，马头郎当，峭寒侵肌，流潦妨毂，则有余闷。"月上柳梢头，人约黄昏后"，与"杜宇声声不忍闻，欲黄昏，雨打梨花深闭门"，同一黄昏也，而一为欢憨，一为愁惨，其境绝异。"桃花流水杳然去，别有天地非人间"，与"人面不知何处去，桃花依旧笑春风"，同一桃花也，而一为清净，一为爱恋，其境绝异。"舳舻千里，旌旗蔽空，酾酒临江，横槊赋诗"，与"浔阳江头夜送客，枫叶荻花秋瑟瑟。主人下马客在船，举酒欲饮无管弦"，同一江也，同一舟也，同一酒也，而一为雄壮，一为冷落，其境绝异。

然则天下岂有物境哉，但有心境而已！戴绿眼镜者，所见物一切皆绿；戴黄眼镜者，所见物一切皆黄。口含黄连者，所食物一切皆苦；口含蜜饴者，所食物一切皆甜。一切物果绿耶、果黄耶？果苦耶、果甜耶？一切物非绿非黄、非苦非甜，一切物亦绿亦黄、亦苦亦甜，一切物即绿即黄、即苦即甜。然则绿也黄也、苦也甜也，其分别不在物而在我，故曰三界惟心。

有二僧因风飏刹幡，相与对论。一僧曰"风动"，一僧曰"幡动"，往复辨难无所决。六祖大师曰："非风动，非幡动，仁者心自动。"任公曰：三界惟心之真理，此一语道破矣。天地间之物一而万、万而一者也。山自山，川自川，春自春，秋自秋，风自风，月自月，花自花，鸟自鸟，万古不变，无地不同。然有百人于此，同受此山、此川、此春、此秋、此风、此月、此花、此鸟之感触，而其心境所现者百焉；千人同受此感触，而其心境所现者千焉；亿万人乃至无量数人同受此感触，而其心境所现者亿万焉，乃至无量数焉。然则欲言物境之果为何状，将谁氏之从乎？仁者见之谓之仁，智者见之谓之智，忧者见之谓之忧，乐者见之谓之乐。吾之所见者，即吾所受之境之真实相也，故曰惟心所造之境为真实。

然则欲讲养心之学者，可以知所从事矣。三家村学究，得一第，则惊喜失度，自世胄子弟视之何有焉？乞儿获百金于路，则挟持以骄人，自富豪家视之何有焉？飞弹掠面而过，常人变色，自百战老将视之何有焉？"一箪食，一瓢饮，在陋巷，人不堪其忧"，自有道之士视之何有焉？天下之境，无一非可乐、可忧、可惊、可喜者，实无一可乐、可忧、可惊、可喜者。乐之、忧之、惊之、喜之，全在人心，所谓"天下本无事，庸人自扰之"，境则一也。而我忽然而乐，忽然而忧，无端而惊，无端而喜，果胡为者？如蝇见纸窗而竞钻，如猫捕树影而跳掷，如犬闻风声而狂吠，扰扰焉送一生于惊喜忧乐之中，果胡为者？若是者，谓之知有物而不知有我；知有物而不知有我，谓之我为物役，亦名曰心中之奴隶。

是以豪杰之士，无大惊，无大喜，无大苦，无大乐，无大忧，无大惧。其所以能如此者，岂有他术哉？亦明三界唯心之真理而已，除心中之奴隶而已。苟知此义，则人人皆可以为豪杰。

慧 观

同一书也，考据家读之，所触者无一非考据之材料；词章家读之，所触者无一非词章之材料；好作灯谜酒令之人读之，所触者无一非灯谜酒令之材料；经世家读之，所触者无一非经世之材料。同一社会也（即人群），商贾家人之，所遇者无一非锱铢什一之人；江湖名士人之，所遇者无一非咬文嚼字之人；求宦达者人之，所遇者无一非谄上凌下、衣冠优孟之人；怀不平者入之，所遇者无一非陇畔辍耕、东门倚啸之人。各自占一世界，而各自谓世界之大，已尽于是，此外千形万态，非所见也，非所闻也。昔有白昼攫金于齐市者，吏捕而诘之曰："众目共视之地，汝攫金不畏人耶？"其人曰："吾彼时只见有金，不见有人。"夫一市之人之多，非若秋毫之末之难察也，而攫金者不知之，此其故何哉？昔有佣一蠢仆执爨役者，使购求食物于市，归而曰："市中无食物。"主人曰："嘻，鱼也，豕肉也，芥也，姜也，何一不可食者？"于是仆适市，购辄得之。既而亘一月，朝朝夕夕所食者，皆鱼也，豕肉也，芥也，姜也。主人曰："嘻，盍易他味？"仆曰："市中除鱼与豕肉与芥与姜之外，无有他物。"夫一市之物之多，非若水中微虫，必待显微镜然后能睹者，而蠢仆不知之，此其故何哉？

　　任公曰：吾观世人所谓智者，其所见，与彼之攫金人与此之蠢仆，相去几何矣？李白、杜甫满地，而衣被裯、携锄犁者，必不知之；计然、范蠡满地，而摩禹行、效舜趋者，必不知之；陈涉、吴广满地，而飨五鼎、鸣八驺者，必不知之。其不知也，则直谓世界中无有此等人也，虽日日以此等人环集于其旁，而彼之视为无有固自若也。不此之笑，而惟笑彼之攫金者与此之蠢仆，何其蔽欤？

　　人谁不见苹果之坠地，而因以悟重力之原理者，惟有一奈端①；人谁不见沸水之腾气，而因以悟汽机之作用者，惟有一瓦特；人谁不见海藻之漂岸，而因以觅得新大陆者，惟有一哥仑布；人谁不见男女之恋爱，而因以看取人情之大动机者，惟有一瑟士丕亚②。无名之野花，田夫刈之，牧童蹈之，而窝儿哲窝士于此中见造化之微妙焉③；海滩之僵石，渔者所淘余，潮雨所狼藉，而达尔文于此中悟进化之大理焉。故学莫要于善观。善观者，观滴水而知大海，观一指而知全身，不以其所已

---

① 奈端：今通译牛顿。
② 瑟士丕亚：今通译莎士比亚。
③ 窝儿哲窝士：今通译华兹华斯，英国诗人。

知蔽其所未知，而常以其所已知推其所未知，是之谓慧观。

无欲与多欲

顷读日本《国民新闻》，有德富苏峰氏所著论[①]，题曰《无欲与多欲》。其论颇有精深透拔者，故录之而演其义。

苏峰子曰：人无无欲者。或好色，或好货，或好名，或好学，要之无有无欲者。即如禅寂之徒，以槁木死灰自命，然终不免有槁木死灰之欲。浅见者流，往往谓彼多欲也，此无欲也，皆妄生差别相而已。

近世之豪杰，如西乡南洲者，殆可谓无欲人矣。其诗云："吾家遗法君知否，不为儿孙买美田。"世俗之欲，殆皆净尽。虽然，彼一旦闻萨儿之暴发，忽牺牲其一身，甘与其子弟为情死，遂歌曰："白发衰颜非所意，壮心横剑愧无勋。"盖彼视其一身轻如鸿毛，而以不能立盖世之功为一生大憾事。果然，则南洲可谓全无欲乎？

吾以为世俗之所谓无欲者，未必无欲；所谓多欲者，亦必多欲。要而论之，则欲之有无多少，惟视其所欲之性质与种类何如耳。彼西乡南洲之眼中，或以平沼专藏辈为无欲之极，亦未可知也。贪夫徇财，烈士徇名，哲人徇道。其趋向不同，则其欲念之所生亦自不同耳。

人莫不欲其最上之物。若以美人为最上之物，则美人以外，一切屏弃以求之，不惜焉；若以金钱为最上之物，则金钱以外，一切屏弃以求之，不惜焉；以至他物他事，莫不例是。是故吾人不必求无欲，无欲者决非吾人之所能及也；无宁先自审择决定，以何物为最上，而集注一切之欲念以向之。究之无欲云者，无世俗之欲云尔。彼之所欲者，视世俗之欲，有加高焉，有加大焉。以此之故，故无暇日以顾俗欲。然则无欲云者，虽谓之以大欲克小欲，以高欲克卑欲，以清欲克浊欲焉，可也。

---

① 德富苏峰：(1863—1957)，日本作家、记者、学者。

饮冰子曰：孟子曰："养心莫善于寡欲。"荀子曰："凡人所欲多，其可用必多。"斯二者各明一义，有并行而不相悖者焉。物质上之欲，惟患其多；精神上之欲，惟患其少。而欲求减物质上之欲，则非增精神上之欲，不能为功。其消息之间，殆有一定之比例。释迦所以舍净饭太子之贵而苦行六年，摩西所以弃埃及职官之安而漂流万里，路得所以辞教皇不次之赏而对簿大廷，哥仑布所以抛里井优游之乐而投身遥海，曰惟有欲之故。燕雀乌知鸿鹄志？陈涉莽夫，犹能为此言，而况于亘古万国之圣贤豪杰乎！

孔子不云乎："我欲仁，斯仁至矣。"今试问孔子有欲乎？曰孔子天下之多欲而大欲者也，故曰："知之者不如好之者，好之者不如乐之者。"孔子之于救天下利生民也，视之如流俗人之好饮食、好男女、好金钱、好名誉。岂惟孔子，凡古今来之圣贤豪杰，彼其毕生之所经营所贯注，旁观人观之为惊天动地，能人所难，百世之下，震骇之，膜拜之；而返诸彼圣贤豪杰之本心，亦不过视为纵欲之具而已。人见有男女之为情而死者，辄笑之曰：嘻！抑何其痴！而不知圣贤豪杰之为道而死、为国而死、为民而死，其与彼情死者，分量之大小，关系之重轻，虽有不同，至其专注一欲而断弃他欲，则一而已。夫是之谓至诚。呜呼！安得有以宝玉、黛玉之痴情痴欲以向于国民者乎？吾将执鞭以从之。

佛弟子问佛曰："何谓如来种？"佛言："无明有爱，是如来种。"无明有爱者，多欲之谓也。

说　悔

语曰：君子之作事也无悔。悔也者，殆非大贤豪杰之所当有乎？虽然，佛教曰忏悔，耶教曰悔改，孔子曰过则勿惮改，凡古今大宗教教育之主旨，无不提倡此义，以为立身进德不二法门，则又何也？

《大易》四动，曰"吉凶悔吝"。吝者凶之原，而悔者吉之本也。悔何以为吉之本？凡人之性恶也，自无始以来，其无明之种子，久已熏习于藏识中。故当初受生之始，而无量迷妄，既伏于意根矣；及其住世间也，又受众生恶业熏习所成的社会之熏习。彼此相熏，日习日深，虽有善根，而常为恶根所胜，不克伸长，不克成熟。于是乎欲进德者不可不以战胜旧习为第一段工夫。《大学》曰："作新民。"能去其旧染之污者谓之自新，能去社会旧染之污者谓之新民。若是者非悔未由。悔也者，进步之原动力也。

子张，吴之驵侩也；颜涿聚，鲁之大盗也，而能受学孔子，为大儒，曰惟悔之故；大迦叶，富楼那，皆顽空之外道也，而能深通佛乘，列于十八大弟子之数，曰惟悔之故；保罗，与耶稣为难最力者也，而能转心归依，弘通彼教，功冠宗门，曰惟悔之故。至如卫之贤大夫蘧伯玉，行年五十而知四十九年之非；晋之名士周处，幼年为三害之一，后乃刻厉自新，为世名儒。以子夏大贤，而丧子丧明，怼天痛哭，自诉无罪，及闻曾子之面责，乃投杖而起曰："吾过矣，吾过矣，吾离群索居亦已久矣。"彼其心地何等磊落，其气象何等俊伟，百世之下，如见其精神焉。下至文章雕虫小技，而杨子云犹称每著一书，悔其少作；曹子建言好人讥弹其文，有不善者，应时改定。兹事虽小，然彼等所以能在数千年文界卓然占一席者，亦岂不以是耶！魏武帝自言：曹操做事，从来不悔。曹操之所以能为英雄者以此，曹操之所以不能为君子者亦以此。悔之时义大矣哉！

悔之发生力有二途：一曰自内，二曰自外。自内发者，非有大智慧不能，否则如西语所谓"烟士披里纯"，有神力以为之助也。自外生者，或读书而感动焉，或阅事而感动焉，或听哲人之说法而感动焉，或闻朋友之规谏而感动焉。要之当其悔也，恒皇然凛然有今是昨非之想，往往中夜瞿省，汗流浃背，自觉其前者所为，不可以立于天地。所谓一念之间，间不容发。非独大贤豪杰有之，即寻常人亦莫不有焉，特视其既悔后之结果何如耳。

凡言悔者，必曰悔悟，又曰悔改。盖不悟则其悔不生，不改则其悔不成。《易》曰："不远复，无祗悔，元吉。"孔子系之辞曰："颜氏之子，其殆庶几乎？有不善未尝不知，知之未尝复行也。"是故非生其悔之难，而成其悔之难。曾文正曰："从前种种，譬犹昨日死；从后种种，譬犹今日生。"故真能得力于悔字诀者，常如以一新造之人立于世界，《大学》所谓"日日新"者耶。一人如是，则一身进步；国民如是，则一国进步。

悔改之与自信，反对之两极端也。佛法既言忏悔，又言不退转。今欲以悔义施诸教育，得无导人以退转之路耶？抑彼信道不笃，巽懦畏事，半途弃其主义者，岂不有所藉口耶？曰是又不然。孟子曰："自反而不缩，虽褐宽博，吾不惴焉；自反而缩，虽千万人，吾往矣。"《大学》曰："所谓诚其意者，毋自欺也。如恶恶臭，如好好色，此之谓自谦。"凡人之行事善不善，合于公理不合于公理，彼各人之良心，常自告语之，非可以假借者也。是故昔不知其为善而弃之，昔不知其为恶而蹈之，或虽知之而偶不及检，遂从而弃之蹈之，及其既悟也，既悔也，则幡然自新焉，是之谓君子之悔。若乃前既已明知之矣，躬行之矣，而牵于薄俗，怵于利害，溺于私欲，忽然弃去，艾已尤人，是之谓小人之悔。君子之悔，其既悔既改也，常泰然若释重负，神明安恬；小人之悔，其既悔既改也，常觍然若背有芒，夜夜忐忑。君子之悔，一悔而不复再悔；小人之悔，且又将有大悔之在其后也。然则真能悔者，必真能不退转者也。何也？悔也者进步之谓也，非退步之谓也。

希望与失望

希望者灵魂之粮也，而希望常与失望相乘；失望者希望之魔也。

今日我国民全陷落于失望时代。希望政府，政府失望；希望疆吏，疆吏失望；希望民党，民党失望；希望渐进，渐进失望；希望暴动，暴动失望；希望自力，自力失望；希望他力，他力失望。忧国之士，溢其热血，绞其脑浆，于彼乎，于此乎，皇皇求索者有年；而无一路之可通，而心血为之倒行，而脑筋为之瞀乱。今日青年界中多少连犴俶诡之现象，其起因殆皆在失望。

失望之恶果有二：其希望而不甚诚者，及其失望也，则退转；其希望而甚诚者，及其失望也，则发狂。今之志士，由前之说者十而七，由后之说者十而三。

非"唯"

近来学界最时髦的话头是"唯……主义"、"唯……主义"等。这种话头,起初是从印度学传来的,如"三界唯心,万法唯识"之类便是。最近欧学输入,名目越发多了。著者如"唯物史观"、"唯心哲学",乃至"唯用"、"唯感"、"唯美"、"唯实"、"唯乐"……等等。标名新颖,立说精奇,很替学界增许多光焰。

这种做学问法,我也承认他有两点好处。列举如下:

第一:标出一个鹄的,自然可以免思想笼统的毛病。黄梨洲说[①]:"凡学须有宗旨,是其人得力处,亦即学者用力处。"标出"唯……主义",令思想归边,专从这一边研究,务要"持之有故,言之成理",自然一天一天的鞭辟近里,有许多新发明。

第二:旗帜鲜明,于传播学说最利便而且有力。凡提倡一种学说的人,目的总是想把学说应用到实际,自然是希望信从我的人越多越好。标出一个字做宗旨,令人容易了解我学说的性质,只要表同情的便走集这面旗子底下,共同尽力。结果能令学说变成宗教性,传播得极广极猛。

但这都是从做学问方法或传播学问的手段立论。若讲到学问的本质吗?——除却自然科学不计外,专就人生的学问讲——我以为:人生是最复杂的,最矛盾的,真理即在复杂矛盾的中间。换句话说:真理是不能用"唯"字表现的,凡讲"唯什么"的都不是真理。

"唯什么"、"唯什么"的名目很多,最主要者莫如"唯物论"和

---

① 黄梨洲:即黄宗羲(1610—1695),明末清初史学家、思想家,著有《明夷待访录》、《宋之学案》等。

"唯心论"。其实人生之所以复杂矛盾，也不过以心物相互关系为出发点。所以我的"非唯"论，就从这唯物唯心两派"非"起。

"非唯物"和"非唯心"的根本理论，若详细论列，要著一部几十万字的书才能说明。现在暂且不讲，只讲因这种学说发生出来的毛病：

心力是宇宙间最伟大的东西，而且含有不可思议的神秘性，人类所以在生物界占特别位置者就在此。这是我绝对承认的。若"心"字上头加上一个"唯"字，我便不能不反对了。充"唯心论"的主张，必要将所有物质的条件和势力一概否认，才算贯彻。然而事实上哪里能做到？自然界的影响和限制且不必论，乃至和我群栖对立的"人们"，从我看来，皆物而非心；我自己身体内种种机官和生理上作用，皆物而非心。总而言之，无论心力如何伟大，总要受物的限制，而且限制的方面很多，力量很不弱。所以唯心论者若要贯彻他的主张，结果非走到非生活的——最少也是非共同生活的——那条路上不可。因为生活条件的大部分是物质，既生活便不能蔑视他了。若既生活而又专讲唯心，把物的条件看不在眼内，结果则如宋儒说的"心具众理"，"一旦豁然贯通，则众物之表里精粗无不到"。这种学说，在个人修养的收获上是很杳茫的，而在社会设施上可以发生奇谬，闹出种种乱子来。所以我要反对他。

物的条件之重要，前文已经说过。所以关于遗传咧环境咧种种影响，乃至最狭义的以经济活动为构成文化的主要要素，这些学说，我都承认他含有一部分真理。若在"物"字上加上一个"唯"字，我又不能不反对了。须知人类和其他动物之所以不同者，其他动物至多能顺应环境罢了，人类则能改良或创造环境，拿什么去改良创造，就是他们的心力。若不承认这一点心力的神秘，便全部人类进化史都说不通了。若要贯彻唯物论的主张吗？结果非归到"机械的人生观"不可。——去年人生观的论战，陈独秀赤裸裸的以极大胆的态度提出机械的人生观，在那一面算是最彻底的，非丁在君、胡适之所及①。——机械的人生观是否合理，且不必多辨。须知这种话是和"命定主义"一鼻孔出气的："万事有个造化主安排定"，"八字从胎里带下来"……这类种种鬼话，固然是"命定主义"；气候咧，山川咧，物产的丰饶或瘠薄咧，交通的便利或闭塞咧……乃至社会形成的习惯咧，血统带来的遗传咧，若说这些事项有无限的权威，我们人类完全受他支配，也是一种"命定主义"。此说若真，那么，人类一切活动，都是白饶，我们拢着手听什么环境什么遗传摆布罢了。殊不知人类这样怪物，最是不安本分，不管他们力量做得到做不到的事，都要去碰碰！你说他们白碰吗？不然不然。他们横碰竖碰，碰一百回有九十九回失败，但碰通了一回却了不得了，他们便趁风使帆，演出几多把戏！他们又是死皮赖脸不怕碰钉子的，碰了一回还来第二回第三回到百千万回，弄得自然界的专制皇帝和过去历史界的积世老婆婆也把这些顽皮孩子们无可奈何，只得让他们"无佛称尊"了！人类之"曲线形的进化史"，都是从这样子演出来。唯物史观的人们呵！机械人生观的人们呵！若使你们所说是真理，那么，我只好睡倒罢，请你也跟我一齐睡倒罢！"遗传的八字"，"环境的流年"，早已经安排定了，你和我跳来跳去，"干吗？"哈哈！机械人生观的人们呵！须知机械全是他动的，不能自动。人类若果是机械，还有什么存在的意义和价值？所以这一派学说我是不能不反对的。

以上是我对于赫赫有名的唯心唯物两派主义下的"哀的美敦书"②。其余"唯什么"、"唯什么"的我都一齐宣战。

孟子说："所恶执一者，为其贼道也，举一而废百也。"问我为什么要"非唯"，为的就是这个缘故。

李斯说："别黑白而定一尊。"董仲舒说："凡不在……之科者，皆

---

① 丁在君：即丁文江（1887—1936），字在君，江苏泰兴人。现代哲学家、地质学家。著有《徐霞客年谱》、《中国官办矿业史略》等。
② 哀的美敦书：即最后通牒。

绝其道勿使并进。"这都是学术界专制帝王的口吻，主张"唯什么"、"唯什么"的正是同一口吻。问我为什么要"非唯"，为的就是这个缘故。

读完我这篇文章的人怕会说："然则你是灰色的。"我答道："或者不错。然而灰色或者是好的。为什么好？好在他不'唯'……"

凡主张"唯什么"、"唯什么"的人们，我都很盼他赐教，我愿意答覆。

学问之趣味

我是个主张趣味主义的人:倘若用化学化分"梁启超"这件东西,把里头所含一种原素名叫"趣味"的抽出来,只怕所剩下仅有个零了。我以为:凡人必常常生活于趣味之中,生活才有价值。若哭丧着脸挨过几十年,那么,生命便成沙漠,要他何用?中国人见面最喜欢用的一句话:"近来作何消遣?"这句话我听着便讨厌。话里的意思,好像生活得不耐烦了,几十年日子没有法子过,勉强找些事情来消他遣他。一个人若生活于这种状态之下,我劝他不如早日投海!我觉得天下万事万物都有趣味,我只嫌二十四点钟不能扩充到四十八点,不够我享用。我一年到头不肯歇息,问我忙什么?忙的是我的趣味。我以为这便是人生最合理的生活,我常常想运动别人也学我这样生活。

凡属趣味,我一概都承认他是好的,但怎么样才算"趣味",不能不下一个注脚。我说:"凡一件事做下去不会生出和趣味相反的结果的,这件事便可以为趣味的主体。"赌钱趣味吗?输了怎么样?吃酒趣味吗?病了怎么样?做官趣味吗?没有官做的时候怎么样?……诸如此类,虽然在短时间内像有趣味,结果会闹到俗语说的"没趣一齐来",所以我们不能承认他是趣味。凡趣味的性质,总要以趣味始,以趣味终。所以能为趣味之主体者,莫如下列的几项:一,劳作;二,游戏;三,艺术;四,学问。诸君听我这段话,切勿误会:以为我用道德观念来选择趣味。我不问德不德,只问趣不趣。我并不是因为赌钱不道德才排斥赌钱,因为赌钱的本质会闹到没趣,闹到没趣便破坏了我的趣味主义,所以排斥赌钱;我并不是因为学问是道德才提倡学问,因为学问的本质能够以趣味始以趣味终,最合于我的趣味主义条件,所以提倡学问。

学问的趣味，是怎么一回事呢？这句话我不能回答。凡趣味总要自己领略，自己未曾领略得到时，旁人没有法子告诉你。佛典说的："如人饮水，冷暖自知。"你问我这水怎样的冷，我便把所有形容词说尽，也形容不出给你听，除非你亲自喝一口。我这题目——学问之趣味，并不是要说学问如何如何的有趣味，只要如何如何便会尝得着学问的趣味。

诸君要尝学问的趣味吗？据我所经历过的有下列几条路应走：

第一，"无所为"（为读去声）。趣味主义最重要的条件是"无所为而为"。凡有所为而为的事，都是以别一件事为目的而以这件事为手段；为达目的起见勉强用手段，目的达到时，手段便抛却。例如学生为毕业证书而做学问，著作家为版权而做学问，这种做法，便是以学问为手段，便是有所为。有所为虽然有时也可以为引起趣味的一种方面，但到趣味真发生时，必定要和"所为者"脱离关系。你问我"为什么做学问"？我便答道："不为什么。"再问，我便答道："为学问而学问。"或者答道："为我的趣味。"诸君切勿以为我这些话掉弄虚虚；人类合理的生活本来如此。小孩子为什么游戏？为游戏而游戏。人为什么生活？为生活而生活。为游戏而游戏，游戏便有趣；为体操分数而游戏，游戏便无趣。

第二，不息。"鸦片烟怎样会上瘾？""天天吃。""上瘾"这两个字，和"天天"这两个字是离不开的。凡人类的本能，只要那部分搁久了不用，他便会麻木，会生锈。十年不跑路，两条腿一定会废了；每天跑一点钟，跑上几个月，一天不得跑时，腿便发痒。人类为理性的动物，"学问欲"原是固有本能之一种；只怕你出了学校便和学问告辞，把所有经管学问的器官一齐打落冷宫，把学问的胃弄坏了，便山珍海味摆在面前也不愿意动筷了。诸君啊！诸君倘若现在从事教育事业或将来想从事教育事业，自然没有问题，很多机会来培养你学问胃口。若是做别的职业呢？我劝你每日除本业正当劳作之外，最少总要腾出一点钟，研究你所嗜好的学问。一点钟那里不消耗了？千万别要错过，闹成"学问胃弱"的征候，白白自己剥夺了一种人类应享之特权啊！

第三，深入的研究。趣味总是慢慢地来，越引越多；像倒吃甘蔗，越往下才越得好处。假如你虽然每天定有一点钟做学问，但不过拿来消遣消遣，不带有研究精神，趣味便引不起来。或者今天研究这样，明天研究那样，趣味还是引不起来。趣味总是藏在深处，你想得着，便要入去。这个门穿一穿，那个窗户张一张，再不会看见"宗庙之美，百官之富"，如何能有趣味？我方才说"研究你所嗜好的学问"，嗜好两个字很要紧。一个人受过相当的教育之后，无论如何，总有一两门学问和自己脾胃相合，而已经懂得大概，可以作加工研究之预备的。请你就选定一门作为终身正业（指从事学者生活的人说），或作为本业劳作以外的副业（指从事其他职业的人说）。不怕范围窄，越窄越便于聚精神；不怕问题难，越难越便于鼓勇气。你只要肯一层一层的往里面追，我保你一定被他引到"欲罢不能"的地步。

第四，找朋友。趣味比方电，越摩擦越出。前两段所说，是靠我本身和学问本身相摩擦；但仍恐怕我本身有时会停摆，发电力便弱了。所以常常要仰赖别人帮助。一个人总要有几位共事的朋友，同时还要有几位共学的朋友。共事的朋友，用来扶持我的职业；共学的朋友和共顽的朋友同一性质，都是用来摩擦我的趣味。这类朋友，能够和我同嗜好一种学问的自然最好，我便和他搭伙研究。即或不然——他有他的嗜好，我有我的嗜好，只要彼此都有研究精神，我和他常常在一块或常常通信，便不知不觉把彼此趣味都摩擦出来了。得着一两位这种朋友，便算人生大幸福之一。我想只要你肯找，断不会找不出来。

我说的这四件事，虽然像是老生常谈，但恐怕大多数人都不曾会这样做。唉！世上人多么可怜啊！有这种不假外求、不会蚀本、不会出毛病的趣味世界，竟自没有几个人肯来享受！古书说的故事"野人献曝"；我是尝冬天晒太阳的滋味尝得舒服透了，不忍一人独享，特地恭恭敬敬的来告诉诸君。诸君或者会欣然采纳吧？但我还有一句话：太阳虽好，总要诸君亲自去晒，旁人却替你晒不来。

敬业与乐业

我这题目,是把《礼记》里头"敬业乐群"和《老子》里头"安其居乐其业"那两句话,断章取义造出来。我所说是否与《礼记》、《老子》原意相合,不必深求;但我确信"敬业乐业"四个字,是人类生活的不二法门。

本题主眼,自然是在"敬"字、"乐"字。但必先有业,才有可敬、可乐的主体,理至易明。所以在讲演正文以前,先要说说有业之必要。

孔子说:"饱食终日,无所用心,难矣哉!"又说:"群居终日,言不及义,好行小慧,难矣哉!"孔子是一位教育大家,他心目中没有什么人不可教诲,独独对于这两种人便摇头叹气说道:"难!难!"可见人生一切毛病都有药可医,惟有无业游民,虽大圣人碰着他,也没有办法。

唐朝有一位名僧百丈禅师,他常常用两句格言教训弟子,说道:"一日不做事,一日不吃饭。"他每日除上堂说法之外,还要自己扫地、擦桌子、洗衣服,直到八十岁,日日如此。有一回,他的门生想替他服劳,把他本日应做的工悄悄地都做了,这位言行相顾的老禅师,老实不客气,那一天便绝对的不肯吃饭。

我征引儒门、佛门这两段话,不外证明人人都要有正当职业,人人都要不断的劳作。倘若有人问我:"百行什么为先?万恶什么为首?"我便一点不迟疑答道:"百行业为先;万恶懒为首。"没有职业的懒人,简直是社会上的蛀米虫,简直是"掠夺别人勤劳结果"的盗贼。我们对于这种人,是要彻底讨伐,万不能容赦的。有人说:"我并不是不想找职业,无奈找不出来。"我说:职业难找,原是现代全世界普通现象,我也承认。这种现象应该如何救济,别是一个问题,今日不必讨论。但以中国现在情形论,找职业的机会,依然比别国多得多;一个精力充满的壮年人,倘若不是安心躲懒,我敢信他一定能得相当职业。今日所讲,专为现在有职业及现在正做职业上预备的人——学生——说法,告诉他们对于自己现有的职业应采何种态度。

　　第一要敬业。敬字为古圣贤教人做人最简易、直捷的法门,可惜被后来有些人说得太精微,倒变了不适实用了。惟有朱子解得最好。他说:"主一无适便是敬。"用现在的话讲,凡做一件事,便忠于一件事,将全副精力集中到这事上头,一点不旁骛,便是敬。业有什么可敬呢?为什么该敬呢?人类一面为生活而劳动,一面也是为劳动而生活。人类既不是上帝特地制来充当消化面包的机器,自然该各人因自己的地位和才力,认定一件事去做。凡可以名为一件事的,其性质都是可敬。当大总统是一件事,拉黄包车也是一件事。事的名称,从俗人眼里看来,有高下;事的性质,从学理上解剖起来,并没有高下。只要当大总统的人,信得过我可以当大总统才去当,实实在在把总统当作一件正经事来做;拉黄包车的人,信得过我可以拉黄包车才去拉,实实在在把拉车当作一件正经事来做,便是人生合理的生活。这叫做职业的神圣。凡职业没有不是神圣的,所以凡职业没有不是可敬的。惟其如此,所以我们对于各种职业,没有什么分别拣择。总之,人生在世,是要天天劳作的。劳作便是功德,不劳作便是罪恶。至于我该做哪一种劳作呢,全看我的才能何如,境地何如。因自己的才能、境地,做一种劳作做到圆满,便是天地间第一等人。

　　怎样才能把一种劳作做到圆满呢?唯一的秘诀就是忠实,忠实从心理上发出来的便是敬。庄子记痀偻丈人承蜩的故事,说道:"虽天地之大,万物之多,而惟吾蜩翼之知。"凡做一件事,便把这件事看作我的生命,无论别的什么好处,到底不肯牺牲我现做的事来和他交换。我信得过我当木匠的做成一张好桌子,和你们当政治家的建设成一个共和国家同一价值；我信得过我当挑粪的把马桶收拾得干净，和你们当军人的打胜一支压境的敌军同一价值。大家同是替社会做事，你不必羡慕我，我不必羡慕你。怕的是我这件事做得不妥当，便对不起这一天里头所吃的饭。所以我做这事的时候，丝毫不肯分心到事外。曾文正说："坐这山，望那山，一事无成。"我从前看见一位法国学者著的书，比较英法两国国民性质，他说："到英国人公事房里头，只看见他们埋头执笔做他的事；到法国人公事房里头，只看见他们衔着烟卷像在那里出神。英国人走路，眼注地上，像用全副精神注在走路上；法国人走路，总是东张西望，像不把走路当一回事。"这些话比较得是否确切，姑且不论；但很可以为敬业两个字下注脚。若果如他所说，英国人便是敬，法国人便是不敬。一个人对于自己的职业不敬，从学理方面说，便亵渎职业之神圣；从事实方面说，一定把事情做糟了，结果自己害自己。所以敬业主义，于人生最为必要，又于人生最为有利。庄子说："用志不分，乃凝于神。"孔子说："素其位而行，不愿乎其外。"所说的敬业，不外这些道理。

第二要乐业。"做工好苦呀！"这种叹气的声音，无论何人都会常在口边流露出来。但我要问他："做工苦，难道不做工就不苦吗？"今日大热天气，我在这里喊破喉咙来讲，诸君扯直耳朵来听，有些人看着我们好苦；翻过来，倘若我们去赌钱去吃酒，还不是一样淘神费力？难道又不苦？须知苦乐全在主观的心，不在客观的事。人生从出胎的那一秒钟起到咽气的那一秒钟止，除了睡觉以外，总不能把四肢、五官都搁起不用。只要一用，不是淘神，便是费力，劳苦总是免不掉的。会打算盘的人，只有从劳苦中找出快乐来。我想天下第一等苦人，莫过于无业游民，终日闲游浪荡，不知把自己的身子和心子摆在哪里才好，他们的日子真难过。第二等苦人，便是厌恶自己本业的人，这件事分明不能不做，却满肚子里不愿意做。不愿意做逃得了吗？到底不能。结果还是皱着眉头，哭丧着脸去做。这不是专门自己替自己开玩笑吗？

我老实告诉你一句话:"凡职业都是有趣味的,只要你肯继续做下去,趣味自然会发生。"为什么呢?第一,因为凡一件职业,总有许多层累、曲折,倘能身入其中,看它变化、进展的状态,最为亲切有味。第二,因为每一职业之成就,离不了奋斗;一步一步的奋斗前去,从刻苦中得快乐,将快乐的分量加增。第三,职业性质,常常要和同业的人比较骈进,好像赛球一般,因竞胜而得快乐。第四,专心做一职业时,把许多游思、妄想杜绝了,省却无限闲烦闷。孔子说:"知之者不如好之者,好之者不如乐之者。"人生能从自己职业中领略出趣味,生活才有价值。孔子自述生平,说道:"其为人也,发愤忘食,乐以忘忧,不知老之将至云尔。"这种生活,真算得人类理想的生活了。

　　我生平最受用的有两句话:一是"责任心",二是"趣味"。我自己常常的求这两句话之实现与调和,常常把这两句话向我的朋友强聒不舍。今天所讲,敬业即是责任心,乐业即是趣味。我深信人类合理的生活总该如此,我望诸君和我一同受用!

为学与做人

诸君！我在南京讲学将近三个月了，这边苏州学界里，有好几回写信邀我，可惜我在南京是天天有功课的，不能分身前来。今天到这里，能够和全城各校诸君聚在一堂，令我感激的很。但有一件，还要请诸君原谅：因为我一个月以来，都带着些病，勉强支持，今天不能作很长的讲演，恐怕有负诸君期望哩。

问诸君"为什么进学校？"我想人人都会众口一词的答道："为的是求学问。"再问："你为什么要求学问？""你想学些什么？"恐怕各人的答案就很不相同，或者竟自答不出来了。诸君啊！我替你们回答一句罢："为的是学做人。"你在学校里头学的什么数学、几何、物理、化学、生理、心理、历史、地理、国文、英语，乃至什么哲学、文学、科学、政治、法律、经济、教育、农业、工业、商业等等，不过是做人所需的一种手段，不能说专靠这些便达到做人的目的，任凭你把这些件件学得精通，你能够成个人不成个人还是个问题。

人类心理，有知、情、意三部分。这三部分圆满发达的状态，我们先哲名为三达德——智、仁、勇。为什么叫做"达德"呢？因为这三件事是人类普通道德的标准，总要三个具备，才能成一个人。三件的完成状态怎么样呢？孔子说："知者不惑，仁者不忧，勇者不惧。"所以教育应分为知育、情育、意育三方面，——现在讲的知育、德育、体育不对，德育范围太笼统，体育范围太狭隘——知育要教到人不惑，情育要教到人不忧，意育到教到人不惧。教育家教育学生，应该以这三件为究竟；我们自动的自己教育自己，也应该以这三件为究竟。

怎么样才能不惑呢？最要紧的是养成我们的判断力。想要养成判断力，第一步，最少须有相当的常识，进一步，对于自己要做的事须有专门知识，再进一步，还要有遇事能断的智慧。假如一个人连常识都没有，听见打雷，说是雷公发威，看见月蚀，说是蛤蟆贪嘴，那么，一定闹到什么事都没有主意，碰着一点疑难问题，就靠求神问卜看相算命去解决，真所谓"大惑不解"，成了最可怜的人了。学校里小学中学所教，就是要人有了许多基本的常识，免得凡事都暗中摸索。但仅仅有点常识还不够，我们做人，总要各有一件专门职业。这门职业，也并不是我一人破天荒去做，从前已经许多人做过，他们积累了无数经验，发现出好些原理原则，这就是专门学识。我打算做这项职业，就应该有这项专门的学识。例如我想做农吗，怎么的改良土壤，怎么的改良种子，怎么的防御水旱病虫，等等，都是前人经验有得成为学识的；我们有了这种学识，应用他来处置这些事，自然会不惑，反是则惑了。做工、做商等等都各有他的专门学识，也是如此。我想做财政家吗，何种租税可以生出何样结果，何种公债可以生出何样结果等等，都是前人经验有得成为学识的；我们有了这种学识，应用他来处置这些事，自然会不惑，反是则惑了。教育家、军事家等等，都各有他的专门学说，也是如此。我们在高等以上学校所求的知识，就是这一类。但专靠这种常识和学识就够吗？还不能。宇宙和人生是活的，不是呆的，我们每日碰见的事理是复杂的变化，不是单纯的刻板的。倘若我们只是学过这一件，才懂这一件，那么，碰着一件没有学过的事来到跟前，便手忙脚乱了。所以还要养成总体的智慧，才能有根本的判断力。这种总体的智慧如何才能养成呢？第一件，要把我们向来粗浮的脑筋着实磨炼他，叫他变成细密而且踏实。那么，无论遇着如何繁难的事，我都可以彻头彻尾想清楚他的条理，自然不至于惑了。第二件，要把我们向来浑浊的脑筋，着实将养他，叫他变成清明。那么，一件事理到跟前，我才能很从容很莹澈的去判断他，自然不至于惑了。以上所说常识学识和总体的智慧，都是知育的要件，目的是教人做到"知者不惑"。

怎么样才能不忧呢？为什么仁者便会不忧呢？想明白这个道理，先要知道中国先哲的人生观是怎么样。"仁"之一字，儒家人生观的全体大用都包在里头。"仁"到底是什么？很难用言语说明，勉强下个解释，可以说是："普遍人格之实现。"孔子说："仁者人也。"意思是说人格完成就叫做"仁"。但我们要知道，人格不是单独一个人可以表现的，要从人和人的关系上来看。所以仁字从二人，郑康成解他做"相人偶"。总而言之，要彼此交感互发，成为一体，然后我的人格才能实现。所以我们若不讲人格主义，那便无话可说；讲到这个主义，当然归宿到普遍人格。换句话说，宇宙即是人生，人生即是宇宙，我们的人格，和宇宙无二区别。体验得这个道理，就叫做"仁者"。然则这种仁者为什么就会不忧呢？大凡忧之所从来，不外两端，一曰忧成败，二曰忧得失。我们得着"仁"的人生观，就不会忧成败。为什么呢？因为我们知道宇宙和人生是永远不会圆满的，所以《易经》六十四卦，始"乾"而终"未济"。正为在这永远不会圆满的宇宙中，才永远容得我们创造进化。我们所做的事，不过在宇宙进化几万万里的长途中，往前挪一寸两寸，那里配说成功呢？然则不做怎么样呢？不做便连这一寸都不往前挪，那可真是失败了。"仁者"看透这种道理，信得过只有不做事才算失败，凡做事便不会失败。所以《易经》说："君子以自强不息。"换一方面来看，他们又信得过凡事不会成功的，几万万里路挪了一两寸，算成功吗？所以《论语》说："知其不可而为之。"你想，有这种人生观的人，还有什么成败可忧呢？再者，我们得着"仁"的人生观，便不会忧得失。为什么呢？因为认定这件东西是我的，才有得失之可言。连人格都不是单独存在，不能明确的画出这一部分是我的，那一部分是人家的，然则哪里有东西可以为我们所得？既已没有东西为我所得，当然也没有东西为我所失。我只是为学问而学问，为劳动而劳动，并不是拿学问劳动等做手段来达某种目的——可以为我们"所得"的。所以老子说："生而不有，为而不恃。""既以为人己愈有，既以与人己愈多。"你想，有这种人生观的人，还有什么得失可忧呢？总而言之，有了这种人生观，自然会觉得"天地与我并生，而万物与我为一"，自然会"无人而不自得"。他的生活，纯然是趣味化艺术化。这是最高的情感教育，目的教人做到"仁者不忧"。

怎么样才能不惧呢？有了不惑不忧功夫，惧当然会减少许多了。但这是属于意志方面的事。一个人若是意志力薄弱，便有丰富的知识，临时也会用不着；便有优美的情操，临时也会变了卦。然则意志怎么才会坚强呢？头一件须要心地光明。孟子说："浩然之气，至大至刚。行有不慊于心，则馁矣。"又说："自反而不缩，虽褐宽博，吾不惴焉；自反而缩，虽千万人，吾往矣。"俗语说得好："生平不作亏心事，夜半敲门也不惊。"一个人要保持勇气，须要从一切行为可以公开做起，这是第一著。第二件要不为劣等欲望之所牵制。《论语》记，子曰："吾未见刚者。"或对曰："申枨。"子曰："枨也欲，焉得刚。"一被物质上无聊的嗜欲东拉西扯，那么百炼刚也会变成绕指柔了。总之，一个人的意志，由刚强变为薄弱极易，由薄弱返刚强极难。一个人有了意志薄弱的毛病，这个人可就完了。自己作不起自己的主，还有什么事可做？受别人压制，做别人奴隶，自己只要肯奋斗，终必能恢复自由。自己的意志做了自己情欲的奴隶，那么，真是万劫沉沦，永无恢复自由的余地，终身畏首畏尾，成了个可怜人了。孔子说："和而不流，强哉矫；中立而不倚，强哉矫。国有道，不变塞焉，强哉矫；国无道，至死不变，强哉矫。"我老实告诉诸君说罢，做人不做到如此，决不会成一个人。但做到如此真是不容易，非时时刻刻做磨炼意志的功夫不可，意志磨炼得到家，自然是看着自己应做的事，一点不迟疑，扛起来便做，"虽千万人吾往矣"。这样才算顶天立地做一世人，绝不会有藏头躲尾左支右绌的丑态。这便是意育的目的，要教人做到"勇者不惧"。

我们拿这三件事作做人的标准，请诸君想想，我自己现时做到哪一件——哪一件稍微有一点把握？倘若连一件都不能做到，连一点把握都没有,嗳哟!那可真危险了,你将来做人恐怕就做不成。讲到学校里的教育吗,第二层的情育,第三层的意育,可以说完全没有,剩下的只有第一层的知育。就算知育罢,又只有所谓常识和学识,至于我所讲的总体智慧靠来养成根本判断力的,却是一点儿也没有。这种"贩卖知识杂货店"的教育,把他前途想下去,真令人不寒而栗!现在这种教育,一时又改革不来,我们可爱的青年,除了他更没有可以受教育的地方。诸君啊!你到底还要做人不要?你要知道危险呀,非你自己抖擞精神想方法自救,没有人救你呀!

诸君啊!你千万别要以为得些断片的知识,就算是有学问呀。我老实不客气告诉你罢,你如果做成一个人,知识自然是越多越好;你如果做不成一个人,知识却是越多越坏。你不信吗?试想想全国人所唾骂的卖国贼某人某人,是有知识的呀,还是没有知识的呢?试想想全国人所痛恨的官僚政客——专门助军阀作恶鱼肉良民的人,是有知识的呀,还是没有知识的呢?诸君须知道啊,这些人当十几年前在学校的时代,意气横厉,天真烂漫,何尝不和诸君一样?为什么就会堕落到这样的田地呀?屈原说:"何昔日之芳草兮,今直为此萧艾也!岂其有他故兮,莫好修之害也。"天下最伤心的事,莫过于看着一群好好的青年,一步一步的往坏路上走。诸君猛醒啊!现在你所厌所恨的人,就是你前车之鉴了。

诸君啊!你现在怀疑吗?沉闷吗?悲哀痛苦吗?觉得外边的压迫你不能抵抗吗?我告诉你:你怀疑和沉闷,便是你因不知才会惑;你悲哀痛苦,便是你因不仁才会忧;你觉得你不能抵抗外界的压迫,便是你因不勇才有惧。这都是你的知、情、意未经过修养磨炼,所以还未成人。我盼望你有痛切的自觉啊!有了自觉,自然会成功。那么,学校之外,当然有许多学问,读一卷经,翻一部史,到处都可以发见诸君的良师呀!

诸君啊,醒醒罢!养足你的根本智慧,体验出你的人格人生观,保护好你的自由意志。你成人不成人,就看这几年哩!

知命与努力

今天所讲的题目是"知命与努力"。知命同努力这两件事,骤看似乎不易合并在一处,《列子·力命篇》中曾经说明力与命不能相容,我从前作的诗也有"百年力与命相持"之句,都是把知命同努力分开,而且以为两者不能并存。可是,究竟是不是这样呢?现在便要研究这个问题。胡适之先生在欧洲演说中国文化,狠攻击知命之说,以为知命是一种懒惰哲学,这种主张,能养成懒惰根性。这话若不错,那么,我们这个懒惰人族,将来除了自然淘汰之一途外,真没有别条路可走了。但究竟是不是这样呢?现在还当讨论。

在《论语》里面有一句话:"不知命无以为君子"。意思是说:凡人非有知命的工夫不能作君子。君子二字在儒家的意义常是代表高尚人格的。可以知道儒家的意见,是以知命为养成高尚人格的重要条件。其他"五十而知命"等类的话很多,知命一事在儒家可谓重视极了。再来返观儒家以外的各家的态度怎样呢?墨家树起反对之帜,矫正儒家,所攻击的,大半是儒家所重视的。所以墨家自然不相信命,《墨子·非命篇》中便极端否认知命,在现在讲,可算"打倒知命"了。列子的意见,更可从《力命篇》中看出,他假设两人对话,一名力,一名命,争论结果,偏重于命。列子是代表道家的,可见道家的主张,是根本将命抬到最高的地位,而将力压服在下面,和墨家重力黜命的宗旨恰恰相反。可是儒家就不然,一面讲命,一面亦讲力,知命和努力,是同在一样的重要的地位,即以"不知命无以为君子"一句论,为君子便是努力,但却以知命为必要条件,可知在儒家的眼光中两者毫无轩轾了。

命字到底怎么解呢?《论语》中的话很简单,未曾把定义揭出来。

我们只好在儒家后辈的书籍中寻解说,《孟子》,《荀子》,《礼记》,这三种都是后来儒家的重要的书。《孟子》说:"莫之致而至者命也。"意谓并不靠我们力量去促成,而它自己当然来的,便是命。《荀子》说:"节遇谓之命。"节是时节,意谓在某一时节偶然遇着的,便是命。《礼记》说:"分于道之谓命。"这一条戴东原解释得最详[①],他以为道是全体的统一的,在那全体的里面,分一部分出来,部分对于全体,自然要受其支配,那叫做"分限",便是命。综合这几条,简单的说,就是:我们的行为,受了一种不可抵抗的力量的支配,偶然间遇着一个机会,或者被限制着只许在一定范围内自由活动,这便是命。命的观念,大概如此。

分限——命——的观念既明,究竟有多少种类,经过详密的分析,大约有下列四种。

(一)自然界给予的分限:这类分限,极为明显易知,如现在天暖,须服薄衣,转眼秋冬来了,又要需用厚衣,这便是一种自然界的分限。用外国语解释,便是自然界对于人类行为,给的一个 order,只能在范围内活动,想超过是不能的。人类常常自夸,人力万能征服了自然界,但是到底征服了多少,还是个问题,譬如前时旧金山和日本的地震,人类几十年努力经营的结果,只消自然界几秒钟的破坏,便消灭无余,人类到底征服了自然界多少呢?近几天,天文家又传说慧星将与地球接近,星尾若扫到地面,便要发生危险,此事固未实现,然假设慧星尾与地面接触了,那变化又何堪设想,彼时人类征服自然界的力量又如何呢?这样便证明自然界的力量,委实比我们人类大得多,人类不得不在它给予的分限中讨生活的。

(二)社会给予的分限:凡是一个社会,必有它的时间的遗传和空间的环境,这两样都能给予人们以重要的分限。无论如何强有力的人,

---

① 戴东原:即戴震(1724—1777),字东原。清代考据学家、思想家。著有《孟子字义疏证》等,后人编有《戴氏遗书》。

在一个历时很久的社会中，总不能使那若干年遗传的结果消灭，并且自身反要受它的影响。即如我中华民国，挂上民治招牌已十六年了，实际上种种举动，所以名实不符者，实在是完全受了数千年历史惰力所支配，不克自拔。社会如此，个人亦如此；一人如此，众人亦如此。不独为世所诟病的军阀官僚，难免此惰力之支配，乃至现代蓬勃之青年，是否果能推翻惰力，不受其支配，仔细思之，当然不敢自信。吾人一举一动，一言一行，所不为惰力所干涉者，实不多见的。至于空间方面，亦复如是，现在中国经济状况，日趋贫乏，几乎有全国国民皆有无食之苦的景况。若想用人的力量去改这种不幸的情形，不是这一端改好，那一端又发生毛病；便是那一端改好，这一端又现出流弊。环境的势力，好似一条长链，互相牵掣，吾人的生活，便是在这全国环境互相牵掣的势力支配的底下决定，人为的改造，是不能实现的。小而言之，一个团体，也是这样。凡一个学校，它有学风，某一个在这学校里念书的学生，当然受学风的影响和支配，想跳出学风以外，是不容易的。而这个学校的学风，又不是单独成立的，又与其他学校发生连带关系，譬如在北京某一学校，它的学风，不能不受全北京学校的学风的影响和支配，而不能脱离，就是这样。全北京的学风，影响到某一校；一校的学风，又影响到某一人，关系是如此其密切而复杂，所以社会在空间上给予人们的分限，是不可避免，而不易改造的。

（三）个人固有的分限：在个人自身的性质、能力、身体、人格、经济诸方面，常有许多不由自主的状态，这便是个人固有的分限。这些分限，有的是先天带来的，有的是受了社会的影响自然形成的，然而其为分限则一。譬如有些人身体好，有些人身体坏，身体好的人每天做十多点钟的功课，不觉疲倦；身体弱的人每天只用功几点钟，便非常困乏，再不停止，甚至患病。像这种差别，是没有法子去平均和补救的。讲其原因，自然是归咎于父母的身体不强壮，才遗传这般的体质。这不独个人为然，即以民族而言，华人同欧美比较，相去实在很远，这都是以前的祖先遗留的结果，不是一时的现象，然而既经堕落到如此地步，再想齐驱并驾，实无方法可施。既曰实行卫生，或可稍图改善，然一样的运动，一样的营养，而强者自强，弱者自弱，想立刻平等，是不可能的。才能经济诸端，尤其易见；有聪明有天才的人，一目十行，倚马万言，资质愚笨的人，自然赶他不上；有遗产的子弟，可以安富尊荣，卒业游学，家境困苦的人，自然千辛万苦，往往学业不完。这种分限，凡为人类，怎能逃脱。身体才能，固然不能变易，即如物质方面之经济力，似乎可以转换，然而要将一个穷学生于顷刻中化为富豪，亦是不能实现的事。物质的限制尚且如此之难去，何论其他，个人分限，诚不可轻视的了。

（四）对手方给予的分限：凡人固然自己要活动，然而同时别人也要活动，彼此原都是一样的。加之人的活动方面，对自然常少，而对于他人的常多，所以人们活动是最易和他人发生关系的，既然如此，人们活动的时候，那对手方对于自己的活动也很有影响，这影响就是分限了。人们对他人发生活动，他人为应付起见，发出相当的活动来对抗，于是自己起了所谓反应。反应也有顺的，也有逆的，遇见顺的，尚不要紧；遇见逆的，则自己的活动将受其限制，而不能为所欲为，于是便构成了对手方的分限。这可以拿施教育者与受教育者做个比方，施者虽极力求其领会，然受者仍有活动的余地，若起了逆的反应，这个教育的方法，便要失败的。此犹言团体行为也，个人对个人也是如此，朋友、夫妇间的关系，何莫不然。无论如何任性的人，他的行为总难免反受其妻之若干分限，妻之方面亦同。人生最亲爱者，莫如夫妇，而对手方犹不能不有分限，遑论其他。犹之下棋，我走一着，人亦走一着，设禁止人之移棋，任我独下，自属全胜。无如事实不许，禁止他人，既难做到，而人之一着，常常与我以危险，制我之死命，于是不得不放弃预定计画，与之极力周旋，以求最后之胜利。此即对手分限之说，乃人人相互间，双方行为接触所起之反应了。

此四种分限——再加分析，容或更有——既经明瞭，只受一种之限制时，已足发生困难，使数十年之工作，一旦毁坏。然人生厄运，不止如是，实际上，吾人日常生活，几无不备受四种分限之包围和压迫。因此，假使有一不知命的人，不承认分限，甚至不知分限，或不注意分限，以为无论何事，我要如何便如何，可以达到目的。此种人勇气虽然很大，动辄行其开步走的主义，一往直前。可是，设使前边有一堵墙，拦住去路，人告诉他前面有墙，墙是走不过去的，而他悍然不顾，以为没有墙，我不信墙的限制，仍然前行。有时前面本是无墙，侥幸得以穿过，然已是可一不可再的成功，今既有墙，若是墙能任意穿行，自然很好，但墙实在是不能通过的东西，于是结果，他碰了墙，碰得头破脑裂，不得不回来。回来改变方向，仍是照这样碰墙，碰了几回之后，一经躺下，比任何软弱人还软弱，再无复起的希望。因他努力自信，总想超过他的希望，不想结果失望，自然一蹶不振。这种人的勇气，不能永久保持，一遇阻碍，必生厌倦，所以不知命——不信分限，专恃莽气的人是很难成功的。

儒家知命的话，在《论语》中有很重要的一句，便是批评孔子的："知其不可为而为之"那一句。可见知其可为而为之——不知或不信分限，不是勇气；必要知其不可为而为之，才算勇气。明知山上有金矿动手去掘的人，那不算有勇；要明知不可为，而知道应该去做的人，才算伟大。这句话很可以表现孔子的全部人格，也可以作为知命与努力的注脚，"知其不可为"便是知命，"而为之"便是努力，孔子的伟大和勇气，在此可以完全看出了。我们的科学家，或是梦想他的能力可以征服自然界，能够制止地震，固不算真科学家；或是因为知遇地震无法防止，便不讲预防之法，听其自然，也非真科学家。我们的真科学家，必具有下列的精神，便是明知地震是无法控制的，也不作谬妄的大言，但也不流于消极，仍然尽心竭力去研究预防的方法，能够预防多少，便是多少，不因不能控制而自馁，也不因稍一预防而自夸，这种科学家才是真科学家,如我们所需要的。他们的预料,本来只在某一限度,限度之上就应当无效或失败,但他们知道应该做这种工作,仍是勤勉地去做着,尝试复尝试,不妨其多,结果如是失败,原不出其所料,万无失望的打击;幸而一二分的成功,于是他们便喜出望外了。知命之道,如此而已。

这种一二分的成功,为何可喜呢?因为世界的成功,都是比较的,无止境的。中国爱国的人,都想把国家弄得像欧美日本一样富强,好似欧美日本便是国家的极轨一样,谁知欧美日本,也不见得便算成功,国中正有无穷的纷扰哩!犹如列子所语的愚公移山,他虽不能一手把很高的山移完,可是他的子孙能够继续着去工作,他及身虽止能见到移去一尺二尺,也是够愉快,比起来未见分毫的移动,强得多了。成功犹如万万里的长道,一人的生命能力,可不能走完。然而走到中途,也胜与终身不走的哩!所以知命者,明知成功之不可必,了解分限之不可逃,在分限圈制前提之下去努力,才是真能努力的人啊!

我们为何需要真正的努力?因为只有真正的努力,才可不厌不倦。人何以有厌倦?多因不知分限,希望过大,动遭失败,所以如此。知命的人,便无此弊。孔门学问如"学而不厌,诲人不倦","为之不厌,诲人不倦","居之无倦","请益曰无倦","自强不息","不怨天不尤人"诸端。所谓不厌,不倦,不息,不怨,不尤,都是不以前途阻碍而退馁,是消极的知命。如"学而时习之不亦悦乎,有朋自远方来不亦乐乎",都是以稍有成功而自娱,是积极的努力。所以我们不止要排除尊己黜人的妄诞,也宜蠲去美人恨己的忧伤,因这两者都于事实是无益的。我人徒见美国工人生活舒适,比中国资产阶级甚或过之,于是自怨自艾,于己之地位运动宁复有济。犹之豫湘人民,因罹兵灾,遽羡妒他省人民,又岂于事实有补。总之,生此环境,丁此时期,惟有勤勉乃身,委曲求全,其他夸诞怨艾之念,均不可存的。

孔子的"发愤忘食,乐以忘忧"工夫,实在是知命和努力的一个大榜样。儒家弟子，受其感化的，代不乏人。如汉之诸葛亮，固知辅蜀讨曹之无功，然而仍以"鞠躬尽瘁死而后已"为职志者，深明"汉贼不两立，皇室不偏安"之义，晓得应该如此做去，故不得不做，此由知命而进于努力者也。又如近代之胡林翼、曾国藩，固曾勋业彪炳，而读其遗书，则立言无不以安命为本，因二公饱经事故，阅历有得，故谆谆以安命为言，此由努力而进于知命者也。凡人能具此二者，则作事时较有把握，较能持久。其知命也，非为懒惰而知命，实因镇定而知命；其努力也，非为侥幸而努力，实为牺牲而努力。既为牺牲而努力，做事自然勇气百倍，既无厌倦，又有快乐了。所以我们要学孔子的发愤忘食，便是学他的努力；要学孔子的乐以忘忧，便是学他的知命。知命和努力，原来是不可分离，互相为用的，再没有不相容的疑惑了。知命与努力，这便是儒家的一大特色，也是中国民族一大特色，向来伟大人物，无不如此。诸君持身涉世，如能领悟此一语的意义，做到此一层工夫，可以终身受用不尽！

新大陆游记（节选）

二十

五月十四日，由纽约至华盛顿。

华盛顿，美国京都，亦新大陆上一最闲雅之大公园也。从纽约、波士顿、费尔特费诸烦浊之区①，忽到此土，正如哀丝豪竹之后闻素琴之音，大酒肥肉之余嚼鲈莼之味，其愉快有不能以言语形容者。全都结构皆用美术的意匠，盖他市无不有历史上天然之遗传，而华盛顿市则全出于人造者也。

都中建筑最宏丽庄严者为"喀别德儿"（Capitol）②。喀别德儿者，译言元首之意，谓此地为一国之元首也。喀别德儿之中央一高座为联邦法院，其左右两座次高者为上议院、下议院，其后一大座为图书馆，合称为喀别德儿。喀别德儿之前，置华盛顿一铜像。其中央高座、中门、棁楹、桷壁，盖皆美国历史纪念画，其技或绘或雕或塑，其质或金或石或木，自殖民时代、独立时代、南北战争时代以至近日，凡足以兴国民之观感者，无一不备，对之令人肃然起敬，沛然气壮，油然意远。甚矣，美术之感人深也！环喀别德儿之周遭，皆用最纯白大理石铺地，净无纤尘，光可鉴发。其外则嘉木修荫，芳草如茵，行人不哗，珍禽时鸣。琅环福地，匪可笔传矣。

华盛顿之图书馆，世界中第一美丽之图书馆也。藏书之富，今不具论。其衣墙覆瓦之美术，实合古今万国之菁英云。吾辈不解画趣，徒眩

---

① 费尔特费：即费城，全称费拉德尔菲亚。
② 喀别德尔：即美国国会大厦。

其金碧而已。数千年来世界上著名之学者，莫不有造像，入之如对严师。其观书堂中，常千数百人，而悄然无声，若在空谷。

观书堂壁间以精石编刻古今万国文字，凡百余种。吾中国文亦有焉，所书者为"子夏曰日知其所亡月无忘其所能可谓好学也已矣"二十一字，写颜体，笔法遒劲，尚不玷祖国名誉。

喀别德儿之庄严宏丽如彼，而还观夫大统领之官邸，即所谓白宫（White House）者，则渺小两层垩白之室，视寻常富豪家一私第不如远甚。观此不得不叹羡平民政治质素之风，其所谓平等者真乃实行，而所谓国民公仆者真丝忽不敢自侈也。於戏！倜乎远矣。

全都中公家之建筑最宏敞者为国会（即喀别德儿），次为兵房①，次为邮局，最湫隘者为大统领官邸。民主国之理想，于此可见。

华盛顿纪功华表②，矗立都之中央，与喀别德儿相对，高五百英尺，实美国最高之建筑物也。其中空，可以升降。用升降机上之，须五分钟始达绝顶，步行则须二十分钟以外。登华表绝顶以望全都，但见芳草甘木，掩映于琼楼玉宇间，左瞰平湖，千顷一碧。同行一西人，为余指点某丘某壑，是独立军决斗处；某河某岸，是南北战争时南军侵入处。余感慨欷歔，不能自胜，得一诗云："琼楼高处寒如许，俯瞰鸿濛是帝乡。十里歌声春锦绣，百年史迹血玄黄。华严国土天龙静，金碧山川草树香。独有行人少颜色，抚阑天末望斜阳。"

华盛顿纪功华表构造时，征石于万国，五洲土物，鸠集备矣。各国赠石，皆系以铭，用其国文泐之，以颂美国国父之功德。吾中国亦有一石焉，当时使馆所馈，道员某为题词。其文乃用《瀛寰志略》所论载③，谓华盛顿视陈胜、吴广，有过之无不及云。呜呼！此石终不可磨，此耻终不可湔，见之气结。

---

① 兵房：即五角大楼，美国国防部所在地。
② 华表：即华盛顿纪念碑。
③ 《瀛寰志略》：19世纪中叶由徐继畬所编纂的世界地理志。

旅美十月，惟在华盛顿五日中最休暇，遍游其兵房、库房、铸银局、博物院、植物院等。惜不能到华盛顿故里一观遗迹，最为憾事。

每夕使馆中人多相访者，询美政府对满洲问题之真相颇悉。今事已过去，已发表，不复再述。

华盛顿除使馆外，有中国留学生八人，寿州孙氏居其五，皆沉实向学，有用才也。

四 十

综观以上所列，则吾中国人之缺点，可得而论次矣。

一曰有族民资格而无市民资格。吾中国社会之组织，以家族为单位，不以个人为单位，所谓家齐而后国治是也。周代宗法之制，在今日其形式虽废，其精神犹存也。窃尝论之，西方阿利安人种之自治力①，其发达固最早，即吾中国人之地方自治，宜亦不弱于彼。顾彼何以能组成一国家而我不能？则彼之所发达者，市制之自治；而我所发达者，族制之自治也。试游我国之乡落，其自治规模，确有不可掩者。即如吾乡，不过区区二三千人耳，而其立法、行政之机关，秩然不相混。他族亦称是。若此者，宜其为建国之第一基础也。乃一游都会之地，则其状态之凌乱，不可思议矣。凡此皆能为族民不能为市民之明证也，吾游美洲而益信。彼既已脱离其乡井，以个人之资格，来往于最自由之大市，顾其所赍来、所建设者，仍舍家族制度外无他物，且其所以维持社会秩序之一部分者，仅赖此焉。此亦可见数千年之遗传，植根深厚，而为国民向导者，不可不于此三致意也。

二曰有村落思想而无国家思想。吾闻卢斯福之演说②，谓今日之美国民最急者，宜脱去村落思想，其意盖指各省、各市人之爱省心、爱市

---

① 阿利安：今即通译雅利安。
② 卢斯福：今通译罗斯福，指西奥多·罗斯福，即老罗斯福。

心而言也。然以历史上之发达观之，则美国所以能行完全之共和政者，实全恃此村落思想为之原。村落思想，固未可尽非也。虽然，其发达太过度，又为建国一大阻力。此中之度量分界，非最精确之权量，不足以衡之。而我中国则正发达过度者也。岂惟金山人为然耳，即内地亦莫不皆然，虽贤智之士，亦所不免。廉颇用赵，子房思韩，殆固有所不得已者耶。然此界不破，则欲成一巩固之帝国，盖亦难矣。

三曰只能受专制、不能享自由。此实刍狗万物之言也，虽然，其奈实情如此，即欲掩讳，其可得耶？吾观全地球之社会，未有凌乱于旧金山之华人者。此何以故？曰自由耳。夫内地华人性质，未必有以优于金山，然在内地，犹长官所及治，父兄所约束也。南洋华人，与内地异矣，然英、荷、法诸国，待我甚酷，十数人以上之集会，辄命解散，一切自由，悉被剥夺，其严刻更过于内地，故亦戢戢焉。其真能与西人享法律上同等之自由者，则旅居美洲、澳洲之人是也。然在人少之市，其势不能成，故其弊亦不甚著。群最多之人，以同居于一自由市者，则旧金山其称首也，而其现象乃若彼。

有乡人为余言，旧金山华人，惟前此左庚氏任领事时①，最为安谧，人无敢挟刃寻仇者，无敢聚众滋事者，无敢游手闲行者，各秘密结社皆敛迹屏息，夜户无惊，民孜孜务就职业。盖左氏授意彼市警吏，严缉之而重罚之也。及左氏去后，而故态依然。此实专制安而自由危，专制利而自由害之明证也。

吾见其各会馆之规条，大率皆仿西人党会之例，甚文明，甚缜密；及观其所行，则无一不与规条相反悖。即如中华会馆者，其犹全市之总政府也，而每次议事，其所谓各会馆之主席及董事，到者不及十之一，百事废弛，莫之或问。或以小小意见，而各会馆抗不纳中华会馆之经费，中华无如何也。至其议事，则更有可笑者。吾尝见海外中华会馆之

---

① 左庚：19世纪90年代中国驻旧金山领事。

议事者数十处，其现象不外两端：（其一）则一二上流社会之有力者，言莫予违，众人唯诺而已，名为会议，实则布告也，命令也。若是者，名之为寡人专制政体。（其二）则所谓上流社会之人，无一有力者，遇事曾不敢有所决断，各无赖少年，环立于其旁，一议出则群起而噪之，而事终不得决。若是者，名之为暴民专制政体。若其因议事而相攘臂、相操戈者，又数见不鲜矣。此不徒海外之会馆为然也，即内地所称公局公所之类，何一非如是？即近年来号称新党志士者所组织之团体，所称某协会、某学社者，亦何一非如是？此固万不能责诸一二人，盖一国之程度，实如是也。即李般所谓国民心理①，无所往而不发现也。夫以若此之国民，而欲与之行合议制度，能耶否耶？

更观其选举，益有令人失惊者。各会馆之有主席也，以为全会馆之代表也。而其选任之也，此县与彼县争（各会馆多合同数县者）；一县之中，此姓与彼姓争；一姓之中，此乡与彼乡争；一乡之中，此房与彼房争。每当选举时，往往杀人流血者，不可胜数也。夫不过区区一会馆耳，所争者岁千余金之权利耳，其区域不过限于一两县耳，而弊端乃若此；扩而大之，其惨象宁堪设想？恐不仅如南美诸国之四年一革命而已。以若此之国民，而欲与之行选举制度，能耶否耶？

难者将曰：此不过旧金山一市之现象而已，以汝粤山谷犷顽之民俗，律我全国，恶乎可？虽然，吾平心论之，吾未见内地人之性质，有以优于旧金山人也；吾反见其文明程度，尚远出旧金山人下也。问全国中有能以二三万人之市，容六家报馆者乎？无有也。问全国中之团体，有能草定如八大会馆章程之美备者乎？无有也。以旧金山犹如此，内地更可知矣。且即使内地人果有以优于金山人，而其所优者亦不过百步之于五十步，其无当于享受自由之资格，则一而已。夫岂无一二聪伟之士，其理想，其行谊，不让欧美之上流社会者？然仅恃此千万人中之一

---

① 李般：今通译古斯塔夫·勒庞（1841—1931），法国社会心理学家，群体心理学的创始人。

二人，遂可以立国乎？恃千万人中之一二人，以实行干涉主义以强其国，则可也；以千万人中之一二人为例，而遂曰全国人可以自由，不可也。

夫自由云，立宪云，共和云，是多数政体之总称也。而中国之多数、大多数、最大多数，如是如是，故吾今若采多数政体，是无异于自杀其国也。自由云，立宪云，共和云，如冬之葛，如夏之裘，美非不美，其如于我不适何！吾今其毋眩空华，吾今其勿圆好梦。一言以蔽之，则今日中国国民，只可以受专制，不可以享自由。吾祝吾祷，吾讴吾思，吾惟祝祷讴思我国得如管子、商君、来喀瓦士、克林威尔其人者生于今日①，雷厉风行，以铁以火，陶冶锻炼吾国民二十年、三十年乃至五十年，夫然后与之读卢梭之书，夫然后与之谈华盛顿之事。（以上三条，皆说明无政治能力之事。其保守心太重一端，人人共和，无俟再陈。）

四曰无高尚之目的。此实吾中国人根本之缺点也。均是国民也，或为大国民、强国民，或为小国民、弱国民，何也？

凡人处于空间，必于一身衣食住之外，而有更大之目的；其在时间，必于现在安富尊荣之外，而有更大之目的。夫如是，乃能日有进步，缉熙于光明；否则凝滞而已，堕落而已。个人之么匿体如是，积个人以为国民，其拓都体亦复如是②。欧美人高尚之目的不一端，以吾测之，其最重要者，则好美心其一也，（希腊人言德性者，以真、善、美三者为究竟。吾中国多言善而少言美，惟孔子谓《韶》尽美又尽善，孟子言可欲之谓善、充实之谓美，皆两者对举，此外言者甚希。以比较的论之，虽谓中国为不好美之国民可也。）社会之名誉心其二也，宗教之未来观念其三也。泰西精神的文明之发达，殆以此三者为根本，而吾中国皆最缺焉。故其所营营者只在一

---

① 来喀瓦士：今译为来库古（前700年—前630年），古希腊政治家，出身斯巴达的王族。克林威尔：今通译克伦威尔（1599—1658），英国资产阶级革命的发起人，1653年起担任护国公。

② 么匿体：英语unit的音译；拓都体：英语total的音译。梁启超《论私德》曰："群者谓之拓都，一者谓之么匿"。

身，其所孳孳者只在现在，凝滞堕落之原因，实在于是。此不徒海外人为然也，全国皆然，但吾至海外而深有所感，故论及之。此其理颇长，非今日所能毕其词也。

此外，中国人性质不及西人者多端，余偶有所触辄记之，或过而忘之。今将所记者数条，丛录于下，不复伦次也：

西人每日只操作八点钟，每来复日则休息①。中国商店每日晨七点开门，十一二点始歇，终日危坐店中，且来复日亦无休，而不能富于西人也，且其所操作之工，亦不能如西人之多，何也？凡人做事，最不可有倦气，终日终岁而操作焉，则必厌，厌则必倦，倦则万事堕落矣。休息者，实人生之一要件也。中国人所以不能有高尚之目的者，亦无休息实尸其咎。

美国学校，每岁平均只读百四十日书，每日平均只读五六点钟书，而西人学业优尚于华人，亦同此理。

华人一小小商店，动辄用数人乃至十数人，西人寻常商店，惟一二人耳。大约彼一人总做我三人之工，华人非不勤，实不敏也。

来复日休息，洵美矣。每经六日之后，则有一种方新之气，人之神气清明实以此。中国人昏浊甚矣，即不用彼之礼拜，而十日休沐之制，殆不可不行。

试集百数十以上之华人于一会场，虽极肃穆毋哗，而必有四种声音：最多者为咳嗽声，为欠伸声，次为嚏声，次为拭鼻涕声。吾尝于演说时默听之，此四声者如连珠然，未尝断绝。又于西人演说场、剧场静听之，虽数千人不闻一声。东洋汽车、电车必设唾壶，唾者狼藉不绝；美国车中设唾壶者甚希，即有亦几不用。东洋汽车途间在两三点钟以上者，车中人假寐过半；美国车中虽行终日，从无一人作隐几卧。东西人种之强弱优劣可见。

---

① 来复日：星期日的旧称。

旧金山西人常有迁华埠之议，盖以华埠在全市中心最得地利，故彼涎之，抑亦借口于吾人之不洁也。使馆参赞某君尝语余曰，宜发论使华人自迁之。今夫华埠之商业，非能与西人争利也，所招徕者皆华人耳，自迁他处，其招徕如故也。迁后而大加整顿之，使耳目一新，风气或可稍变。且毋使附近彼族，日日为其眼中钉，不亦可乎？不然，我不自迁，彼必有迁我之一日，及其迁而华埠散矣，云云。此亦一说也。虽然，试问能办得到否？不过一空言耳。

旧金山凡街之两旁人行处（中央行车），不许吐唾，不许抛弃腐纸杂物等，犯者罚银五元；纽约电车不许吐唾，犯者罚银五百元。其贵洁如是，其厉行干涉不许自由也如是。而华人以如彼凌乱秽浊之国民，毋怪为彼等所厌。

西人行路，身无不直者，头无不昂者。吾中国则一命而偻，再命而偻，三命而俯。相对之下，真自惭形秽。

西人行路，脚步无不急者，一望而知为满市皆有业之民也，若不胜其繁忙者然。中国人则雅步雍容，鸣琚佩玉，真乃可厌。在街上远望数十丈外有中国人迎面来者，即能辨认之，不徒以其躯之短而颜之黄也。

西人数人同行者如雁群，中国人数人同行者如散鸭。

西人讲话，与一人讲，则使一人能闻之；与二人讲，则使二人能闻之；与十人讲，则使十人能闻之；与百人、千人、数千人讲，则使百人、千人、数千人能闻之。其发声之高下，皆应其度。中国则群数人坐谈于室，声或如雷；聚数千演说于堂，声或如蚊。西人坐谈，甲语未毕，乙无傱言；中国人则一堂之中，声浪稀乱，京师名士，或以抢讲为方家，真可谓无秩序之极。孔子曰："不学诗，无以言；不学礼，无以立。"

吾友徐君勉亦云：中国人未曾会行路，未曾会讲话。真非过言。斯事虽小，可以喻大也。

欧游心影录（节选）

中国人对于世界文明之大责任[①]

以上十二段，我都是信手拈来，没有什么排列组织。但我觉得我们因此反省自己从前的缺点，振奋自己往后的精神，循着这条大路，把国家挽救建设起来，决非难事。我们的责任，这样就算尽了吗？我以为还不止此。人生最大的目的，是要向人类全体有所贡献。为什么呢？因为人类全体才是"自我"的极量，我要发展"自我"，就须向这条路努力前进。为什么要有国家？因为有个国家，才容易把这国家以内一群人的文化力聚拢起来、继续起来、增长起来，好加入人类全体中助他发展。所以建设国家是人类全体进化的一种手段，就像市府乡村的自治结合，是国家成立的一种手段。就此说来，一个人不是把自己的国家弄到富强便了，却是要叫自己国家有功于人类全体。不然，那国家便算白设了。

明白这道理，自然知道我们的国家，有个绝大责任横在前途。什么责任呢？是拿西洋的文明来扩充我的文明，又拿我的文明去补助西洋的文明，叫他化合起来成一种新文明。我在巴黎曾会着大哲学家蒲陀罗 Boutreu（柏格森之师）[②]，他告诉我说："一个国民，最要紧的是把本国文化发挥光大。好像子孙袭了祖父遗产，就要保住他，而且叫他发生功用。就算很浅薄的文明，发挥出来，都是好的。因为他总有他的特质，把他的特质和别人的特质化合，自然会产生第三种更好的特质来。你们中国，着实可爱可敬。我们祖宗裹块鹿皮、拿把石刀在野林里打猎的时

[①] 本篇为《欧游心影录》第一篇第十三节。
[②] 蒲陀罗：今译布特鲁，法国哲学家。

候,你们不知已出了几多哲人了。我近来读些译本的中国哲学书,总觉得他精深博大。可惜老了,不能学中国文。我望中国人总不要失掉这分家当才好。"我听着他这番话,觉得登时有几百斤重的担子加在我肩上。又有一回,和几位社会党名士闲谈,我说起孔子的"四海之内皆兄弟"、"不患寡而患不均",跟着又讲到井田制度,又讲些墨子的"兼爱"、"寝兵"。他们都跳起来说道:"你们家里有这些宝贝,却藏起来不分给我们,真是对不起人啊!"我想我们还够不上对不起外国人,先自对不起祖宗罢了。

近来西洋学者,许多都想输入些东方文明,令他们得些调剂。我仔细想来,我们实在有这个资格。何以故呢?从前西洋文明,总不免将理想实际,分为两橛;唯心唯物,各走极端。宗教家偏重来生,唯心派哲学高谈玄妙,离人生问题,都是很远。科学一个反动,唯物派席卷天下,把高尚的理想又丢掉了。所以我从前说道:"顶时髦的社会主义,结果也不过抢面包吃。"这算是人类最高目的么?所以最近提倡的实用哲学、创化哲学,都是要把理想纳到实际里头,图个心物调和。我想我们先秦学术,正是从这条路上发展出来。孔、老、墨三位大圣,虽然学派各殊,"求理想与实用一致",却是他们共同的归着点。如孔子的"尽性赞化"、"自强不息",老子的"各归其根",墨子的"上同于天",都是看出有个"大的自我"、"灵的自我",这和"小的自我"、"肉的自我"同体,想要因小通大,推肉合灵。我们若是跟着三圣所走的路,求"现代的理想与实用一致",我想不知有多少境界可以辟得出来哩。又佛教虽创自印度,而实盛于中国。现在大乘各派,五印全绝[①];正法一脉,全在支那。欧人研究佛学,日盛一日,梵文所有经典,差不多都翻出来。但向梵文里头求大乘,能得多少?我们自创的宗派,更不必论了。像我们的禅宗,真可以算得应用的佛教,的确是要印度以外才能发生,

---

① 五印:中古时,印度全域分为东、西、南、北、中五区,称五天竺,又称五印度。略称五竺、五印。

的确是表现中国人特质，叫出世法和现世法并行不悖。现在柏格森、倭铿等辈①，就是想走这条路还没有走通。我常想，他们若能读唯识宗的书，他的成就一定不止这样；他们若能理解禅宗，成就更不止这样。你想，先秦诸哲，隋唐诸师，岂不都是我们仁慈圣善的祖宗积得好几大宗遗产给我们吗？我们不肖，不会享用，如今倒要闹学问饥荒了。就是文学、美术各方面，我们又何尝让人？国中那些老辈，故步自封，说什么西学都是中国所固有，诚然可笑；那沉醉西风的，把中国什么东西都说得一钱不值，好像我们几千年来就像土蛮部落，一无所有，岂不更可笑吗？须知凡一种思想，总是拿他的时代来作背景。我们要学的，是学那思想的根本精神，不是学他派生的条件。因为一落到条件，就没有不受时代支配的。譬如孔子，说了许多贵族性的伦理，在今日诚然不适用，却不能因此菲薄孔子。柏拉图说奴隶制度要保存，难道因此就把柏拉图抹杀吗？

　　明白这一点，那么研究中国旧学，就可以得公平的判断，去取不至谬误了。却还有很要紧的一件事：要发挥我们的文化，非借他们的文化做途径不可。因为他们研究的方法，实在精密，所谓"欲善其事，必先利其器"。不然，从前的中国人，那一个不读孔夫子，那一个不读李太白，为什么没有人得着他好处呢？所以我希望我们可爱的青年，第一步，要人人存一个尊重爱护本国文化的诚意；第二步，要用那西洋人研究学问的方法去研究他，得他的真相；第三步，把自己的文化综合起来，还拿别人的补助他，叫他起一种化合作用，成了一个新文化系统；第四步，把这新系统往外扩充，叫人类全体都得着他好处。我们人数居全世界人口四分之一，我们对于人类全体的幸福，该负四分之一的责任。不尽这责任，就是对不起祖宗，对不起同时的人类，其实是对不起自己。我们可爱的青年啊！立正，开步走！大海对岸那边有好几万万

---

① 柏格森（1859—1941），法国哲学家，生命哲学代表人物。倭铿：今亦译鲁多夫·奥伊肯（1846—1926），德国哲学家。1908年诺贝尔文学奖获得者。

人，愁着物质文明破产，哀哀欲绝地喊救命，等着你来超拔他哩。我们在天的祖宗三大圣和许多前辈，眼巴巴盼望你完成他的事业，正在拿他的精神来加佑你哩。

威士敏士达寺①

我们因旅馆难觅，由徐、丁二君先往巴黎布置，我和同舟诸君，在伦敦勾留五日。趁这空暇，随意观光。头一个要拜会的，自然是有名的"英国凌烟阁"威士敏士达寺（Westminster Abbey）②。我们从托拉福加广场，经白宫街维多利亚街，到泰姆河畔③。眼前屹立一长方形古寺，双塔高耸，和那峨特式建筑的巴力门毗连并立④，一种庄严朴茂气象，令人起敬，这便是威士敏士达寺了。

我们先大略研究这寺的历史。他是从十一世纪爱华德忏悔王创建，十三世纪末，亨利第三大加改筑，到今将近千年，累代皆有增修，那西塔的门楼，还是二十年前新造。最奇的是把各时代的款式，合冶一炉，几乎成了千年来建筑术的博览会。拿一个人作譬，好像戴着唐朝一顶进贤冠，披着宋朝一件绯袍，手拄着明朝一方笏，套上清朝团龙补挂，脚底下还踏着一双洋皮靴子，你想这不是很滑稽很难看吗？然而他却没有丝毫觉得不调和，依然保持十分庄严，十分趣味。我想这一个寺就可以算得英国国民性的"象征"，他们无论政治上法律上宗教道德上风俗礼节上，都是一部分一部分的蜕变，几百年前和几百年后的东西，常常同时并存，却不感觉有一些子矛盾。他们的保守性，有一点和我们一样；他们的容纳性调和性，怕很值得我们一学罢。这寺内最重要的一部分，

---
① 本篇为《欧游心影录》第三篇第二节。
② 威士敏士达寺：通译威斯敏斯特教堂（也译西敏寺等），伦敦著名的新教教堂。该教堂是英国历代国王加冕和历代王侯、名人瘗葬之地。
③ 托拉福加：今通译特拉法加广场。泰姆河：今通译泰晤士河。
④ 巴力门：议院的音译。

一三七六年创始，一五二八年落成，约经一世纪半的长久日子。算起来，当绘图的时候，随种一株杉树，还可以等他长成来充梁柱。他们却勤勤恳恳依着原定的计划，经一百多年，丝毫不乱，丝毫不懈，到底做到成功了。唉！兹事虽小，可以喻大。试问我们中国人，可曾有预备一百年后才造成的房子吗？须知若是有一个人要造怎么一间房子，这个人首先就要立定主意，自己不打算看见他成功，自己更不打算拿来享用。这个人一定是不安小就，图个规模宏远，明知道一生一世不能完成的事业，却要立个理想的基础传给别人。有了这个人就行啰吗？不然，不然。还要后起的人和他一样的心事，一样的魄力，才能把他的事业继承下去，不至前功尽弃。我想欧洲文明从何而来，就是靠这一点；人类社会所以能够进化，也只靠这一点。前人常常立些伟大的计划替后人谋幸福，后人保持前人的遗产，更加扩充光大，人生的目的，人生的责任，就尽于是了。我游威士敏士达最初起的就是这种感想，后来遍历大陆，到处见的寺院，动辄都是几百年工程，这感想便日印日深。回想我们中国人的过去，真是惭愧无地；悬想我们中国人的将来，更是惶恐无地了。

威士敏士达，是英国国教的教会堂，是国家和王室的大礼堂，历代君主加冕大葬，都在此举行，却依然是全英国一般小百姓日日公共礼拜祈祷之所。就只一点，这寺又算得平民主义的象征了。我们却为甚么叫他做"英国的凌烟阁"呢？因为他又是个国葬之地，几百年来名人坟墓都在寺中。原来这寺本王室诸陵所在，后来凡有功德于国家的人，都葬在里头，拿中国旧话讲，算是陪葬某陵了。但他们陪葬的，不是拿王室的功臣做标准，是拿国家的人物做标准，所以政治家，学者，诗人，乃至名优，都在其列。入到寺中，自然令人肃然起敬，而且发出一种尚友古人的志气。我们拿着一本《向导录》要来按图索骥了。入门西便，劈头就是那廿四岁做大宰相的威廉比特遗像①，张开手正在那里演说。迎

---

① 威廉比特：今通译威廉·皮特（1708—1778），曾在1766—1768年任大不列颠王国首相。

面一位长发隆准的老头儿,哈哈!这就是我们读近世史时最熟的老朋友格兰斯顿呀!他和他的夫人,就在这底下作永久平和的安息。啊啊!这是奈端①,上头的墓志铭用拉丁文,Isaci Newtoni,连他名字的拼音都改了。当时受文艺复兴的影响,好古实在好得有趣。这是发明蒸汽的瓦特,这是生物学泰斗达尔文,这是非洲探险的立温斯敦②。这一带是政治家,大半自由党名士,这一带是诗人小说家,可惜我们学问固陋,记不起许多名字了。哈哈!这是谁?是 Sir 哈拔忒黎,是个唱索士比亚名剧的戏子③,因戏唱得好,国家赏他功劳,封他一个爵,大街上不是还有他的铜像吗?这是大画家尼尔拉,他是法国人呀!怎么也葬在此?他是十七八世纪时对于英国美术界最有功的,威士敏士达的外国人,算他独一无二了。这是罗拔比尔,这是哈布顿,这是拉沙尔,这是沙士勃雷,都是些大名鼎鼎的政治家,我实在应接不暇了。进到里层,许多王陵比外面是壮丽些,但我们对于他却没甚趣味,草草走过罢。嗳哟!这南廊北廊两位女王,一位伊里查白,一位马丽④。他们姐儿俩,生冤家死对头,一个要了一个的命,到了可也和解了,同在一个庙里双栖双宿。还有查理第二,当他在这里加冕的时候,大发雷霆,把那杀父之仇克林威尔寺内的坟掘了,后来克林威尔仍旧改葬迁回这寺,和他的陵也相去不远。啊啊!这才真叫做冤亲平等,一视同仁,可见这威士敏士达,并没认得甚么个人,只认得一个英国哩。

我们这一游,整整游了个下半天,真如太史公所谓"高山仰止,景行行止,想见其为人,低回留之,不能去焉"。我想我们外国人,一进此寺,尚且感动到这种田地,他们本国人该怎么样呢?威士敏士达,就是一种极严正的人格教育,就是一种极有活力的国民精神教育。教育是单靠学校吗?咦!我国民听呀!我国民听呀!

---

① 奈端:今通译牛顿,全名艾萨克·牛顿。
② 立温斯顿:今通译利文斯顿。
③ 索士比亚:今通译莎士比亚。
④ 伊里查白:今通译伊莉莎白,此指伊丽莎白一世。马丽:今通译玛丽。

"知不可而为"主义与"为而不有"主义

今天的讲题是两句很旧的话：一句是"知其不可而为之"，一句是"为而不有"。现在按照八股的作法，把他分作两股讲。

诸君读我的近二十年来的文章，便知道我自己的人生观是拿两样事情做基础：（一）"责任心"，（二）"兴味"。人生观是个人的，各人有各人的人生观。各人的人生观不必都是对的，不必于人人都合宜。但我想：一个人自己修养自己，总须拈出个见解，靠他来安身立命。我半生来拿"责任心"和"兴味"这两样事情做我生活资粮，我觉得于我很是合宜。

我是感情最富的人，我对于我的感情都不肯压抑，听其尽量发展。发展的结果常常得意外的调和。"责任心"和"兴味"都是偏于感情方面的多，偏于理智方面的很少。

"责任心"强迫把大担子放在肩上是很苦的，"兴味"是很有趣的。二者在表面上恰恰相反，但我常把他调和起来。所以我的生活虽说一方面是很忙乱的，很复杂的；他方面仍是很恬静的，很愉快的。我觉得世上有趣的事多极了；烦闷，痛苦，懊恼，我全没有；人生是可赞美的，可讴歌的，有趣的。我的见解便是（一）孔子说的"知其不可而为之"和（二）老子的"为而不有"。

"知不可而为"主义、"为而不有"主义和近世欧美通行的功利主义根本反对。功利主义对于每做一件事之先必要问："为什么？"胡适《哲学史大纲》上讲墨子的哲学就是要问为什么。"为而不有"主义便爽快的答道："不为什么。"功利主义对于每做一件事之后必要问："有什么效果？""知不可而为"主义便答道："不管他有没有效果。"

今天讲的并不是诋毁功利主义。其实凡是一种主义皆有他的特点，不能以此非彼。从一方面看来，"知不可而为"主义，容易奖励无意识之冲动；"为而不有"主义，容易把精力消费于不经济的地方。这两种主义或者是中国物质文明进步之障碍，也未可知。但在人类精神生活上却有绝大的价值，我们应该发明他享用他。

"知不可而为"主义是我们做一件事明白知道他不能得着预料的效果，甚至于一无效果，但认为应该做的便热心做去。换一句话说，就是做事时候把成功与失败的念头都撇开一边，一味埋头埋脑的去做。

这个主义如何能成立呢？依我想：成功与失败本来不过是相对的名词。一般人所说的成功不见得便是成功，一般人所说的失败不见得便是失败，天下事有许多从此一方面看说是成功，从别一方面看也可说是失败；从目前看可说是成功，从将来看也可说是失败。此方乡下人没见过电话，你让他去打电话，他一定以为对墙讲话，是没效果的；其实他方面已经得到电话，生出效果了。再如乡下人看见电报局的人在那里乓乓乓乓的打电报，一定以为很奇怪，没效果的；其实我们从他的手里已经把华盛顿会议的消息得到了。照这样看来，成败既无定形，这"可"与"不可"不同的根本先自不能存在了。孔子说，"我则异于是，无可无不可。"他这句话似乎是很滑头；其实他是看出天下事无绝对的"可"与"不可"，即无绝对的成功与失败。别人心目中有"不可"这两个字，孔子却完全没有。"知不可而为"本来是晨门批评孔子的话，映在晨门眼帘上的孔子是"知不可而为"。实际上的孔子是"无可无不可而为"罢了。这是我的第一层的解释。

进一步讲，可以说宇宙间的事绝对没有成功，只有失败。成功这个名词，是表示圆满的观念，失败这个名词，是表示缺陷的观念。圆满就是宇宙进化的终点，到了进化终点，进化便休止；进化休止不消说是连生活都休止了。所以平常所说的成功与失败不过是指人类活动休息的一小段落。比方我今天讲演完了，就算是我的成功；你们听完了，就算是你们的成功。

到底宇宙有圆满之期没有，到底进化有终止的一天没有？这仍是人类生活的大悬案，这场官司从来没有解决，因为没有这类的裁判官。据孔子的眼光看来，这是六合以外的事，应该"存而不论"。此种问题和"上帝之有无"是一样不容易解决的。我们不是超人，所以不能解决超人的问题。人不能自举其身，我们又何能拿人生以外的问题来解决人生的问题？人生是宇宙的小段片，孔子不讲超人的人生，只从小段片里讲人生。

人类在这条无穷无尽的进化长途中，正在发脚蹒跚而行；自有历史以来，不过在这条路上走了一点，比到宇宙圆满时候，还不知差几万万年哩！现在我们走的只是像体操教员刚叫了一声"开步走！"就想要得到多少万万年后的成功，岂非梦想？所以谈成功的人不是骗别人，简直是骗自己！

就事业上讲，说什么周公致太平，说什么秦始皇统一天下，说什么释迦牟尼普渡众生。现在我们看看周公所致的太平到底在那里？大家说是周公的成功，其实是他的失败。"六王毕，四海一"这是说秦始皇统一天下了，但仔细看看，他所统一的到底在那里？并不是说他传二世而亡，他的一分家当完了，就算失败；只看从他以后，便有楚汉之争，三国分裂，五胡乱华，唐之藩镇，宋之辽金，就现在说，又有督军之割据，他的统一之功算成了吗？至于释迦牟尼，不但说没普渡了众生，就是当时的印度人，也未全被他普渡。所以世人所说的一般大成功家，实在都是一般大失败家。再就学问上讲，牛顿发明引力，人人都说是科学上的大成功，但自爱斯坦之相对论出，而牛顿转为失败；其实牛顿本没成功，不过我们没有见到就是了。近两年来欧美学界颂扬爱斯坦成功之快之大，无比矣！我们没学问，不配批评，只配跟着讴歌，跟着崇拜！但照牛顿的例看来，他也算是失败。所以无论就学问上讲，就事实上讲，总一句话说：只有失败的，没有成功的。

人在无边的"宇"（空间）中，只是微尘，不断的"宙"（时间）中，只是段片。一个人无论能力多大，总有做不完的事，做不完的便留交后人。这好像一人忙极了，有许多事做不完，只好说"托别人做吧！"一人想包做一切事，是不可能的，不过从全体中抽出几万万分之一点做做而已。但这如何能算是成功？若就时间论，一人所做的一段片，正如"抽刀断水水更流"，也不得叫做成功。

孔子说"死而后已"，这个人死了那个人来继续。所以说继继绳绳，始能成大的路程。天下事无不可，天下事无成功。

然而人生这件事却奇怪的很：在无量数年中，无量数人，所做的无量数事，个个都是不可，个个都是失败，照数学上零加零仍等于零的规律讲，合起来应该是个大失败，但许多的"不可"加起来却是一个"可"，许多的"失败"加起来却是一个"大成功"。这样看来也可说是上帝生人就是教人作失败事的，你想不失败吗？那除非不做事。但我们的生活便是事，起居饮食也是事，言谈思虑也是事，我们能到不做事的地步吗？要想不做事，除非不做人。佛劝人不做事，便是劝人不做人。如果不能不做人，非做事不可。这样看来，普天下事都是"不可而为"的事，普天下人都是"不可而为"的人。不过孔子是"知不可而为"，一般人是"不知不可而为"罢了。

"不知不可而为"的人，遇事总要计算计算某事可成功，某事必失败；可成功的便去做，必失败的便躲避。自以为算盘打对了，其实全是自己骗自己，计算的总结与事实绝对不能相应。成败必至事后始能下判断的。若事前横计算竖计算，反减少人作事的勇气。在他挑选趋避的时候，十件事至少有八件事因为怕失败，不去做了。

算盘打得精密的人，看着要失败的事都不敢做，而为势所迫，又不能不勉强去做，故常说"要失败啦！我本来不愿意做，不得已啦！"他有无限的忧疑，无限的惊恐，终日生活在摇荡苦恼里。算盘打得不精密的人，认为某件事要成功，所以在短时间内欢喜鼓舞的做去，到了半路上忽然发现他的成功希望是空的，或者做到结尾，不能成功的真相已经完全暴露，于是千万种烦恼悲哀都凑上来了。精密的人不敢做，不想做，而又不能不做，结果固然不好；但不精密的人，起初喜欢去做，继后失败了灰心丧气的不做，比前一类人更糟些。

人生在世界是混混沌沌的，从这种境界里过数十年，那末，生活便只有可悲，更无可乐。我们对于"人生"真可以诅咒。为什么人来世上作消耗面包的机器呢？若是怕没人吃面包，何不留以待虫类呢？这样的人生可真没一点价值了。

"知不可而为"的人怎样呢？头一层：他预料的便是失败；他的预算册子上件件都先把"失败"两个字摆在当头，用不着什么计算不计算，拣择不拣择。所以孔子一生一世只是："毋意！毋必！毋固！毋我！""意"是事前猜度，"必"是先定其成败，"固"是先有成见，"我"是为我。孔子的意思就是人不该猜度，不该先定事之成败，不该先有成见，不该为着自己。第二层：我们既做了人，做了人既然不能不生活，所以不管生活是段片也罢，是微尘也罢，只要在这微尘生活、段片生活里，认为应该做的，便大踏步的去做，不必打算，不必犹豫。

孔子说："无适也，无莫也，义之与比。"又说："鸟兽不可与同群，吾非斯人之徒欤而谁欤？天下有道丘不与易也。"这是绝对自由的生活。假设一个人常常打算何事应做，何事不应做，他本来想到街上散步，但一念及汽车撞死人，便不敢散步；他看见飞机很好，也想坐一坐，但一念及飞机摔死人，便不敢坐，这类人是自己禁住自己的自由了。要是外人剥夺自己的自由，自己还可以恢复；要是自己禁住自己的自由，可就不容易恢复了。"知不可而为"主义是使人将做事的自由大大的解放，不要作无为之打算，自己捆绑自己。

孔子说："智者不惑，仁者不忧，勇者不惧。"不惑就是明白，不忧就是快活，不惧就是壮健。反过来说，惑也，忧也，惧也，都是很苦的，人若生活于此中，简直是过监狱的生活。遇事先计画成功与失败，岂不是一世在疑惑之中？遇事先怕失败，一面做，一面愁，岂不是一世在忧愁之中？遇事先问失败了怎么样，岂不是一世在恐惧之中？

"知不可而为"的人，只知有失败，或者可以说他们用的字典里，从没有成功二字。那末，还有什么可惑可忧可惧呢？所以他们常把精神放在安乐的地方。所以一部《论语》，开宗明义便说，"不亦乐乎！""不亦悦乎！"用白话讲，便是"好呀！""好呀！"

孔子说："发愤忘食，乐以忘忧，不知老之将至。"可见他作事是自己喜欢的，并非有何种东西鞭策才作的，所以他不觉胡子已白了，还只管在那里做。他将人生观立在"知不可而为"上，所以事事都变成不亦乐乎，不亦悦乎，这种最高尚最圆满的人生，可以说是从"知不可而为"主义发生出来。我们如果能领会这种见解，即令不可至于乐乎悦乎的境地，至少也可以减去许多"惑""忧""惧"，将我们的精神放在安安稳稳的地位上。这样才算有味的生活，这样才值得生活。

第一股做完了，现在做第二股，仍照八股的做法，说几句过渡的话。"为而不有"主义与"知不可而为"主义，可以说是一个主义的两面。"知不可而为"主义可以说是"破妄返真"，"为而不有"主义可以说是"认真去妄"。"知不可而为"主义可使世界从烦闷至清凉，"为而不有"主义可使世界从极平淡上显出灿烂。

为而不有这句话，罗素解释的很好。他说人有两种冲动，（一）占有冲动，（二）创造冲动。这句话便是提倡人类的创造冲动的。他这些学说诸君谅已熟闻，不必我多讲了。

"为而不有"的意思是不以所有观念作标准，不因为所有观念始劳动。简单一句话，便是为劳动而劳动。这话与佛教说的"无我我所"相通。

常人每做一事，必要报酬，常把劳动当作利益的交换品，这种交换品只准自己独有，不许他人同有，这就叫做"为而有"。如求得金钱，名誉，因为"有"，才去"为"。有为一身有者，有为一家有者，有为一国有者。在老子眼中看来，无论为一身有，为一家有，为一国有，都算是为而有，都不是劳动的真目的。人生劳动应该不求报酬，你如果问他"为什么而劳动？"他便答道："不为什么。"再问"不为什么为什么劳动？"他便老老实实说"为劳动而劳动，为生活而生活"。

老子说"上人为之而无以为"。韩非子给他解释的很好："生于其心之所不能已，非求其为报也。"简单说来，便是无所为而为。既无所为，所以只好说为劳动而劳动，为生活而生活；也可说是劳动的艺术化，生活的艺术化。

老子还说"既以为人己愈有，既以与人己愈多。"这是说我要帮助人，自己却更有，不致损减；我要给人，自己却更多，不致损减。这话也可作为而不有的解释。按实说老子本来没存"有""无""多""少"的观念，不过假定差别相以示常人罢了。

在人类生活中，最有势的便是占有性。据一般人的眼光看来，凡是为人的好像己便无。例如楚汉争天下，楚若为汉，楚便无，汉若为楚，汉便无，韩信、张良帮汉高的忙谋皇帝，他们便无。凡是与人的好像己便少，例如我们到磁器铺子里买瓶子，一个瓶子，他要四元钱，我们只给他三元半，他如果卖了，岂不是少得五角？岂不是既以与人己便少吗？这似乎是和己愈有、己愈多的话相反。然自他一方面看来，譬如我今天讲给诸君听，总算与大家了，但我仍旧是有，并没减少。再如教员天天在堂上给大家讲，不特不能减其所有，反可得"教学相长"的益处。至若弹琴，唱歌给人听，也并没损失，且可使弹的唱的更加熟练。文学家，诗人，画家，雕刻家，慈善家，莫不如此。即就打算盘论，帮助人的虽无实利，也可得精神上的愉快。

老子又说"含德之厚，比于赤子，赤子终日号而不嘎，和之至也"。他的意思就是说成人应该和小孩子一样，小孩子天天在那里哭，小孩子并不知为什么而哭，无端的大哭一场，好像有许多痛心的事，其实并不为什么。成人亦然。问他为什么吃？答为饿。问他为什么饿？答为生理上必然的需要。再问他为什么生理上需要？他便答不出了。所以"为什么"是不能问的，如果事事问为什么，什么事都不能做了。

老子说"无为而无不为"，我们却只记得他的上半截的"无为"，把下半截的"无不为"忘掉了。这的确是大错。他的主义是不为什么，而什么都做了。并不是说什么都不做。要是说什么都不做，那他又何必讲五千言的《道德经》呢？"知不可而为"主义与"为而不有"主义都是要把人类无聊的计较一扫而空，喜欢做便做，不必瞻前顾后。所以归并起来，可以说这两种主义就是"无所为而为"主义，也可以说是生活的艺术化，把人类计较利害的观念，变为艺术的情感的。

这两种主义的概念，演讲完了。我很希望他发扬光大推之于全世界。但要实行这种主义须在社会组织改革以后。试看在俄国劳农政府之下，"知不可而为"和"为而不有"的人比从前多得多了。

社会之组织未变，社会是所有的社会，要想打破所有的观念，大非易事，因为人生在所有的社会上，受种种的牵掣，倘有人打破所有的观念，他立刻便缺乏生活的供给。比方作教员的，如果不要报酬，便立刻没有买书的费用。然假使有公共图书馆，教员又何必自己买书呢？中国人常喜欢自己建造花园，然而又没有钱，其势不得不用种种不正当的方法去找钱，这还不是由于中国缺少公共花园的缘故吗？假使中国仿照欧美建设许多极好看极精致的公共花园，他们自然不去另造了。所以必须到社会组织改革之后，对于公众有种种供给时，才能实行这种主义。

虽是这样说法，我们一方面希望求得适宜于这种主义的社会，一方面在所处的混浊的社会中，还得把这种主义拿来寄托我们的精神生活，使他站在安慰清凉的地方。我看这种主义恰似青年修养的一付清凉散。我不是拿空话来安慰诸君，也不是勉强去左右诸君，他的作用着实是如此的。

最后我还要对青年进几句忠告。老子说"宠辱不惊"。这句话最关重要。现在的一般青年或为宠而惊，或为辱而惊。然为辱而惊的大家容易知道，为宠而惊的大家却不易知道。或者为宠而惊的比较为辱而惊的人的人格更为低下也说不定。五四以来，社会上对于青年可算是宠极了，然根底浅薄的人，其所受宠的害，恐怕比受辱的害更大吧。有些青年自觉会做几篇文章，便以为满足；其实与欧美比一比，那算得什么学问，徒增了许多虚荣心罢了。他们在报上出风头，不过是为眼前利害所鼓动，为虚荣心所鼓动，别人说成功，他们便自以为成功，岂知天下没成功的事？这些都是被成败利钝的观念所误了。

古人的这两句话，我希望现在的青年在脑子里多转几转，把他当作失败中的鼓舞，烦闷中的清凉，困倦中的兴奋。

科学精神与东西文化

一

　　今日我感觉莫大的光荣，得有机会在一个关系中国前途最大的学问团体——科学社的年会来讲演。但我又非常惭愧而且惶恐，像我这样对于科学完全门外汉的人，怎样配在此讲演呢？这个讲题——《科学精神与东西文化》，是本社董事部指定要我讲的。我记得科学时代的笑话：有些不通秀才去应考，罚他先饮三斗墨汁，预备倒吊着滴些墨点出来。我今天这本考卷，只算倒吊着滴墨汁，明知一定见笑大方，但是句句话都是表示我们门外汉对于门内的"宗庙之美，百官之富"如何欣羡、如何崇敬、如何爱恋的一片诚意。我希望国内不懂科学的人或是素来看轻科学、讨厌科学的人，听我这番话得多少觉悟，那么，便算我个人对于本社一点贡献了。

　　近百年来科学的收获如此其丰富：我们不是鸟，也可以腾空；不是鱼，也可以入水；不是神仙，也可以和几百千里外的人答话……诸如此类，那一件不是受科学之赐？任凭怎么顽固的人，谅来"科学无用"这句话，再不会出诸口了。然而中国为什么直到今日还得不着科学的好处？直到今日依然成为"非科学的国民"呢？我想，中国人对于科学的态度，有根本不对的两点：

　　其一，把科学看太低了，太粗了。我们几千年来的信条，都说的"形而上者谓之道，形而下者谓之器"，"德成而上，艺成而下"这一类话。多数人以为：科学无论如何如何高深，总不过属于艺和器那部分，这部分原是学问的粗迹，懂得不算稀奇，不懂得不算耻辱。又以为：我们科学虽不如人,却还有比科学更宝贵的学问——什么超凡入圣的大本领,什么治国平天下的大经纶,件件都足以自豪,对于这些粗浅的科学,顶多拿来当一种补助学问就够了。因为这种故见横亘在胸中,所以从郭筠仙、张香涛这班提倡新学的先辈起①,都有两句自鸣得意的话,说什么"中学为体,西学为用"。这两句话现在虽然没有从前那么时髦了,但因为话里的精神和中国人脾胃最相投合,所以话的效力,直到今日,依然为变相的存在。老先生们不用说了,就算这几年所谓新思潮、所谓新文化运动,不是大家都认为蓬蓬勃勃有生气吗?试检查一检查他的内容,大抵最流行的莫过于讲政治上、经济上这样主义那样主义,我替他起个名字,叫做西装的治国平天下大经纶;次流行的莫过于讲哲学上、文学上这种精神那种精神,我也替他起个名字,叫做西装的超凡入圣大本领。至于那些脚踏实地平淡无奇的科学,试问有几个人肯去讲求?——学校中能够有几处像样子的科学讲座?有了,几个人肯去听?出版界能够有几部有价值的科学书,几篇有价值的科学论文?有了,几个人肯去读?我固然不敢说现在青年绝对的没有科学兴味,然而兴味总不如别方面浓。须知,这是积多少年社会心理遗传下来!对于科学,认为"艺成而下"的观念,牢不可破。直到今日,还是最爱说空话的人最受社会欢迎。做科学的既已不能如别种学问之可以速成,而又不为社会所尊重,谁肯埋头去学他呢?

其二,把科学看得太呆了,太窄了。那些绝对的鄙厌科学的人且不必责备,就是相对的尊重科学的人,还是十个有九个不了解科学性质。他们只知道科学研究所产结果的价值,而不知道科学本身的价值;他们只有数学、几何学、物理学、化学……等等概念,而没有科学的概念。他们以为学化学便懂化学,学几何便懂几何,殊不知并非化学能教人懂

---

① 郭筠仙:即郭嵩焘(1818—1891),字伯琛,号筠仙,清末外交官,中国首位驻外公使,洋务思想家。著有《史记札记》、《使西纪程》等,并曾主编光绪《湖南通志》。张香涛:即张之洞(1837—1909),号香涛等,清末洋务派代表人物之一。历任山西巡抚、湖广总督等职。有《张文襄公全集》传世。

化学，几何能教人懂几何，实在是科学能教人懂化学和几何。他们以为只有化学、数学、物理、几何……等等才算科学，以为只有学化学、数学、物理、几何……等等才用得着科学，殊不知所有政治学、经济学、社会会……等等，只要够得上一门学问的，没有不是科学。我们若不拿科学精神去研究，便做那一门子学问也做不成。中国人因为始终没有懂得"科学"这个字的意义，所以五十年前很有人奖励学制船、学制炮，却没有人奖励科学；近十几年学校里都教的数学、几何、化学、物理，但总不见教会人做科学。或者说，只有理科、工科的人们才要科学，我不打算当工程师，不打算当理化教习，何必要科学？中国人对于科学的看法大率如此。

我大胆说一句话：中国人对于科学这两种态度倘若长此不变，中国人在世界上便永远没有学问的独立，中国人不久必要成为现代被淘汰的国民。

二

科学精神是什么？我姑从最广义解释："有系统之真知识，叫做科学，可以教人求得有系统之真知识的方法，叫做科学精神。"这句话要分三层说明：

第一层，求真知识。知识是一般人都有的，乃至连动物都有。科学所要给我们的，就争一个"真"字。一般人对于自己所认识的事物，很容易便信以为真；但只要用科学精神研究下来，越研究便越觉求真之难。譬如说"孔子是人"，这句话不消研究，总可以说是真，因为人和非人的分别是很容易看见的。譬如说"老虎是恶兽"，这句话真不真便待考了。

欲证明他是真，必要研究兽类具备某种某种性质才算恶，看老虎果曾具备了没有？若说老虎杀人算是恶，为什么人杀老虎不算恶？若说杀同类算是恶，只听见有人杀人，从没听见老虎杀老虎，然则人容或可以叫做恶兽，老虎却绝对不能叫做恶兽了。譬如说"性是善"，或说"性是不善"，这两句话真不真，越发待考了。到底什么叫做"性"？什么叫做"善"？

两方面都先要弄明白。倘如孟子说的性咧、情咧、才咧，宋儒说的义理咧、气质咧，闹成一团糟，那便没有标准可以求真了。譬如说"中国现在是共和政治"，这句话便很待考。欲知他真不真，先要把共和政治的内容弄清楚，看中国和他合不合。譬如说"法国是共和政治"，这句话也待考。欲知他真不真，先要问"法国"这个字所包范围如何，若安南也算法国，这句话当然不真了。看这几个例，便可以知道，我们想对于一件事物的性质得有真知灼见，很是不容易。要钻在这件事物里头去研究，要绕着这件事物周围去研究，要跳在这件事物高处去研究，种种分析研究结果，才把这件事物的属性大略研究出来，算是从许多相类似容易混杂的个体中，发现每个个体的的特征。换一个方向，把许多同有这种特征的事物，归成一类，许多类归成一部，许多部归成一组，如是综合研究的结果，算是从许多各自分离的个体中，发现出他们相互间的普遍性。经过这种种工夫，才许你开口说"某件事物的性质是怎么样"。这便是科学第一件主要精神。

第二层，求有系统的真知识。知识不但是求知道一件事物便了，还要知道这件事物和那件事物的关系，否则零头断片的知识全没有用处。知道事物和事物相互关系，而因此推彼，得从所已知求出所未知，叫做有系统的知识。系统有二：一竖，二横。横的系统，即指事物的普遍性——如前段所说。竖的系统，指事物的因果律——有这件事物，自然会有那件事物；必须有这件事物，才能有那件事物；倘若这件事物有如何如何的变化，那件事物便会有或才能有如何如何的变化；这叫做因果律。明白因果，是增加新知识的不二法门，因为我们靠他，才能因所已知，推见所未知；明白因果，是由知识进到行为的向导，因为我们预料结果如何，可以选择一个目的做去。虽然，因果是不轻易谈的：第一，要找得出证据；第二，要说得出理由。因果律虽然不能说都要含有"盖然性"，但总是愈逼近"必然性"愈好，最少也要含有很强的"盖然性"，倘若仅属于"偶然性"的便不算因果律。

譬如说："晚上落下去的太阳，明早上一定再会出来。"说："倘若把水煮过了沸度，他一定会变成蒸汽。"这等算是含有必然性，因为我们积千千万万回的经验，却没有一回例外；而且为什么如此，可以很明白说出理由来。譬如说："冬天落去的树叶，明年春天还会长出来。"这句话便待考。因为再长出来的并不是这块叶，而且这树也许碰着别的变故再也长不出叶来。譬如说："西边有虹霓，东边一定有雨。"这句话越发待考。因为虹霓不是雨的原因，他是和雨同一个原因，或者还是雨的结果。翻过来说："东边有雨，西边一定有虹霓。"这句话也待考。因为雨虽然可以为虹霓的原因，却还须有别的原因凑拢在一处，虹霓才会出来。譬如说："不孝的人要着雷打。"这句话便大大待考。因为虽然我们也曾听见某个不孝人着雷，但不过是偶然的一回，许多不孝的人不见得都着雷，许多着雷的东西不见得都不孝；而且宇宙间有个雷公会专打不孝人，这些理由完全说不出来。譬如说："人死会变鬼。"这句话越发大大待考。因为从来得不着绝对的证据，而且绝对的说不出理由。譬如说："治极必乱，乱极必治。"这句话便很要待考。因为我们从中国历史上虽然举出许多前例，但说治极是乱的原因，乱极是治的原因，无论如何，总说不下去。譬如说："中国行了联省自治制后，一定会太平。"这话也待考。因为联省自治虽然有致太平的可能性，无奈我们未曾试过。

看这些例，便可知我们想应用因果律求得有系统的知识，实在不容易。总要积无数的经验——或照原样子继续忠实观察，或用人为的加减改变试验，务找出真凭实据，才能确定此事物与彼事物之关系。这还是第一步。再进一步，凡一事物之成毁，断不止一个原因，知道甲和乙的关系还不够，又要知道甲和丙、丁、戊……等等关系。原因之中又有原因，想真知道乙和甲的关系，便须先知道乙和庚、庚和辛、辛和壬……等等关系。不经过这些工夫，贸贸然下一个断案，说某事物和某事物有何等关系，便是武断，便是非科学的。科学家以许多有证据的事实为基础，逐层逐层看出他们的因果关系，发明种种含有必然性或含有极强盖然性的原则，好像拿许多结实麻绳组织成一张网，这网愈织愈大，渐渐的函盖到这一组知识的全部，便成了一门科学。这是科学第二件主要精神。

第三层，可以教人的知识。凡学问有一个要件，要能"传与其人"。人类文化所以能成立，全由于一人的知识能传给多数人，一代的知识能传给次代。我费了很大的工夫得一种新知识，把他传给别人，别人费比较小的工夫承受我的知识之全部或一部，同时腾出别的工夫又去发明新知识。如此教学相长，递相传授，文化内容，自然一日一日的扩大。倘若知识不可以教人，无论这项知识怎样的精深博大，也等于"人亡政息"，于社会文化绝无影响。中国凡百学问，都带一种"可以意会，不可以信传"的神秘性，最足为知识扩大之障碍。例如医学，我不敢说中国几千年没有发明，而且我还信得过确有名医。但总没有法传给别人，所以今日的医学，和扁鹊、仓公时代一样，或者还不如。又如修习禅观的人，所得境界，或者真是圆满庄严。但只好他一个人独享，对于全社会文化竟不发生丝毫关系。中国所有学问的性质。大抵都是如此。这也难怪。中国学问，本来是由几位天才绝特的人"妙手偶得"——本来不是按步就班的循着一条路去得着，何从把一条应循之路指给别人？科学家恰恰相反，他们一点点知识，都是由艰苦经验得来；他们说一句话总要举出证据，自然要将证据之如何搜集、如何审定一概告诉人；他们主张一件事总要说明理由，理由非能够还原不可，自然要把自己思想经过的路线，顺次详叙。所以别人读他一部书或听他一回讲义，不惟能够承受他研究所得之结果，而且一并承受他如何能研究得此结果之方法，而且可以用他的方法来批评他的错误。方法普及于社会，人人都可以研究，自然人人都会有发明。这是科学第三件主要精神。

三

中国学术界，因为缺乏这三种精神，所以生出如下之病症：

一、笼统。标题笼统——有时令人看不出他研究的对象为何物。用语笼统——往往一句话容得几方面解释。思想笼统——最爱说大而无当不着边际的道理，自己主张的是什么，和别人不同之处在那里，连自己也说不出。

二、武断。立说的人，既不必负找寻证据、说明理由的责任，判断下得容易，自然流于轻率。许多名家著述，不独违反真理而且违反常识的，往往而有。既已没有讨论学问的公认标准，虽然判断谬误，也没有人能驳他，谬误便日日侵蚀社会人心。

三、虚伪。武断还是无心的过失。既已容许武断，便也容许虚伪。虚伪有二：一、语句上之虚伪。如隐匿真证、杜撰假证或曲说理由等等。二、思想内容之虚伪。本无心得，貌为探秘，欺骗世人。

四、因袭。把批评精神完全消失，而且没有批评能力，所以一味盲从古人，剽窃些绪余过活。所以思想界不能有弹力性，随着时代所需求而开拓，倒反留着许多沉淀废质，在里头为营养之障碍。

五、散失。间有一两位思想伟大的人，对于某种学术有新发明，但是没有传授与人的方法，这种发明，便随着本人的生命而中断。所以他的学问，不能成为社会上遗产。

以上五件，虽然不敢说是我们思想界固有的病症，这病最少也自秦汉以来受了二千年。我们若甘心抛弃文化国民的头衔，那更何话可说！若还舍不得吗？试想，二千年思想界内容贫乏到如此，求学问的途径闭塞到如此，长此下去，何以图存？想救这病，除了提倡科学精神外，没有第二剂良药了。

我最后还要补几句话：我虽然照董事部指定的这个题目讲演，其实科学精神之有无，只能用来横断新旧文化，不能用来纵断东西文化。若说欧美人是天生成科学的国民，中国人是天生成非科学的国民，我们可绝对的不能承认。拿我们战国时代和欧洲希腊时代比较，彼此都不能说是有现代这种崭新的科学精神，彼此却也没有反科学的精神。秦汉以后，反科学精神弥漫中国者二千年；罗马帝国以后，反科学精神弥漫于欧洲者也一千多年。两方比较，我们隋唐佛学时代，还有点"准科学的"精神不时发现，只有比他们强，没有比他们弱。我所举五种病症，当他们教会垄断学问时代，件件都有；直到文艺复兴以后，渐渐把思想界的健康恢复过来，所谓科学者，才种下根苗；讲到枝叶复苏，华实烂漫，不过最近一百年内的事。一百年的先进后进，在历史上值得计较吗？只要我们不讳疾忌医，努力服这剂良药，只怕将来升天成佛，未知谁先谁后哩！我祝祷科学社能做到被国民信任的一位医生，我祝祷中国文化添入这有力的新成分，再放异彩！

文化杂谈

东南大学课毕告别辞

　　诸君，我在这边讲学半年，大家朝夕在一块儿相处，我很觉得快乐。并且因为我任有一定的功课，也催逼着我把这部十万余言的《先秦政治思想史》著成，不然，恐怕要等到十年或十余年之后。中间不幸身体染有小病，即今还未十分复原，我常常恐怕不能完课，如今幸得讲完了。这半年以来，听讲的诸君，无论是正式选课或是旁听，都是始终不曾旷课，可以证明诸君对于我所讲有十分兴味。今当分别，彼此实在很觉得依恋难舍，因为我们这半年来，彼此人格上的交感不少。最可惜者，因为时间短促，以致仅有片面的讲授，没有相互的讨论，所谓"教学相长"，未能如愿做到。今天为这回最末的一次讲演，当作与诸君告别之辞。

　　诸君千万不要误解，说梁某人是到这边来贩卖知识。我自计知识之能贡献于诸君者实少。知识之为物，实在是无量的广漠，谁也不能说他能给谁以绝对不易的知识，顶多，亦只承认他有相对的价值。即如讲奈端罢，从前总算是众口同词的认为可靠，但是现在，安斯坦又几乎完全将他推倒①。专门的知识，尚且如此，何况像我这种泛滥杂博的人，并没有一种专门名家的学问呢？所以切盼诸君，不要说我有一艺之长，讲的话便句句可靠。最多，我想，亦只叫诸君知道我自己做学问的方法。譬如诸君看书，平素或多忽略不经意的地方，必要寻着这个做学问的方法，乃能事半功倍。真正做学问，乃是找着方法去自求，不是仅看人家研究所得的结果。因为人家研究所得的结果，终是人家的，况且所得

---

① 安斯坦：今通译爱因斯坦。

的，也未必都对。讲到此处，我有一个笑话告诉诸君。记得某一本小说里说："吕纯阳下山觅人传道，又不晓得谁是可传，他就设法来试验。有一次，在某地方，遇着一个人，吕纯阳登时将手一指，点石成金。就问那个人要否？那人只摇着头，说不要。吕纯阳再点一块大的试他，那人仍是不为所动。吕纯阳心里便十分欢喜，以为道有可传的人了；但是还恐怕靠不住，再以更大的金块试他，那人果然仍是不要。吕纯阳便问他不要的原因，满心承望他答复一个热心向道。那晓得那人不然，他说，我不要你点成了的金块，我是要你那点金的指头，因为有了这指头，便可以自由点用。"这虽是个笑话，但却很有意思。所以很盼诸君，要得着这个点石成金的指头——做学的方法，那么，以后才可以自由探讨，并可以辩正师傅的是否。教拳术的教师，最少要希望徒弟能与他对敌，学者亦当悬此为鹄，最好是要青出于蓝而胜于蓝。若仅仅是看前人研究所得，而不自行探讨，那么，得一便不能知其二。且取法乎上，得仅在中，这样，学术岂不是要一天退化一天吗？人类知识进步，乃是要后人超过前人。后人应用前人的治学方法，而复从旧方法中，开发出新方法来，方法一天一天的增多，便一天一天的改善，拿着改善的新方法去治学，自然会优于前代。我个人的治学方法，或可以说是不错，我自己应用来也有些成效，可惜这次全部书中所说的，仍为知识的居多，还未谈做学的方法。倘若诸君细心去看，也可以寻找得出来。既经找出，再循着这方法做去，或者更能发现我的错误，或是来批评我，那就是我最欢喜的。

我今天演讲，不是关于知识方面的问题。诚然，知识在人生地位上，也是非常紧要，我从来并未将他看轻。不过，若是偏重知识，而轻忽其他人生重要之部，也是不行的。现在中国的学校，简直可说是贩卖知识的杂货店，文、哲、工、商，各有经理，一般来求学的，也完全以顾客自命。固然欧美也同坐此病，不过病的深浅，略有不同。我以为长此以往，一定会发生不好的现象。中国现今政治上的窳败，何尝不是前二十年教育不良的结果。盖二十年前的教育，全采用日德的军队式，并且仅能袭取皮毛，以至造成今日一般无自动能力的人。现在哩，教育是完全换了路了，美国式代日式、德式而兴，不出数年，我敢说是全部要变成美国化，或许我们这里——东南大学——就是推行美化的大本营。美国式的教育，诚然是比德国式、日本式的好，但是毛病还很多，不是我们理想之鹄。英人罗素回国后，颇艳称中国的文化，发表的文字很多，他非常盼望我们这占全人类四分之一的特殊民族，不要变成了美国的"丑化"。这一点可说是他看得很清楚。美国人切实敏捷，诚然是他们的长处，但是中国人即使全部将他移植过来，使纯粹变成了一个东方的美国，漫讲没有这种可能，即能，我不知道诸君怎样，我是不愿的。因为倘若果然如此，那真是罗素所说的，把这有特质的民族，变成了丑化了。我们看得很清楚，今后的世界，决非美国式的教育所能域领。现在多数美国的青年，而且是好的青年，所作何事？不过是一生到死，急急忙忙的，不任一件事放过。忙进学校，忙上课，忙考试，忙升学，忙毕业，忙得文凭，忙谋事，忙花钱，忙快乐，忙恋爱，忙结婚，忙养儿女，还有最后一忙——忙死。他们的少数学者，如詹姆士之流，固然总想为他们别开生面，但是大部分已经是积重难返。像在这种人生观底下过活，那么，千千万万人，前脚接后脚的来这世界上走一趟，住几十年，干些什么哩？唯一无二的目的，岂不是来做消耗面包的机器吗？或是怕那宇宙间的物质运动的大轮子，缺了发动力，特自来供给他燃料。果真这样，人生还有一毫意味吗？人类还有一毫价值吗？现在全世界的青年，都因此无限的悽惶失望。知识愈多，沉闷愈苦。中国的青年，尤为利害，因为政治社会不安宁，家国之累，较他人为甚，环顾宇内，精神无可寄托。从前西人唯一维系内心之具，厥为基督教，但是科学昌明后，第一个致命伤，便是宗教。从前在苦无可诉的时候，还得远远望着冥冥的天堂；现在呢，知道了，人类不是什么上帝创造，天堂更渺不可凭，这种宗教的麻醉剂，已是无法存在。讲到哲学吗，西方的哲人，素来只是高谈玄妙，不得真际，所足恃为人类安身立命之具，也是没有。再如讲到文学吗，似乎应该少可慰藉，但是欧美现代的文学，完全是刺戟品，不过叫人稍醒麻木，但一切耳目口鼻所接，都足陷人于疲敝，刺戟一次，疲麻的程度又增加一次。如吃辣椒然，寖假而使舌端麻木到极点，势非取用极辣的胡椒来刺戟不可。这种刺戟的功用，简直如有烟癖的人，把鸦片或吗啡提精神一般。虽精神或可暂时振起，但是这种精神，不是鸦片和吗啡带得来的，是预支将来的精神。所以说，一次预支，一回减少；一番刺戟，一度疲麻。现在他们的文学，只有短篇的最合胃口，小诗两句或三句，戏剧要独幕的好。至于荷马、但丁，屈原、宋玉，那种长篇的作品，可说是不曾理会。因为他们碌碌于舟车中，时间来不及，目的只不过取那种片时的刺戟，大大小小，都陷于这种病的状态中。所以他们一般有先见的人，都在遑遑求所以疗治之法。我们把这看了，那么，虽说我们在学校应求西学，而取舍自当有择，若是不问好歹，无条件的移植过来，岂非人家饮鸩，你也随着服毒？可怜可笑孰甚！

近来，国中青年界很习闻的一句话，就是"知识饥荒"，却不晓得，还有一个顶要紧的"精神饥荒"在那边。中国这种饥荒，都闹到极点，但是只要我们知道饥荒所在，自可想方法来补救。现在精神饥荒，闹到如此，而人多不自知，岂非危险？一般教导者，也不注意在这方面提倡，只天天设法怎样将知识去装青年的脑袋子，不知道精神生活完全，而后多的知识才是有用。苟无精神生活的人，为社会计，为个人计，都是知识少装一点为好。因为无精神生活的人，知识愈多，痛苦愈甚，作歹事的本领也增多。例如黄包车夫，知识粗浅，他决没有有知识的青年这样的烦闷，并且作恶的机会也很少。大奸慝的卖国贼，都是智识阶级的人做的。由此可见，没有精神生活的人，有知识实在危险。盖人苟无安身立命之具，生活便无所指归，生理心理，并呈病态。试略分别言之：就生理言，阳刚者必至发狂自杀，阴柔者自必委靡沉溺。再就心理言，阳刚者便悍然无顾，充分的恣求物质上的享乐，然而欲望与物质的增加率，相竞腾升，故虽有妻妾官室之奉，仍不觉快乐；阴柔者便日趋消极，成了一个竞争场上落伍的人，悽惶失望，更为痛苦。故谓精神生活不全，为社会，为个人，都是知识少点的为好。因此我可以说为学的首要，是救精神饥荒。

救济精神饥荒的方法，我认为东方的——中国与印度——比较最好。东方的学问，以精神为出发点；西方的学问，以物质为出发点。救知识饥荒，在西方找材料；救精神饥荒，在东方找材料。东方的人生观，无论中国、印度，皆认物质生活为第二位；第一，就是精神生活。物质生活，仅视为补助精神生活的一种工具，求能保持肉体生存为已足，最要，在求精神生活的绝对自由。精神生活，贵能对物质界宣告独立，至少，要不受其牵掣。如吃珍味，全是献媚于舌，并非精神上的需要，劳苦许久，仅为一寸软肉的奴隶，此即精神不自由。以身体全部论，吃面包亦何尝不可以饱？甘为肉体的奴隶，即精神为所束缚，必能不承认舌——一寸软肉为我，方为精神独立。东方的学问道德，几全部是教人如何方能将精神生活，对客观的物质或己身的肉体宣告独立。佛家所谓解脱，近日所谓解放，亦即此意。客观物质的解放尚易，最难的为自身——耳目口鼻……的解放。西方言解放，尚不及此，所以就东方先哲的眼光看去，可以说是浅薄的，不彻底的。东方的主要精神，即精神生活的绝对自由。

求精神生活绝对自由的方法，中国、印度不同。印度有大乘、小乘不同，中国有儒、墨、道各家不同。就讲儒家，又有孟、荀、朱、陆的不同，任各人性质机缘之异，而各择一条路走去。所以具体的方法，很难讲出。且我用的方法，也未见真是对的，更不能强诸君从同。但我自觉烦闷时少，自二十余岁到现在，不敢说精神已解脱，然所以烦闷少，也是靠此一条路，以为精神上的安慰。至于先哲教人救济精神饥荒的方法，约有两条：

（一）裁抑物质生活，使不得猖獗，然后保持精神生活的圆满。如先平盗贼，然后组织强固的政府。印度小乘教，即用此法；中国墨家，道家的大部，以及儒家程朱，皆是如此。以程朱为例，他们说的持敬制欲，注重在应事接物上裁抑物质生活，以求达精神自由的境域。

（二）先立高尚美满的人生观，自己认清楚将精神生活确定，靠其势力以压抑物质生活。如此，不必细心检点，用拘谨功夫，自能达到精神生活绝对自由的目的。此法可谓积极的，即孟子说："先立乎其大者，则其小者不能夺也。"不主张一件一件去对付，且不必如此。先组织强固的政府，则地方自安，即有小丑跳梁，不必去管，自会消灭，如雪花飞近大火，早已自化了。此法佛家大乘教，儒家孟子、陆王皆用之，所谓"浩然之气"，即是此意。

以上二法，我不过介绍与诸君，并非主张诸君一定要取某种方法。两种方法虽异，而认清精神要解脱这一点却同。不过说青年时代应用的，现代所适用的，我以为采积极的方法较好，就是先立定美满的人生观，然后应用之以处世。至于如何的人生观方为美满，我却不敢说。因为我的人生观，未见得真是对的；恐怕能认清最美满的人生观，只有孔子、释迦牟尼有此功夫。我现在将我的人生观讲一讲，对不对，好不好，另为一问题。

我自己的人生观，可以说是从佛经及儒书中领略得来。我确信儒家、佛家有两大相同点：

（一）宇宙是不圆满的，正在创造之中，待人类去努力，所以天天流动不息，常为缺陷，常为未济。若是先已造成——既济的，那就死了，固定了。正因其在创造中，乃如儿童时代，生理上时时变化，这种变化，即人类之努力。除人类活动以外，无所谓宇宙。现在的宇宙，离光明处还远，不过走一步比前好一步，想立刻圆满，不会有的；最好的境域——天堂，大同，极乐世界——不知在几千万年之后，决非我们几十年生命所能做到的。能了解此理，则做事自觉快慰。以前为个人、为社会做事，不成功或做坏了，常感烦闷；明乎此，知做事不成功，是不足忧的。世界离光明尚远，在人类努力中，或偶有退步，不过是一现相。譬如登山，虽有时下，但以全部看，仍是向上走。青年人烦闷，多因希望太过，知政治之不良，以为经一次改革，即行完满；及屡试而仍有缺陷，于是不免失望。不知宇宙的缺陷正多，岂是一步可升天的？失望之因，即根据于奢望过甚。《易经》说："乐则行之，忧则违之，确乎其不可拔。"此言甚精采。人要能如此看，方知人生不能不活动；而有活动，却不必往结果处想，最要不可有奢望。我相信孔子即是此人生观，所以"发愤忘食，乐以忘忧，不知老之将至"。他又说："智者乐水，仁者乐山；智者动，仁者静；智者乐，仁者寿。"天天快活，无一点烦闷气象，这是一件最重要的事。

（二）人不能单独存在，说世界上那一部分是我，很不对的。所以孔子"毋我"，佛家亦主张"无我"。所谓无我，并不是将固有的我压下或抛弃，乃根本就找不出我来。如说几十斤的肉体是我，那么，科学发明，证明我身体上的原质，也在诸君身上，也在树身上。如说精神的某部分是我，我敢说今天我讲演，我已跑入诸君精神里去了，常住学校中许多精神，变为我的一部分。读孔子的书及佛经，孔、佛的精神，又有许多变为我的一部分。再就社会方面说，我与我的父母妻子，究竟有若干区别，许从人——不必尽是纯孝——看父母比自己还重要，此即我父母将我身之我压小。又如夫妇之爱，有妻视其夫，或夫视其妻，比己身更重。然而何为我呢？男子为我，抑女子为我，实不易分，故彻底认清我之界限，是不可能的事。（此理佛家讲得最精，惜不能多说。）世界上本无我之存在，能体会此意，则自己作事，成败得失，根本没有。佛说："有一众生不成佛，我不成佛。""我不入地狱，谁入地狱？"至理名言，洞若观火。孔子也说："诚者非但诚己而已也。……"将为我的私心扫除，即将许多无谓的计较扫除，如此，可以做到"仁者不忧"的境域；有忧时，就是"先天下之忧而忧"，为人类——如父母、妻子、朋友、国家、世界——而痛苦。免除私忧，即所以免烦恼。

我认东方宇宙未济、人类无我之说，并非伦理学的认识，实在如此。我用功虽少，但时时能看清此点，此即我的信仰。我常觉快乐，悲愁不足扰我，即此信仰之光明所照。我现已年老，而趣味淋漓，精神不衰，亦靠此人生观。至于我的人生观，对不对，好不好，或与诸君的病合不合，都是另外一问题。我在此讲学，并非对于诸君有知识上的贡献；有呢，就在这一点。好不好，我自己也不知道。不过，诸君要知道自己的精神饥荒，要找方法医治；我吃此药，觉得有效，因此贡献诸君采择。世界的将来，要靠诸君努力！

人生观与科学
——对于张、丁论战的批评（其一）①

一

张君劢在清华学校演说一篇《人生观》，惹起丁在君做了一篇《玄学与科学》和他宣战。我们最亲爱的两位老友，忽然在学界上变成对垒的两造。我不免也见猎心喜，要把我自己的意见写点出来助兴了。

当未写以前，要先声叙几句话：

第一，我不是加在那一造去"参战"，也不是想斡旋两造做"调人"，尤其不配充当"国际法庭的公断人"。我不过是一个观战的新闻记者，把所视察得来的战况随手批评一下便了。读者还须知道，我是对于科学、玄学都没有深造研究的人。我所批评的一点不敢自以为是。我两位老友以及其他参战人、观战人，把我的批评给我一个心折的反驳，我是最欢迎的。

第二，这回战争范围，已经蔓延得很大了，几乎令观战人应接不暇。我为便利起见，打算分项批评。做完这篇之后，打算还跟着做几篇：（一）科学的知识论与所谓"玄学鬼"。（二）科学教育与超科学教育。（三）论战者之态度……等等。但到底做几篇，要看我趣味何如，万一兴尽，也许不做了。

第三，听说有几位朋友都要参战，本来想等读完了各人大文之后再下总批评，但头一件，因技痒起来等不得了；第二件，再多看几篇，也

---

① 张、丁：指张君劢和丁文江（字在君），他们引发的人生观与科学的论争在当时影响很大。

许"崔颢题诗"叫我搁笔①，不如随意见到那里说到那里。所以这一篇纯是对于张、丁两君头一次交绥的文章下批评，他们二次彼此答辩的话，只好留待下次。其余陆续参战的文章，我很盼早些出现，或者我也有继续批评的光荣，或者我要说的话被人说去，或者我未写出来的意见已经被人驳倒，那末，我只好不说了。

二

凡辩论先要把辩论对象的内容确定：先公认甲是什么乙是什么，才能说到甲和乙的关系何如。否则一定闹到"驴头不对马嘴"，当局的辩论没有结果，旁观的越发迷惑。我很可惜君劢这篇文章，不过在学校里随便讲演，未曾把"人生观"和"科学"给他一个定义。在君也不过拈起来就驳。究竟他们两位所谓"人生观"、所谓"科学"，是否同属一件东西，不惟我们观战人摸不清楚，只怕两边主将也未必能心心相印哩。我为替读者减除这种迷雾起见，拟先规定这两个名词的内容如下：

（一）人类从心界、物界两方面调和结合而成的生活，叫做"人生"。我们悬一种理想来完成这种生活，叫做"人生观"。（物界包含自己的肉体及己身以外的人类，乃至己身所属之社会等等。）

（二）根据经验的事实，分析综合，求出一个近真的公例，以推论同类事物，这种学问叫做"科学"。（应用科学改变出来的物质或建设出来的机关等等，只能谓之"科学的结果"，不能与"科学"本身并为一谈。）

我解释这两个名词的内容，不敢说一定对。假令拿以上所说做个标准，我的答案便如下："人生问题，有大部分是可以——而且必要用科学方法来解决的。却有一小部分——或者还是最重要的部分是超科学的。"因此我对于君劢、在君的主张，觉得他们各有偏宕之处。今且先驳君劢。

---

① 崔颢题诗：传说李白游黄鹤楼，见崔颢题词，遂打消了题词念头，并说："眼前有景道不得，崔颢题诗在上头。"

君劢既未尝高谈"无生"，那么，无论尊重心界生活到若何程度，终不能说生活之为物，能够脱离物界而单独存在。既涉到物界，自然为环境上——时间空间——种种法则所支配，断不能如君劢说的那么单纯，专凭所谓"直觉的""自由意志的"来片面决定。君劢列举"我对非我"之九项，他以为不能用科学方法解答者，依我看来十有八九倒是要用科学方法解答。他说："忽君主忽民主，忽自由贸易忽保护贸易……等等，试问论理学公例何者能证其合不合乎？"其意以为这类问题既不能骤然下一个笼统普遍的断案，便算屏逐在科学范围以外。殊不知科学所推寻之公例乃是：（一）在某种条件之下，会发生某种现象。（二）欲变更某种现象，当用某种条件。笼统普遍的断案，无论其不能，即能，亦断非科学之所许。若仿照君劢的论调，也可以说："忽衣裘忽衣葛，忽附子玉桂忽大黄芒硝……，试问论理学公例何者能证其合不合乎？"然则连衣服、饮食都无一定公例可以支配了，天下有这种理吗？殊不知科学之职务不在绝对的普遍的证明衣裘衣葛之孰为合孰为不合，他却能证明某种体气的人在某种温度之下非衣裘或衣葛不可。君劢所列举种种问题，正复如此。若离却事实的基础，劈地凭空说君主绝对好，民主绝对好，自由贸易绝对好，保护贸易绝对好……，当然是不可能。却是在某种社会结合之下宜于君主，在某种社会结合之下宜于民主，在某种经济状态之下宜自由贸易，在某种经济状态之下宜保护贸易，……那么，论理上的说明自然是可能，而且要绝对的尊重。君劢于意云何？难道能并此而不承认吗？总之，凡属于物界生活之诸条件，都是有对待的，有对待的自然一部或全部应为"物的法则"之所支配。我们对于这一类生活，总应该根据"当时此地"之事实，用极严密的科学方法，求出一种"比较合理"的生活。这是可能而且必要的。就这点论，在君说"人生观不能和科学分家"，我认为含有一部分真理。

　　君劢尊直觉，尊自由意志，我原是赞成的，可惜他应用的范围太广泛而且有错误。他说："……常有所观察也、主张也、希望也、要求也，是之谓人生观。甲时之所以为善者，至乙时则又以为不善而求所以革之；乙时之所以为善者，至丙时又以为不善而求所以革之。……"君劢所用"直觉"这个字，到底是怎样的内容，我还没有十分清楚。照字面看来，总应该是超器官的一种作用。若我猜得不错，那么，他说的"有所观察而甲乙丙时或以为善，或以为不善"，便纯然不是直觉的范围。为什么"甲时以为善，乙时以为不善"？因为"常有所观察"；因观察而以为不善，跟着生出主张、希望、要求。不观察便罢，观察离得了科学程序吗？"以为善不善"，正是理智产生之结果。一涉理智，当然不能逃科学的支配。若说到自由意志吗？他的适用，当然该有限制。我承认人类所以贵于万物者在有自由意志；又承认人类社会所以日进，全靠他们的自由意志。但自由意志之所以可贵，全在其能选择于善不善之间而自己作主以决从违。所以自由意志是要与理智相辅的。若像君劢全抹杀客观以谈自由意志，这种盲目的自由，恐怕没有什么价值了。（君劢清华讲演所列举人生观五项特征，第一项说人生观为主观的，以与客观的科学对立，这话毛病很大。我以为人生观最少也要主观和客观结合才能成立。）

然则我全部赞成在君的主张吗？又不然。在君过信科学万能，正和君劢之轻蔑科学同一错误。在君那篇文章，很像专制宗教家口吻，殊非科学者态度，这是我最替在君可惜的地方，但亦无须一一指摘了。在君说："我们有求人生观统一的义务。"又说："用科学方法求出是非真伪，将来也许可以把人生观统一。"（他把医学的进步来做比喻。）我说，人生观的统一，非惟不可能，而且不必要；非惟不必要，而且有害。要把人生观统一，结果岂不是"别黑白而定一尊"，不许异己者跳梁反侧？除非中世的基督教徒才有这种谬见，似乎不应该出于科学家之口。至于用科学来统一人生观，我更不相信有这回事。别的且不说，在君说"世界上的玄学家一天没有死完，自然一天人生观不能统一"，我倒要问：万能的科学，有没有方法令世界上的玄学家死完？如其不能，即此已可见科学功能是该有限制了。闲话少叙，请归正文。

人类生活，固然离不了理智；但不能说理智包括尽人类生活的全内容。此外还有极重要一部分——或者可以说是生活的原动力，就是"情感"。情感表出来的方向很多，内中最少有两件的的确确带有神秘性的，就是"爱"和"美"。"科学帝国"的版图和威权无论扩大到什么程度，这位"爱先生"和那位"美先生"依然永远保持他们那种"上不臣天子，下不友诸侯"的身分。请你科学家把"美"来分析研究罢，什么线，什么光，什么韵，什么调……任凭你说得如何文理密察，可有一点儿搔着痒处吗？至于"爱"，那更"玄之又玄"了。假令有两位青年男女相约为"科学的恋爱"，岂不令人喷饭？又何止两性之爱呢？父子、朋友……间至性，其中不可思议者何限？孝子割股疗亲，稍有常识的也该知道是无益。但他情急起来，完全计较不到这些。程婴、杵臼，代人抚孤，抚成了还要死。田横岛上五百人，死得半个也不剩。这等举动，若用理智解剖起来，都是很不合理的，却不能不说是极优美的人生观之一种。推而上之，孔席不暖，墨突不黔①，释迦割臂饲鹰，基督钉十字架替人赎罪，他们对于一切众生之爱，正与恋人之对于所欢同一性质。我们想用什么经验什么轨范去测算他的所以然之故，真是痴人说梦。又如随便一个人对于所信仰的宗教，对于所崇拜的人或主义，那种狂热情绪，旁观人看来，多半是不可解而且不可以理喻的。然而一部人类活历史，却十有九从这种神秘中创造出来。从这方面说，却用得着君劢所谓主观、所谓直觉、所谓综合而不可分析……等等话头。想用科学方法去支配他，无论不可能，即能，也把人生弄成死的，没有价值了。

我把我极粗浅极凡庸的意见总括起来，就是：

"人生关涉理智方面的事项，绝对要用科学方法来解决；关涉情感方面的事项，绝对的超科学。"

我以为君劢和在君所说，都能各明一义。可惜排斥别方面太过，都弄出语病来。我还信他们不过是"语病"，他们本来的见解，也许和我没有什么大分别哩。

以上批评"人生观与科学"的话，暂此为止。改天还想讨论别的问题。

---

① 此处孔、墨指孔子和墨子，是说他们为推行自己的思想、措施，东奔西走，每到一地席子坐不暖、烟囱熏不黑就又离开了。

论学术之势力左右世界

亘万古,袤九垓,自天地初辟以迄今日,凡我人类所栖息之世界,于其中而求一势力之最广被而最经久者,何物乎?将以威力乎?亚历山大之狮吼于西方,成吉思汗之龙腾于东土,吾未见其流余余烈,至今有存焉者也。将以权术乎?梅特涅执牛耳于奥大利①,拿破仑第三弄政柄于法兰西②,当其盛也,炙手可热,威震环瀛,一败之后,其政策亦随身名而灭矣。然则天地间独一无二之大势力,何在乎?曰智慧而已矣,学术而已矣。

今且勿论远者,请以近世史中文明进化之迹,略举而证明之。凡稍治史学者,度无不知近世文明先导之两原因,即十字军之东征与希腊古学复兴是也。夫十字军之东征也,前后凡七役,亘二百年(起一千零九十六年,迄一千二百七十年),卒无成功,乃其所获者,不在此而在彼。以此役之故,而欧人得与他种民族相接近,传习其学艺,增长其知识,盖数学、天文学、理化学、动物学、医学、地理学等,皆至是而始成立焉,而拉丁文学、宗教裁判等亦因之而起。此其远因也。中世末叶,罗马教皇之权日盛,哲学区域,为安士林(Anselm,罗马教之神甫也)派所垄断。及十字军罢役之后,西欧与希腊、亚剌伯诸邦来往日便,乃大从事于希腊语言文字之学,不用翻译,而能读阿里士多德诸贤之书,思想大开,一时学者不复为宗教迷信所束缚,卒有路得新教之起,全欧精神为之一变。此其近因也。其间因求得印书之法,而文明普遍之途开;求得航海

---

① 梅特涅:奥地利政治家。担任首相期间,推行"梅特涅制度",镇压民主运动。奥大利:即奥地利。

② 拿破仑三世:即路易·拿破仑。1848年当选法兰西第二共和国总统,1851年发动政变恢复帝制。

之法，而世界环游之业成。凡我等今日所衣所食所用所乘所闻所见，一切利用前民之事物，安有不自学术来者耶？

此犹曰其普通者。请举一二人之力左右世界者而条论之：

一曰歌白尼①（Copemicns，生于一四七三年，卒于一五四三年）之天文学。泰西上古天文家言，亦如中国古代，谓天圆地方，天动地静。罗马教会主持是论，有倡异说者，辄以非圣无法罪之。当时哥伦布虽寻得美洲，然不知其为西半球，谓不过亚细亚东岸之一海岛而已。及歌白尼地圆之学说出，然后玛志仑②（Magellan，以一五一九年始航太平洋一周）始寻得太平洋航海线，而新世界始开。今日之有亚美利加合众国，灿然为世界文明第一，而骎骎握全地球之霸权者，歌白尼之为之也。不宁惟是，天文学之既兴也，从前宗教家种种凭空构造之谬论，不复足以欺天下，而种种格致实学从此而生。虽谓天文学为宗教改革之强援，为诸种格致学之鼻祖，非过言也。歌白尼之关系于世界何如也？

二曰倍根、笛卡儿之哲学③。中世以前之学者，惟尚空论，呶呶然争宗派争名目，口崇希腊古贤，实则重诬之，其心思为种种旧习所缚，而曾不克自拔。及倍根出，专倡格物之说，谓言理必当验事物而有征者，乃始信。及笛卡儿出，又倡穷理之说，谓论学必当反诸吾心而自信者，乃始从之。此二派行，将数千年来学界之奴性犁庭扫穴，靡有孑遗，全欧思想之自由骤以发达，日光日大，而遂有今日之盛。故哲学家恒言，二贤者，近世史之母也。倍根、笛卡儿之关系于世界何如也？

三曰孟德斯鸠（Montesquien，法国人，生于一六八九年，卒于一七五五年）之著《万法精理》④。十八世纪以前，政法学之基础甚薄，一任之于君相之手，听其自腐败自发达。及孟德斯鸠出，始分别三种政体，论其得

---

① 歌白尼：即哥白尼（1473—1543），波兰天文学家，日心说（即地动说）的创立人。以科学的日心说否定了在西方统治一千多年的地心说，动摇了中世纪的宗教神权论。
② 玛志仑：即麦哲伦（约1480—1521），葡萄牙航海家、探险家。
③ 倍根：今通译培根。
④ 《万法精理》：旧亦译《法意》，今通译《论法的精神》。

失，使人知所趋向，又发明立法、行法、司法三权鼎立之说。后此各国靡然从之，政界一新。渐进以迄今日，又极论听讼之制，谓当废拷讯，设陪审，欧美法庭遂为一变。又谓贩卖奴隶之业，大悖人道，攻之不遗余力，实为后世美、英、俄诸国放奴善政之嚆矢。其他所发之论，为法兰西及欧洲诸国所采用，遂进文明者，不一而足。孟德斯鸠实政法学之天使也，其关系于世界何如也？

四曰卢梭（Rousseau，法国人，生于一七一二年，卒于一七七八年）之倡天赋人权。欧洲古来有阶级制度之习，一切政权、教权，皆为贵族所握，平民则视若奴隶焉。及卢梭出，以为人也者，生而有平等之权，即生而当享自由之福，此天所以与我，无贵贱一也。于是著《民约论》①（Social Contact），大倡此义，谓国家之所以成立，乃由人民合群结约，以众力而自保其生命财产者也。各从其意之自由，自定约而自守之，自立法而自遵之，故一切平等。若政府之首领及各种官吏，不过众人之奴仆，而受托以治事者耳。自此说一行，欧洲学界如平地起一霹雳，如暗界放一光明，风驰云卷，仅十余年，遂有法国大革命之事。自兹以往，欧洲列国之革命纷纷继起，卒成今日之民权世界。《民约论》者，法国大革命之原动力也；法国大革命，十九世纪全世界之原动力也。卢梭之关系于世界何如也？

五曰富兰克令②（Franklin，美国人，生于一七〇六年，卒于一七九〇年）之电学、瓦特（Watt，英人，生于一七三六年，卒于一八一九年）之汽机学。十九世纪所以异于前世纪者，何也？十九世纪有缩地之方。前人以马力行，每日不能过百英里者，今则四千英里之程，行于海者，十三日而可达，行于陆者，三日而可达矣，而轮船、铁路之为之也。昔日制帽、制靴、纺纱、织布等之工，以若干时而能制成一枚者，今则同此时刻，能制至万枚以上矣。伦敦一报馆一年所用之纸，视十五世纪至十八世纪四

---

① 《民约论》：也译《社会契约论》。
② 富兰克令：今通译富兰克林。

百年间所用者，有加多焉，则制造机器之为之也。美国大统领，下一教书，仅一时许，而可以传达于支那；上午在印度买货，下午可以在伦敦银行支银，则电报之为之也。凡此数者，能使全世界之政治、商务、军事乃至学问、道德，全然一新其面目。而造此世界者，乃在一煮沸水之瓦特（瓦特因沸水而悟汽机之理）与一放纸鸢之富兰克令（富氏尝放纸鸢以验电学之理）。二贤之关系于世界何如也？

六曰亚丹·斯密①（Adam Smith，英国人，生于一七二三年，卒于一七九〇年）之理财学。泰西论者，每谓理财学之诞生日何日乎？即一千五百七十六年是也。何以故？盖以亚丹·斯密氏之《原富》（Inquiry into the Natureand Causes of the Wealth of Nations，此书侯官严氏译②）出版于是年也。此书之出，不徒学问界为之变动而已，其及于人群之交际，及于国家之政治者，不一而足。而一八四六年以后，英国决行自由贸易政策（Ftee trade），尽免关税，以致今日商务之繁盛者，斯密氏《原富》之论为之也。近世所谓人群主义（Socialism）专务保护劳力者，使同享乐利，其方策渐为自今以后之第一大问题，亦自斯密氏发其端，而其徒马尔沙士大倡之③。亚丹·斯密之关系于世界何如也？

七曰伯伦知理④（Bluntschili，德国人，生于一八〇八年，卒于一八八一年）之国家学。伯伦知理之学说，与卢梭正相反对者也。虽然，卢氏立于十八世纪，而为十九世纪之母；伯氏立于十九世纪，而为二十世纪之母。自伯氏出，然后定国家之界说，知国家之性质、精神、作用为何物，于是国家主义乃大兴于世。前之所谓国家为人民而生者，今则转而云人民为国家而生焉。使国民皆以爱国为第一之义务，而强盛之国乃立，十九世纪末世界之政治则是也。而自今以往，此义愈益为各国之原力，无可

---

① 亚丹·斯密：今通译亚当·斯密。《原富》：今多译《国富论》，全名为《国民财富及其分配原理》。
② 侯官严氏：指严复。他翻译了《天演论》、《原富》、《群学肄言》、《法意》等。
③ 马尔沙士：今通译马尔萨斯。
④ 伯伦知理：德国学者、政治家，著有《一般国家法》等。

疑也。伯伦知理之关系于世界何如也？

八曰达尔文（Darwin Charles，英国人，生于一八〇九年，卒于一八八二年）之进化论。前人以为黄金世界在于昔时，而末世日以堕落；自达尔文出，然后知地球人类，乃至一切事物，皆循进化之公理，日赴于文明。前人以为天赋人权，人生而皆有自然应得之权利；及达尔文出，然后知物竞天择，优胜劣败，非图自强，则决不足以自立。达尔文者，实举十九世纪以后之思想，彻底而一新之者也。是故凡人类知识所能见之现象，无一不可以进化之大理贯通之：政治法制之变迁，进化也；宗教道德之发达，进化也；风俗习惯之移易，进化也；数千年之历史，进化之历史；数万里之世界，进化之世界也。故进化论出，而前者宗门迷信之论，尽失所据，教会中人恶达氏滋甚，谓有一魔鬼住于其脑云，非无因也。此义一明，于是人人不敢不自勉为强者、为优者，然后可以立于此物竞天择之界。无论为一人，为一国家，皆向此鹄以进，此近世民族帝国主义（National Imperialism，民族自增植其势力于国外，谓之民族帝国主义）所由起也。此主义今始萌芽，他日且将磅礴充塞于本世纪而未有已也。虽谓达尔文以前为一天地，达尔文以后为一天地可也。其关系于世界何如也？

以上所列十贤，不过举其荦荦大者。至如奈端①（Newton，英人，生于一六四一年，卒于一七二七年）之创重学，嘉列（Guericke，德国人，生于一六〇二年，卒于一六八六年）、杯黎（Boyle，英人，生于一六二六年，卒于一六九一年）之制排气器，连挪士（Linneus，瑞典人，生于一七〇七年，卒于一七七八年）之开植物学，康德（Kant，德国人，生于一七二四年，卒于一八〇四年）之开纯全哲学，皮里士利（Priestley，英人，生于一七三三年，卒于一八〇四年）之化学，边沁（Bentham，英人，生于一七四七年，卒于一八三二年）之功利主

---

① 此及以下人名多与今所通译不同，分别为奈端：牛顿；嘉列：葛里克；杯黎：波义耳；连挪士：林奈；皮里士利：普利斯特列；黑拔：赫尔巴特；仙士门：圣西门；喀谟德：孔德；约翰弥勒：约翰·穆勒。

义，黑拔（Herbart，生于一七七六年，卒于一八四一年）之教育学，仙士门（St. simon，法人）、喀谟德（Comte，法人，生于一七九五年，卒于一八五七年）之倡人群主义及群学，约翰弥勒（John Stusrt Mill，英人，生于一八〇六年，卒于一八七三年）之论理学、政治学、女权论，斯宾塞（Spentcer，英人，生于一八二〇年，今犹生存①）之群学等，皆出其博学深思之所独得，审诸今后时势之应用。非如前代学者，以学术为世界外遁迹之事业，如程子所云"玩物丧志"也。以故其说一出，类能耸动一世，饷遗后人。呜呼！今日光明灿烂如荼如锦之世界，何自来乎？实则诸贤之脑髓、之心血、之口沫、之笔锋所组织之而庄严之者也。

亦有不必自出新说，而以其诚恳之气、清高之思、美妙之文，能运他国文明新思想，移植于本国，以造福于其同胞，此其势力，亦复有伟大而不可思议者，如法国福禄特尔②（Voltaire，生于一六九四年，卒于一七七八年），日本之福泽谕吉③（去年卒），俄国之托尔斯泰（Tolstoi，今尚生存④）诸贤是也。福禄特尔当路易第十四全盛之时，愁然忧法国前途，乃以其极流丽之笔，写极伟大之思，寓诸诗歌、院本、小说等⑤，引英国之政治，以讥讽时政，被锢被逐，几濒于死者屡焉，卒乃为法国革新之先锋，与孟德斯鸠、卢梭齐名，盖其有造于法国民者，功不在两人下也。福泽谕吉当明治维新以前，无所师授，自学英文，尝手抄《华英字典》一过；又以独力创一学校，名曰"庆应义塾"，创一报馆，名曰《时事新报》，至今为日本私立学校、报馆之巨擘焉。著书数十种，专以输入泰西文明思想为主义。日本人之知有西学，自福泽始也；其维新改革之事业，亦顾问于福泽者十而六七也。托尔斯泰生于地球第一专制之国，而大倡人类同胞兼爱平等主义，其所论盖别有心得，非尽凭藉东欧诸贤

---

① 此文写于1902年，斯宾塞于1903去世。
② 福禄特尔：即伏尔泰。
③ 福泽谕吉（1835—1901）：日本明治时期启蒙思想家、教育家。
④ 托尔斯泰死于1910年。
⑤ 院本：即戏剧。

之说者焉。其所著书，大率皆小说，思想高彻，文笔豪宕，故俄国全国之学界为之一变。近年以来，各地学生咸不满于专制之政，屡屡结集，有所要求，政府捕之、锢之、放之、逐之而不能禁，皆托尔斯泰之精神所鼓铸者也。由此观之，福禄特尔之在法兰西，福泽谕吉之在日本，托尔斯泰之在俄罗斯，皆必不可少之人也。苟无此人，则其国或不得进步；即进步，亦未必如是其骤也。然则如此等人者，其于世界之关系何如也？

吾欲敬告我国学者曰：公等皆有左右世界之力，而不用之，何也？公等即不能为倍根、笛卡儿、达尔文，岂不能为福禄特尔、福泽谕吉、托尔斯泰？即不能左右世界，岂不能左右一国？苟能左右我国者，是所以使我国左右世界也。

吁嗟山兮，穆如高兮！吁嗟水兮，浩如长兮！吾闻足音之跫然兮！吾欲溯洄而从之兮！吾欲馨香而祝之兮！

论小说与群治之关系

欲新一国之民，不可不先新一国之小说。故欲新道德，必新小说；欲新宗教，必新小说；欲新政治，必新小说；欲新风俗，必新小说；欲新学艺，必新小说；乃至欲新人心，欲新人格，必新小说。何以故？小说有不可思议之力支配人道故。

吾今且发一问：人类之普通性，何以嗜他书不如其嗜小说？答者必曰：以其浅而易解故，以其乐而多趣故。是固然；虽然，未足以尽其情也。文之浅而易解者，不必小说；寻常妇孺之函札，官样之文牍，亦非有艰深难读者存也，顾谁则嗜之？不宁惟是，彼高才赡学之士，能读坟典索邱，能注虫鱼草木，彼其视渊古之文与平易之文，应无所择，而何以独嗜小说？是第一说有所未尽也。小说之以赏心乐事为目的者固多，然此等顾不甚为世所重，其最受欢迎者，则必具可惊可愕可悲可感，读之而生出无量噩梦，抹出无量眼泪者也。

夫使以欲乐故而嗜此也，而何为偏取此反比例之物而自苦也？是第二说有所未尽也。吾冥思之，穷鞫之，殆有两因：凡人之性，常非能以现境界而自满足者也；而此蠢蠢躯壳，其所能触能受之境界，又顽狭短局而至有限也；故常欲于其直接以触以受之外，而间接有所触有所受，所谓身外之身、世界外之世界也。此等识想，不独利根众生有之，即钝根众生亦有焉。而导其根器，使日趋于钝，日趋于利者，其力量无大于小说。小说者，常导人游于他境界，而变换其常触常受之空气者也。此其一。人之恒情，于其所怀抱之想象，所经阅之境界，往往有行之不知、习矣不察者。无论为哀、为乐、为怨、为怒、为恋、为骇、为忧、为惭，常若知其然而不知其所以然。欲摹写其情状，而心不能自喻，口不能自宣，笔不能自传。有人焉，和盘托出，澈底而发露之，则拍案叫绝曰：善哉善哉！如是如是！所谓"夫子言之，于我心有戚戚焉"，感人之深，莫此为甚。此其二。此二者实文章之真谛，笔舌之能事。苟能批此窾、导此窍，则无论为何等之文，皆足以移人。而诸文之中能极其妙而神其技者，莫小说若。故曰小说为文学之最上乘也！由前之说，则理想派小说尚焉；由后之说，则写实派小说尚焉。小说种目虽多，未有能出此两派范围外者也。

抑小说之支配人道也，复有四种力：一曰熏。熏也者，如入云烟中而为其所烘，如近墨朱处而为其所染，《楞伽经》所谓"迷智为识，转识成智"者，皆恃此力。人之读一小说也，不知不觉之间，而眼识为之迷漾，而脑筋为之摇飏，而神经为之营注，今日变一二焉，明日变一二焉，刹那刹那，相断相续，久之而此小说之境界，遂入其灵台而据之，成为一特别之原质之种子。有此种子故，他日又更有所触所受者，旦旦而熏之，种子愈盛，而又以之熏他人，故此种子遂可以遍世界。一切器世间、有情世间之所以成、所以住，皆此为因缘也。而小说则巍巍焉具此威德以操纵众生者也。二曰浸。熏以空间言，故其力之大小，存其界之广狭；浸以时间言，故其力之大小，存其界之长短。浸也者，人而与之俱化者也。人之读一小说也，往往既终卷后，数日或数旬而终不能释然。读《红楼》竟者，必有余恋，有余悲；读《水浒》竟者，必有余快，有余怒。何也？浸之力使然也。等是佳作也，而其卷帙愈繁、事实愈多者，则其浸人也亦愈甚。如酒焉，作十日饮，则作百日醉。我佛从菩提树下起，便说偌大一部《华严》，正以此也。三曰刺。刺也者，刺激之义也。熏、浸之力，利用渐；刺之力，利用顿。熏、浸之力，在使感受者不觉；刺之力，在使感受者骤觉。刺也者，能入于一刹那顷忽起异感而不能自制者也。我本蔼然和也，乃读林冲雪天三限、武松飞云浦一厄，何以忽然发指？我本愉然乐也，乃读晴雯出大观园、黛玉死潇湘馆，何以忽然泪流？我本肃然庄也，乃读实甫之琴心、酬简，东塘之眠香、访翠，何以忽然情动？若是者，皆所谓刺激也。大抵脑筋愈敏之人，则其受刺激力也愈速且剧。而要之必以其书所含刺激力之大小为比例。禅宗之一棒一喝，皆利用此刺激力以度人者也。此力之为用也，文字不如语言。然语言力所被，不能广、不能久也，于是不得不乞灵于文字。在文字中，则文言不如其俗语，庄论不如其寓言。故具此力最大者，非小说末由！四曰提。前三者之力，自外而灌之使入；提之力，自内而脱之使出，实佛法之最上乘也。凡读小说者，必常若自化其身焉——入于书中，而为其书之主人翁。读《野叟曝言》者，必自拟文素臣；读《石头记》者，必自拟贾宝玉；读《花月痕》者，必自拟韩荷生若韦痴珠；读梁山泊者，必自拟黑旋风若花和尚。虽读者自辩其无是心焉，吾不信也。夫既化其身以入书中矣，则当其读此书时，此身已非我有，截然去此界以入于彼界，所谓华严楼阁，帝网重重，一毛孔中万亿莲花，一弹指顷百千浩劫，文字移人，至此而极！然则吾书中主人翁而华盛顿，则读者将化身为华盛顿；主人翁而拿破仑，则读者将化身为拿破仑；主人翁而释迦、孔子，则读者将化身为释迦、孔子，有断然也。度世之不二法门，岂有过此？此四力者，可以卢牟一世，亭毒群伦，教主之所以能立教门，政治家所以能组织政党，莫不赖是。文家能得其一，则为文豪；能兼其四，则为文圣。有此四力而用之于善，则可以福亿兆人；有此四力而用之于恶，则可以毒万千载。而此四力所最易寄者惟小说。可爱哉小说！可畏哉小说！

小说之为体，其易入人也既如彼，其为用之易感人也又如此，故人类之普通性，嗜他文不如其嗜小说，此殆心理学自然之作用，非人力之所得而易也。此又天下万国凡有血气者莫不皆然，非直吾赤县神州之民也。夫既已嗜之矣，且遍嗜之矣，则小说之在一群也，既已如空气、如菽粟，欲避不得避，欲屏不得屏，而日日相与呼吸之餐嚼之矣。于此其空气而苟含有秽质也，其菽粟而苟含有毒性也，则其人之食息于此间者，必憔悴，必萎病，必惨死，必堕落，此不待蓍龟而决也。于此而不洁净其空气，不别择其菽粟，则虽日饵以参苓，日施以刀圭，而此群中人之老、病、死、苦，终不可得救。知此义，则吾中国群治腐败之总根原，可以识矣。吾中国人状元宰相之思想何自来乎？小说也；吾中国人佳人才子之思想何自来乎？小说也；吾中国人江湖盗贼之思想何自来乎？小说也；吾中国人妖巫狐鬼之思想何自来乎？小说也。

若是者，岂尝有人焉，提其耳而诲之，传诸钵而授之也？而下自屠爨贩卒、妪娃童稚，上至大人先生、高才硕学，凡此诸思想必居一于是，莫或使之，若或使之，盖百数十种小说之力直接间接以毒人，如此其甚也。（即有不好读小说者，而此等小说，既已渐渍社会，成为风气。其未出胎也，固已承此遗传焉；其既入世也，又复受此感染焉。虽有贤智，亦不以自拔，故谓之间接。）今我国民，惑堪舆，惑相命，惑卜筮，惑祈禳，因风水而阻止铁路，阻止开矿，争坟墓而阖族械斗，杀人如草，因迎神赛会而岁耗百万金钱，废时生事，消耗国力者，曰惟小说之故。今我国民慕科第若膻，趋爵禄若鹜，奴颜婢膝，寡廉鲜耻，惟思以十年萤雪、暮夜苞苴，易其归骄妻妾、武断乡曲一日之快，遂至名节大防扫地以尽者，曰惟小说之故。今我国民轻弃信义，权谋诡诈，云翻雨覆，苛刻凉薄，驯至尽人皆机心，举国皆荆棘者，曰惟小说之故。今我国民轻薄无行，沉溺声色，绻恋床笫，缠绵歌泣于春花秋月，销磨其少壮活泼之气；青年子弟，自十五岁至三十岁，惟以多情多感、多愁多病为一大事业，儿女情多，风云气少，甚者为伤风败俗之行，毒遍社会，曰惟小说之故。今我国民绿林豪杰遍地皆是，日日有桃园之拜，处处为梁山之盟，所谓"大碗酒，大块肉，分秤称金银，论套穿衣服"等思想，充塞于下等社会之脑中，遂成为哥老、大刀等会，卒至有如义和拳者起，沦陷京国，启召外戎，曰惟小说之故。呜呼！小说之陷溺人群，乃至如是！乃至如是！大圣鸿哲数万言谆诲之而不足者，华士坊贾一二书败坏之而有余！斯事既愈为大雅君子所不屑道，则愈不得不专归于华士坊贾之手。而其性质，其位置，又如空气然，如菽粟然，为一社会中不可得避、不可得屏之物，于是华士坊贾，遂至握一国之主权而操纵之矣。呜呼！使长此而终古也，则吾国前途，尚可问耶？尚可问耶？故今日欲改良群治，必自小说界革命始！欲新民，必自新小说始！

论佛教与群治之关系

吾祖国前途有一大问题,曰"中国群治当以无信仰而获进乎,抑当以有信仰而获进乎"是也。信仰必根于宗教,宗教非文明之极则也。虽然,今日之世界,其去完全文明尚下数十级,于是乎宗教遂为天地间不可少之一物。人亦有言,教育可以代宗教。此语也吾未敢遽谓然也。即其果然,其在彼教育普及之国,人人皆渐渍熏染,以习惯而成第二之天性,其德力智力日趋于平等,如是则虽或缺信仰而犹不为害。今我中国犹非其时也,于是乎信仰问题终不可以不讲。(参观本报第十九号《宗教家与哲学家之长短得失》。)

因此一问题,而复生出第二之问题,曰"中国而必需信仰也,则所信仰者当属于何宗教乎"是也。吾提此问题,闻者将疑焉,曰:吾中国自有孔教在,而何容复商榷为也?虽然,吾以孔教者,教育之教也,非宗教之教也,其为教也,主于实行,不主于信仰,故在文明时代之效或稍多,而在野蛮时代之效或反少。亦有心醉西风者流,睹欧美人之以信仰景教而致强也[①],欲舍而从之以自代,此尤不达体要之言也。无论景教与我民族之感情枘凿已久,与因势利导之义相反背也;又无论彼之有眈眈逐逐者檐于其后,数强国利用之以为钓饵,稍不谨而末流之祸将不测也,抑其教义非有甚深微妙,可以涵盖万有、鼓铸群生者。吾以畴昔无信仰之国而欲求一新信仰,则亦求之于最高尚者而已,而何必惟势利之为趋也?吾师友多治佛学,吾请言佛学。

---

① 景教:唐代传入中国的基督教聂斯托利派称景教,此似泛指基督教。

一 佛教之信仰乃智信而非迷信

孔子曰："知之为知之，不知为不知，是知也。"又曰："吾有知乎哉？无知也。"又曰："及其至也，虽圣人亦有所不知焉。"又曰："未知生，焉知死？"盖孔教本有阙疑之一义，言论之间，三致意焉。此实力行教之不二法门也。至如各教者，则皆以起信为第一义。夫知焉而信焉可也，不知焉而强信焉，是自欺也。吾尝见迷信者流，叩以微妙最上之理，辄曰：是造化主之所知，非吾侪所能及焉。是何异专制君主之法律，不可以与民共见也。佛教不然。佛教之最大纲领曰"悲智双修"，自初发心以迄成佛，恒以转迷成悟为一大事业。其所谓悟者，又非徒知有佛焉而盲信之之谓也。故其教义云："不知佛而自谓信佛，其罪尚过于谤佛者。"何以故？谤佛者有怀疑心，由疑入信，其信乃真。故世尊说法四十九年[①]，其讲义关于哲学学理者十而八九，反复辨难，弗明弗措，凡以使人积真智、求真信而已。浅见者或以彼微妙之论为不切于群治，试问希腊及近世欧洲之哲学，其于世界之文明为有裨乎，为无裨乎？彼哲学家论理之圆满犹不及佛说十之一，今欧美学者方且竞采此以资研究矣，而岂我辈所宜诟病也？要之，他教之言信仰也，以为教主之智慧万非教徒之所能及，故以强信为究竟。佛教之言信仰也，则以为教徒之智慧必可与教主相平等，故以起信为法门。佛教之所以信而不迷，正坐是也。近儒斯宾塞之言哲学也[②]，区为"可知"与"不可知"之二大部，盖从孔子阙疑之训，救景教徇物之弊，而谋宗教与哲学之调和也。若佛教则于不可知之中而终必求其可知者也。斯氏之言，学界之过渡义也，佛说则学界之究竟义也。

---

① 世尊：释迦牟尼的称谓之一。

② 斯宾塞（1820—1903），英国哲学家。著有《第一原理》、《心理学原理》、《德育、智育和体育》、《社会学研究》（严复译为《群学肄言》）等。

二　佛教之信仰乃兼善而非独善

凡立教者必欲以其教易天下，故推教主之意，未有不以兼善为归者也。至于以此为信仰之一专条者，则莫如佛教。佛说曰："有一众生不成佛者，我誓不成佛。"此犹自言之也。至其教人也，则曰："惟行菩萨行者得成佛，其修独觉禅者永不得成佛。"独觉者何？以自证自果为满足者也。学佛者有二途，其一则由凡夫而行直行菩萨，由菩萨而成佛者也；其他则由凡夫而证阿罗汉果，而证阿那含果，而证斯陀含果，而证辟支佛果者也。① 辟支佛果即独觉位也，亦谓之声闻，亦谓之二乘。辟支佛与佛相去一间耳，而修声闻二乘者，证至此已究竟矣。故佛又曰："吾誓不为二乘声闻人说法。"佛果何恶于彼而痛绝之甚？盖以为凡夫与谤佛者，犹可望其有成佛之一日；若彼辈则真自绝于佛性也。所谓菩萨行者何也？佛说又曰："己已得度，回向度他，是为佛行；未能自度，而先度人，是为菩萨发心。"故初地菩萨之造诣或比之阿罗汉、阿那含尚下数级焉，而以发心度人之故，即为此后证无上果之基础。彼菩萨者，皆至今未成佛者也。（其有已成佛而现菩萨身者，则吾不敢知。）何以故？有一众生未成佛，彼誓不成佛故。夫学佛者以成佛为希望之究竟者也，今彼以众生故，乃并此最大之希望而牺牲之，则其他更何论焉。故舍己救人之大业，惟佛教足以当之矣。虽然，彼非有所矫强而云然也，彼实见夫众生性与佛性本同一源。苟众生迷而曰我独悟，众生苦而曰我独乐，无有是处。譬诸国然，吾既托生此国矣，未有国民愚而我可以独智，国民危而我可以独安，国民悴而我可以独荣者也。知此义者，则虽牺牲裴躬种种之利益以为国家，其必不辞矣。

---

① 阿罗汉果：小乘佛教修行的最高果位。阿那含果：小乘佛教修行果位之一，意译为"不还"。斯陀含果：小乘佛教修行果位之一，意译为"一来"。辟支佛果：大乘佛教修行的一个果位，意译为"独觉"，与声闻合称"二乘"，与菩萨合称"三乘"。

三　佛教之信仰乃入世而非厌世

　　明乎菩萨与独觉之别，则佛教之非厌世教可知矣。宋儒之谤佛者，动以是为清净寂灭而已，是与佛之大乘法适成反比例者也。景教者，衍佛之小乘者也，翘然日悬一与人绝之天国以歆世俗，此宁非引进愚民之一要术，然自佛视之，则已堕落二乘声闻界矣。佛固言天堂也，然所祈向者非有形之天堂，而无形之天堂；非他界之天堂，而本心之天堂。故其言曰："不厌生死，不爱涅槃。"又曰："地狱天堂，皆为净土。"何以故？菩萨发心当如是故。世界既未至"一切众生皆成佛"之位置，则安往而得一文明极乐之地？彼迷而愚者既待救于人，无望能造新世界焉矣；使悟而智者又复有所歆于他界，而有所厌于侪辈，则进化之责谁与任之也？故佛弟子有问佛者曰："谁当下地狱？"佛曰："佛当下地狱。不惟下地狱也，且常住地狱；不惟常住也，且常乐地狱；不惟常乐也，且庄严地狱。"夫学道而至于庄严地狱，则其悲愿之宏大，其威力之广远，岂复可思议也！然非常住常乐之，乌克有此？彼欧美数百年前犹是一地狱世界，而今日已骤进化若彼者，皆赖百数十仁人君子住之乐之而庄严之也。知此义者，小之可以救一国，大之可以度世界矣。

四　佛教之信仰乃无量而非有限

　　宗教之所以异于哲学者，以其言灵魂也。知灵魂，则其希望长，而无或易召失望以至堕落。虽然，他教之言灵魂，其义不如佛教之完。景教之所揭橥也，曰永生天国，曰末日审判。夫永生犹可言也，谓其所生者在魂不在形，于本义犹未悖也。至末日审判之义，则谓人之死者，至末日期至，皆从塚中起，而受全知能者之鞫讯；然则鞫讯者，仍形耳，而非魂也。藉曰魂也，则此魂与形俱生，与形俱灭，而曾何足贵也？故孔教专衍形者也,则曰:善不善报诸子孙;佛教专衍魂者也,则曰:善不善报诸永劫。其义虽不同,而各圆满具足者也。惟景教乃介两者之间,故吾以为景教之言末日,犹未脱埃及时代野蛮宗教之迷见者也。(埃及人之木乃伊术,保全尸壳,必有所为,殆令为将来再生永生地也。又按景教杂形以言魂者甚多,即如所言亚当犯罪其子孙堕落云云,亦其一端也。如耶氏之教,则吾辈之形虽受于亚当,然其魂则固受诸上帝也。亚当一人有罪,何至罚及其数百万年以后之裔孙?此殆犹是"积善之家有余庆,不善之家有余殃"之义而已,仍属衍形教,不可谓之衍魂教也。耶氏言末日审判之义峭紧严悚,于度世法门亦自有独胜之处,未可厚非;特其言魂学之圆满,固不如佛耳。)夫人生也有涯,而知也无涯,故为信仰者苟不扩其量于此数十寒暑以外,则其所信者终有所挠。浏阳《仁学》云①:"好生而恶死,可谓大惑不解者矣,盖于不生不灭瞢焉。瞢而惑,故明知是义,特不胜其死亡之惧,缩脖而不敢为,方更于人祸之所不及,益以纵肆于恶。而顾景汲汲,而四方蹙蹙,惟取自心快已尔,天下岂复有可治也。……今使灵魂之说明,虽至阇者犹知死后有莫大之事及无穷之苦乐,必不于生前之暂苦暂乐而生贪著厌离之想;知天堂地狱森列于心目,必不敢欺饰放纵,将日迁善以自兢惕;知身为不死之物,虽杀之亦不死,则成仁取义,必无怛怖于其衷。且此生未及竟者,来生固可以补之,复何所惮而不亹亹!"呜呼!此"应用佛学"之言也。(西人于学术每分纯理与应用两几,如纯理哲学、应用哲学,纯理经济学、应用生计学等是也。浏阳《仁学》,吾谓可名为应用佛学。)浏阳一生得力在此,吾辈所以崇拜浏阳、步趋浏阳者亦当在此。若此者,殆舍佛教末由。

五 佛教之信仰乃平等而非差别

他教者,率众生以受治于一尊之下者也,惟佛不然。故曰:"一切众生,皆有佛性。"又曰:"一切众生,本来成佛,生死涅槃,皆如昨

---

① 浏阳:指谭嗣同,他是湖南浏阳人。

梦。"其立教之目的，则在使人人皆与佛平等而已。夫专制政体，固使人服从也；立宪政体，亦使人服从也。而其顺逆相反者，一则以服从于他，使我由之，而不使我知之也；一则以我服从于我，吉凶与我同患也。故他教虽善，终不免为据乱世、小康世之教；若佛，则兼三世而通之者也。故信仰他教或有流弊，而佛教决无流弊也。

六　佛教之信仰乃自力而非他力

凡宗教必言祸福，而祸福所自出，恒在他力。若祈祷焉，皆修福之最要法门也。佛教未尝无言他力者，然只以施诸小乘，不以施诸大乘，其通三乘、摄三藏而一贯之者，惟因果之义。此义者，实佛教中大小精粗，无往而不具者也。佛说："现在之果，即过去之因；现在之因，即未来之果。"即造恶因，而欲今后无果焉，不可得避也；既造善因，而惧后此之无善果焉，亦不必忧也。因果之感召，如发电报者然，在海东者动其电机若干度，则虽数千里之外，而海西电机发露若干度，与之相应，丝毫不容假借。人之熏其业，缘于"阿赖耶识"也。（阿赖耶识者，八识中之第八识也。梵语阿赖耶，华言含藏识也。欲详知之者，宜读《楞伽经》及《成唯识论》也。）亦复如是。故学道者，必慎于造因。吾所已造者，非他人所能代消也；吾所未造者，非他人所能代劳也。又不徒吾之一身而已，佛说此五浊世者，亦由来生业识熏结而成。众生所造之恶业，有一部分属于普通者，有一部分属于特别者。其属于普通之部分，则递相熏积，相结而为此器世间；（佛说有所谓器世间、有情世间者，一指宇宙之山河大地器物等；一指有情识之众生也。）其特别之部分，则各各之灵魂，（灵魂本一也，以妄生分别故，故为各各。）自作而自受之。而此两者，自无始以来，又互相熏焉，以递引于无穷。故学道者，（一）当急造切实之善因，以救吾本身之堕落；（二）当急造宏大之善因，以救吾所居之器世间之堕落。何也？苟器世间犹在恶浊，则吾之一身，未有能达净土者也。所谓有一众生未成佛,则我不能成佛,是事实也,非虚言也。

嘻!知此义者,可以通于治国矣。一国之所以腐败衰弱,其由来也,非一朝一夕。前此之人,莳其恶因,而我辈今日,刈其恶果。然我辈今日非可诿咎于前人,而以自解免也。我辈今日而亟造善因焉,则其善果,或二一年后而收之,或十余年后而收之。造善因者,递续不断,则吾国遂可以进化而无穷。造恶因者亦然,前此恶因既已蔓苴,而我复灌溉以播殖之,其贻祸将来者,更安有艾也?又不徒一群为然也,一身亦然。吾蒙此社会种种恶业之熏染,受而化之,旋复以熏染社会。我非自洗涤之而与之更始,于此而妄曰"吾善吾群,吾度吾众",非大愚则自欺也。故佛之说因果,天地间最高尚圆满、博深切明之学说也。近世达尔文、斯宾塞诸贤,言进化学者,其公理大例,莫能出二字之范围。而彼则言其理,此则并详其法,此佛学所以切于人事、征于实用也。夫寻常宗教家之所短者,在导人以倚赖根性而已,虽有"天助自助者"一语以为之弥缝,然常横"天助"二字于胸中,则其独立不羁之念,所灭杀已减不少矣。若佛说者,则父不能有增益于其子,怨敌不能有所咒损于其仇,无歆羡,无畔援,无罣碍,无恐怖,独往独来,一听众生之自择。中国先哲之言曰:"天作孽,犹可违;自作孽,不可逭。"又曰:"自求多福,在我而已。"此之谓也。特其所言因果相应之理。不如佛说之深切著明耳,佛教洵偲乎远哉!

以上六者,实鄙人信仰佛教之条件也。於戏!佛学广矣大矣,深矣微矣,岂区区末学所能窥其万一!以佛听之,不知以此为赞佛语耶,抑谤佛语耶?虽然,即曰谤佛,吾仍冀可以此为学佛之一法门。吾愿造是因,且为此南瞻部洲有情众生造是因。佛力无尽,我愿亦无尽。

难者曰:"子言佛教有益于群治,辩矣。印度者,佛教之祖国也,今何为至此?"应之曰:"嘻!子何暗于历史!印度之亡,非亡于佛教,正亡于其不行佛教也。自佛灭度后十世纪,全印度已无一佛迹,而婆罗门之余焰,尽取而夺之;佛教之平等观念、乐世观念,悉已摧亡,而旧习之喀私德及苦行生涯,遂与印相终始焉。后更乱于回教,末流遂绝于今日。然则印度之亡,佛果有罪乎哉?"吾子为是言,则彼耶教所自出之犹太,今又安在?夫宁得亦以犹太之亡,为耶教优劣之试验案也。虽然,世界两大教皆不行于其祖国,其祖国皆不存于今日,亦可称天地间一怪现象矣!

屈原研究

一

中国文学家的老祖宗，必推屈原。从前并不是没有文学，但没有文学的专家。如《三百篇》及其他古籍所传诗歌之类，好的固不少；但大半不得作者主名，而且篇幅也很短。我们读这类作品，顶多不过可以看出时代背景或时代思潮的一部分。欲求表现个性的作品，头一位就要研究屈原。

屈原的历史，在《史记》里头有一篇很长的列传，算是我们研究史料的人可欣慰的事。可惜议论太多，事实仍少。我们最抱歉的，是不能知道屈原生卒年岁和他所享年寿。据传文大略推算，他该是西纪前三三八至二八八年间的人，年寿最短亦应在五十上下。和孟子、庄子、赵武灵王、张仪等人同时。他是楚国贵族；贵族中最盛者昭、屈、景三家，他便是三家中之一。他曾做过"三闾大夫"。据王逸说："三闾之职，掌王族三姓，曰昭、屈、景。屈原序其谱属，率其贤良，以厉国士。"然则他是当时贵族总管了。他曾经得楚怀王的信用，官至"左徒"。据本传说："入则与王图议国事，以出号令；出则接遇宾客，应对诸侯，王甚任之。"可见他在政治上曾占很重要的位置。其后被上官大夫所谗，怀王疏了他。怀王在位三十年（西纪前三二八至二九七），屈原做左徒，不知是那年的事，但最迟亦在怀王十六年（前三一二）以前。因那年怀王受了秦相张仪所骗，已经是屈原见疏之后了。假定屈原做左徒在怀王十年前后，那时他的年纪最少亦应二十岁以上，所以他的生年，不能晚于西纪前三三八年。屈原在位的时候，楚国正极强盛，屈原的政策，大概是主张联合六国，共摈强秦，保持均势，所以虽见疏之后，还做过齐国公使。可惜怀王太没有主意，时而摈秦，时而联秦，任凭纵横家摆弄。卒至"兵挫地削，亡其六郡，身客死于秦，为天下笑"(本传文)。怀王死了不到六十年，楚国便亡了。屈原当怀王十六年以后，政治生涯像已经完全断绝。其后十四年间，大概仍居住郢都武昌一带。因为怀王三十年将入秦之时，屈原还力谏，可见他和怀王的关系，仍是藕断丝连的。怀王死后，顷襄王立（前二九八），屈原的反对党，越发得志，便把他放逐到湖南地方去，后来竟闹到投水自杀。

屈原什么时候死呢？据《卜居》篇说："屈原既放，三年不得复见。"《哀郢》篇说："忽若不信兮，至今九年而不复。"假定认这两篇为顷襄王时作品，则屈原最少当西纪前二八八年仍然生存。他脱离政治生活专做文学生活，大概有二十来年的日月。

屈原所走过的地方有多少呢？他著作中所见的地名如下：

令沅湘兮无波，使江水兮安流。

……遭吾道兮洞庭。

……望涔阳兮极浦。

……遗余佩兮澧浦。　　右《湘君》

……洞庭波兮木叶下。

……沅有芷兮澧有兰。

……遗余褋兮澧浦。　　右《湘夫人》

哀南夷之莫吾知兮，旦余济乎江湘。

乘鄂渚而反顾兮……

……邸余车兮方林。

乘舲船余上沅兮……

朝发枉陼兮，夕宿辰阳。

……

入溆浦余儃佪兮,迷不知吾所如。
深林杳以冥冥兮,乃猿狖之所居。
……
山峻高以蔽日兮,下幽晦以多雨。
霰雪纷其无垠兮,云霏霏而承宇。　　右《涉江》

发郢都而去闾兮……
过夏首而西浮兮,顾龙门而不见。
背夏浦而西思兮……
惟郢路之辽远兮,江与夏之不可涉。　　右《哀郢》
长濑湍流,泝江潭兮。
狂顾南行,聊以娱心兮。
低佪夷犹,宿北姑兮。　　右《抽思》
浩浩沅湘,纷流汩兮。　　右《怀沙》
遵江夏以娱忧。　　右《思美人》
指炎神而直驰兮,吾将往乎南疑。　　右《远游》
路贯庐江兮左长薄。　　右《招魂》

　　内中说郢都,说江夏,是他原住的地方;洞庭、湘水,自然是放逐后常来往的,都不必多考据。最当注意者,《招魂》说的"路贯庐江兮左长薄",像江西庐山一带,也曾到过。但《招魂》完全是浪漫的文学,不敢便认为事实。《涉江》一篇,含有纪行的意味,内中说"乘舲船余上沅","朝发枉陼,夕宿辰阳",可见他曾一直溯着沅水上游,到过辰州等处。他说的"峻高蔽日,霰雪无垠"的山,大概是衡岳最高处了。他的作品中,像"幽独处乎山中","山中人兮芳杜若",这一类话很多。我想他独自一人在衡山上过活了好些日子,他的文学,谅来就在这个时代大成的。

最奇怪的一件事，屈原家庭状况如何，在本传和他的作品中，连影子也看不出。《离骚》有"女嬃之婵媛兮，申申其詈余"两语。王逸注说："女嬃，屈原姊也。"这话是否对，仍不敢说。就算是真，我们也仅能知道他有一位姐姐，其余兄弟妻子之有无，一概不知。就作品上看来，最少他放逐到湖南以后过的都是独身生活。

二

我们把屈原的身世大略明白了，第二步要研究那时候为什么会发生这种伟大的文学？为什么不发生于别国而独发生于楚国？何以屈原能占这首创的地位？第一个问题，可以比较的简单解答。因为当时文化正涨到最高潮，哲学勃兴，文学也该为平行线的发展。内中如《庄子》、《孟子》及《战国策》中所载各人言论，都很含着文学趣味。所以优美的文学出现，在时势为可能的。第二、第三两个问题，关系较为复杂。依我的观察，我们这华夏民族，每经一次同化作用之后，文学界必放异彩。楚国当春秋初年，纯是一种蛮夷，春秋中叶以后，才渐渐的同化为"诸夏"。屈原生在同化完成后约二百五十年。那时候的楚国人，可以说是中华民族里头刚刚长成的新分子，好像社会中才成年的新青年。从前楚国人，本来是最信巫鬼的民族，很含些神秘意识和虚无理想，像小孩子喜欢幻构的童话。到了与中原旧民族之现实的伦理的文化相接触，自然会发生出新东西来。这种新东西之体现者，便是文学。楚国在当时文化史上之地位既已如此，至于屈原呢，他是一位贵族，对于当时新输入之中原文化，自然是充分领会；他又曾经出使齐国，那时正当"稷下先生"数万人日日高谈宇宙原理的时候，他受的影响当然不少；他又是有怪脾气的人，常常和社会反抗，后来放逐到南荒，在那种变化诡异的山水里头，过他的幽独生活。特别的自然界和特别的精神作用相击发，自然会产生特别的文学了。

屈原有多少作品呢？《汉书·艺文志·诗赋略》云："屈原赋二十五篇。"据王逸《楚辞章句》所列，则《离骚》一篇，《九歌》十一篇，《天问》一篇，《九章》九篇，《远游》一篇，《卜居》一篇，《渔父》一篇。尚有《大招》一篇，注云："屈原，或言景差。"然细读《大招》，明是摹仿《招魂》之作，其非出屈原手，像不必多辩。但别有一问题颇费研究者，《史记·屈原列传》赞云："余读《离骚》、《天问》、《招魂》、《哀郢》，悲其志。"是太史公明明认《招魂》为屈原作。然而王逸说是宋玉作。逸，后汉人，有何凭据，竟敢改易前说？大概他以为添上这一篇，便成二十六篇，与《艺文志》数目不符；他又想这一篇标题，像是屈原死后别人招他的魂，所以硬把他送给宋玉。依我看，《招魂》的理想及文体，和宋玉其他作品很有不同处，应该从太史公之说，归还屈原。然则《艺文志》数目不对吗？又不然。《九歌》末一篇《礼魂》，只有五句，实不成篇。《九歌》本侑神之曲，十篇各侑一神；《礼魂》五句，当是每篇末后所公用。后人传钞贪省，便不逐篇写录，总摆在后头作结。王逸闹不清楚，把他也算成一篇，便不得不把《招魂》挤出了。我所想象若不错，则屈原赋之篇目应如下：

《离骚》一篇

《天问》一篇

《九歌》十篇　《东皇太一》、《云中君》、《湘君》、《湘夫人》、《大司命》、《少司命》、《东君》、《河伯》、《山鬼》、《国殇》

《九章》九篇　《惜诵》、《涉江》、《哀郢》、《抽思》、《思美人》、《惜往日》、《橘颂》、《悲回风》、《怀沙》

《远游》一篇

《招魂》一篇

《卜居》一篇

《渔父》一篇

今将二十五篇的性质，大略说明：

（一）《离骚》 据本传，这篇为屈原见疏以后使齐以前所作，当是他最初的作品。起首从家世叙起，好像一篇自传。篇中把他的思想和品格，大概都传出，可算得全部作品的缩影。

（二）《天问》 王逸说："屈原……见楚先王之庙及公卿祠堂图画天地山川神灵琦玮僪佹，及古贤圣怪物行事……因书其壁，呵而问之。"我想这篇或是未放逐以前所作，因为"先王庙"不应在偏远之地。这篇体裁，纯是对于相传的神话发种种疑问，前半篇关于宇宙开辟的神话所起疑问，后半篇关于历史神话所起疑问。对于万有的现象和理法怀疑烦闷，是屈原文学思想出发点。

（三）《九歌》 王逸说："沅湘之间，其俗信鬼而好祀，其祠必作乐鼓舞以乐诸神。屈原放逐，窜伏其域。……见其词鄙陋，因为作《九歌》之曲，上陈事神之敬，下以见己之冤。"这话大概不错。"九歌"是乐章旧名，不是九篇歌，所以屈原所作有十篇，这十篇含有多方面的趣味，是集中最"浪漫式"的作品。

（四）《九章》 这九篇并非一时所作，大约《惜诵》、《思美人》两篇，似是放逐以前作；《哀郢》是初放逐时作；《涉江》是南迁极远时作；《怀沙》是临终作。其余各篇，不可深考。这九篇把作者思想的内容分别表现，是《离骚》的放大。

（五）《远游》 王逸说："屈原履方直之行，不容于世。……章皇山泽，无所告诉。乃深惟元一，修执恬漠，思欲济世，则意中愤然。文采秀发，遂叙妙思；托配仙人，与俱游戏。周历天地，无所不到；然犹怀念楚国，思慕旧故。"我说：《远游》一篇，是屈原宇宙观、人生观的全部表现，是当时南方哲学思想之现于文学者。

（六）《招魂》 这篇的考证，前文已经说过。这篇和《远游》的思想，表面上像恰恰相反，其实仍是一贯。这篇讲上下四方，没有一处是安乐土，那么，回头还求现世物质的快乐怎么样呢？好吗？他的思想，正和葛得的《浮士特》（Goethe：Faust）剧上本一样①，《远游》便是那剧的下本。总之，这篇是写怀疑的思想历程最恼闷最苦痛处。

（七）《卜居》及《渔父》　《卜居》是说两种矛盾的人生观，《渔父》是表自己意志的抉择。意味甚为明显。

三

研究屈原，应该拿他的自杀做出发点。屈原为什么自杀呢？我说：他是一位有洁癖的人，为情而死。他是极诚专虑的爱恋一个人，定要和他结婚；但他却悬著一种理想的条件，必要在这条件之下，才肯委身相事。然而他的恋人老不理会他！不理会他，他便放手，不完结吗？不不！他决然不肯！他对于他的恋人，又爱又憎，越憎越爱；两种矛盾性日日交战，结果拿自己生命去殉那种"单相思"的爱情！他的恋人是谁？是那时候的社会。

屈原脑中，含有两种矛盾原素：一种是极高寒的理想，一种是极热烈的感情。《九歌》中《山鬼》一篇，是他用象征笔法描写自已人格。其文如下：

　　若有人兮山之阿，被薜荔兮带女萝。
　　既含睇兮又宜笑，予慕予兮善窈窕。
　　乘赤豹兮从文狸，辛夷车兮结桂旗。
　　被石兰兮带杜蘅，折芳馨兮遗所思。
　　余处幽篁兮终不见天，路险难兮独后来。
　　表独立兮山之上，云容容兮而在下。
　　杳冥冥兮羌昼晦，东风飘兮神灵雨。

---

① 葛得：今通译歌德。《浮士特》：今通译《浮士德》。

留灵修兮憺忘归，岁既晏兮孰华予。
采三秀兮于山间，石磊磊兮葛蔓蔓。
怨公子兮怅忘归，君思我兮不得闲。
山中人兮芳杜若，饮石泉兮荫松柏。
君思我兮然疑作。
雷填填兮雨冥冥，猿啾啾兮狖夜鸣。
风飒飒兮木萧萧，思公子兮徒离忧。

我常说：若有美术家要画屈原，把这篇所写那山鬼的精神抽显出来，便成绝作。他独立山上，云雾在脚底下，用石兰、杜若种种芳草庄严自己，真所谓"一生儿爱好是天然"，一点尘都染汙他不得。然而他的"心中风雨"，没有一时停息，常常向下界"所思"的人寄他万斛情爱。那人爱他与否，他都不管；他总说"君是思我"，不过"不得闲"罢了，不过"然疑作"罢了。所以他十二时中的意绪，完全在"雷填填、雨冥冥、风飒飒、木萧萧"里头过去。

他在哲学上有很高超的见解；但他决不肯耽乐幻想，把现实的人生丢弃。他说：

惟天地之无穷兮，哀人生之长勤。
往者余弗及兮，来者吾不闻。　　（《远游》）

他一面很达观天地的无穷，一面很悲悯人生的长勤，这两种念头，常常在脑里轮转，他自己理想的境界，尽够受用。他说：

道可受兮，不可传。
其小无内兮，其大无垠。
毋滑而魂兮，彼将自然。

壹气孔神兮，于中夜存。
虚以待之兮，无为之先。
庶类以成兮，此德之门。　　　　（《远游》）

这种见解，是道家很精微的所在；他所领略的，不让前辈的老聃和并时的庄周。他曾写那境界道：

经营四荒兮，周流六漠。
上至列缺兮，降望大壑。
下峥嵘而无地兮，上寥廓而无天。
视儵忽而无见兮，听惝恍而无闻。
超无为以至清兮，与泰初而为邻。　　　（《远游》）

然则他常住这境界翛然自得，岂不好吗？然而不能。他说：

余固知謇謇之为患兮，忍而不能舍也。　　（《离骚》）

他对于现实社会，不是看不开，但是舍不得。他的感情极锐敏，别人感不着的苦痛，到他的脑筋里，便同电击一般。他说：

微霜降而下沦兮，悼芳草之先零。
……
谁可与玩斯遗芳兮，长向风而舒情。　　（《远游》）

又说：
惜吾不及古人兮，吾谁与玩此芳草？　　（《思美人》）

一朵好花落去,"干卿甚事?"但在那多情多血的人,心里便不知几多难受。屈原看不过人类社会的痛苦,所以他

  长太息以掩涕兮,哀民生之多艰。 (《离骚》)

社会为什么如此痛苦呢?他以为由于人类道德堕落。所以说:

  时缤纷其变易兮,又何可以淹留。
  兰芷变而不芳兮,荃蕙化而为茅。
  何昔日之芳草兮,今直为此萧艾也!
  岂其有他故兮,莫好修之害也。
  ……
  固时俗之从流兮,又孰能无变化?
  览椒兰其若兹兮,又况揭车与江蓠? (《离骚》)

所以他在青年时代便下决心和恶社会奋斗。常怕悠悠忽忽把时光耽误了。他说:

  汩余若将不及兮,恐年岁之不吾与。
  朝搴阰之木兰兮,夕揽洲之宿莽。
  日月忽其不淹兮,春与秋其代序。
  惟草木之零落兮,恐美人之迟暮。
  不抚壮而弃秽兮,何不改乎此度? (《离骚》)

要和恶社会奋斗,头一件是要自拔于恶社会之外。屈原从小便矫然自异,就从他外面服饰上也可以见出。他说:

余幼好此奇服兮,年既老而不衰。
带长铗之陆离兮,冠切云之崔嵬。被明月兮珮宝璐。
世溷浊而莫余知兮,吾方高驰而不顾。　　（《涉江》）

又说:

高余冠之岌岌兮,长余佩之陆离。
芳与泽其杂糅兮,惟昭质其犹未亏。　　（《离骚》）

《庄子》说:"尹文作为华山之冠以自表。"当时思想家作些奇异的服饰以表异于流俗,想是常有的。屈原从小便是这种气概。他既决心反抗社会,便拿性命和他相搏。他说:

民生各有所乐兮,余独好修以为常。
虽体解吾犹未变兮,岂余心之可惩?　　（《离骚》）

又说:

即替余以蕙纕兮,又申之以揽茝。
亦余心之所善兮,虽九死其犹未悔。　　（《离骚》）

又说:

与前世而皆然兮,吾又何怨乎今之人?
吾将董道而不豫兮,固将重昏而终身。　　（《涉江》）

他从发心之日起,便有绝大觉悟,知道这件事不是容易。他赌誓和恶社会奋斗到底,他果然能实践其言,始终未尝丝毫让步。但恶社会势力太大,他到了"最后一粒子弹"的时候,只好洁身自杀。我记得在罗马美术馆中曾看见一尊额尔达治武士石雕遗像,据说这人是额尔达治国几百万人中最后死的一个人,眼眶承泪,颊唇微笑,右手一剑自刺左胁。屈原沉汨罗,就是这种心事了。

四

余既滋兰之九畹兮,又树蕙之百亩。
畦留夷以揭车兮,杂杜蘅与芳芷。
冀枝叶之峻茂兮,愿俟时乎吾将刈。
虽萎绝其亦何伤兮,哀众芳之芜秽。　　(《离骚》)

这是屈原追叙少年怀抱。他原定计划,是要多培植些同志出来,协力改革社会。到后来失败了。一个人失败有什么要紧,最可哀的是从前满心希望的人,看着堕落下去。所谓"众芳芜秽",就是"昔日芳草,今为萧艾",这是屈原最痛心的事。

他想改革社会,最初从政治入手。因为他本是贵族,与国家同休戚;又曾得怀王的信任,自然是可以有为。他所以"奔走先后",与闻国事,无非欲他的君王能够"及前王之踵武"(《离骚》)。无奈怀王太不是材料:

初既与余成言兮,后悔遁而有他。
余既不难夫离别兮,伤灵修之数化。　　(《离骚》)
昔君与我诚言兮,曰黄昏以为期。
羌中道而回畔兮,反既有此他志。　　(《抽思》)

他和怀王的关系,就像相爱的人已经定了婚约,忽然变卦。所以他说：

> 心不同兮媒劳，恩不甚兮轻绝。
> ……
> 交不忠兮怨长，期不信兮告余以不闲。　　（《湘君》）

他对于这一番经历，很是痛心，作品中常常感慨。内中最缠绵沉痛的一段是：

> 吾谊先君而后身兮，羌众人之所仇。
> 专惟君而无他兮，又众兆之所雠。
> 一心而不豫兮，羌不可保也。
> 疾亲君而无他兮，有招祸之道也。
> 思君其莫我忠兮，忽忘身之贱贫。
> 事君而不贰兮，迷不知宠之门。
> 忠何罪以遇罚兮，亦非余心之所志。
> 行不群以巅越兮，又众兆之所咍。
> ……　　（《惜诵》）

他年少时志盛气锐，以为天下事可以凭我的心力立刻做成；不料才出头便遭大打击。他曾写自己心理的经过，说道：

> 昔余梦登天兮，魂中道而无杭。
> 吾使厉神占之兮，曰有志极而无旁。
> ……
> 吾闻作忠以造怨兮，忽谓之过言。
> 九折臂而成医兮，吾至今而知其信然。　　（《惜诵》）

他受了这一回教训,烦闷之极。但他的热血,常常保持沸度,再不肯冷下去。于是他发出极沉挚的悲音。说道:

> 闺中既已邃远兮,哲王又不寤。
> 怀朕情而不发兮,余焉能忍与此终古?　　(《离骚》)

以屈原的才气,倘肯稍为迁就社会一下,发展的余地正多。他未尝不盘算及此,他托为他姐姐劝他的话,说道:

> 女嬃之婵媛兮,申申其詈予。
> 曰:"鲧婞直以亡身兮,终然夭乎羽之野。
> 汝何博謇而好修兮,纷独有此姱节。
> 薋菉葹以盈室兮,判独离而不服。"
> 众不可户说兮,孰云察余之中情?
> 世并举而好朋兮,夫何茕独而不予听?
> ……　　(《离骚》)

又托为渔父劝他的话,说道:

> 圣人不凝滞于物,而能与世推移。
> 举世皆浊,何不淈其泥而扬其波?
> 众人皆醉,何不餔其糟而歠其醨?　　(《渔父》)

他自己亦曾屡屡反劝自己,说道:

> 惩于羹者而吹齑兮,何不变此志也?
> 欲释阶而登天兮,犹有曩之态也。　　(《惜诵》)

207

说是如此,他肯吗?不不!他断然排斥"迁就主义"。他说:

刓方以为圜兮,常度未替。
易初本迪兮,君子所鄙。
……
玄文处幽兮,矇瞍谓之不章。
离娄微睇兮,瞽以为无明。
……
邑犬群吠兮,吠所怪也。
非俊疑杰兮,固庸态也。　　(《怀沙》)

他认定真理正义,和流俗人不相容;受他们压迫,乃是当然的。自己最要紧是立定脚跟,寸步不移。他说:

嗟尔幼志,有以异兮。独立不迁,岂不可喜兮。
深固难徙,廓其无求兮。苏世独立,横而不流兮。

(《橘颂》)

他根据这"独立不迁"主义,来定自己的立场,所以说:

固时俗之工巧兮,偭规矩而改错。
背绳墨以追曲兮,竞周容以为度。
忳郁邑余侘傺兮,吾独穷困乎此时也。
宁溘死以流亡兮,余不忍为此态也。
鸷鸟之不群兮,自前世而固然。
何方圜之能周兮,夫孰异道而相安?
屈心而抑志兮,忍尤而攘诟。

伏清白以死直兮，固前圣之所厚。　　　（《离骚》）

易卜生最喜欢讲的一句话：All or nothing。（要整个，不然，宁可什么也没有。）屈原正是这种见解。"异道相安"，他认为和方圆相周一样，是绝对不可能的事。中国人爱讲调和，屈原不然，他只有极端："我决定要打胜他们，打不胜我就死。"这是屈原人格的立脚点，他说也是如此说，做也是如此做。

五

不肯迁就，那么，丢开罢。怎么样呢？这一点，正是屈原心中常常交战的题目。丢开有两种：一是丢开楚国，二是丢开现社会。丢开楚国的商榷，所谓：

思九州之博大兮，岂惟是其有女。
……
何所独无芳草兮，尔何怀乎故宇？　　　（《离骚》）

这种话就是后来贾谊吊屈原说的"历九州而相君兮，何必怀此都也。"屈原对这种商榷怎么呢？他以为举世溷浊，到处都是一样。他说：

溘吾游此春宫兮，折琼枝以继佩。
及荣华之未落兮，相下女之可诒。
吾令丰隆乘云兮，求宓妃之所在。
解佩纕以结言兮，吾令蹇修以为理。
纷总总其离合兮，忽纬繣其难迁。
……

望瑶台之偃蹇兮，见有娀之佚女。
吾令鸩为媒兮，鸩告余以不好。
雄鸠之鸣逝兮，余犹恶其佻巧。
……
及少康之未家兮，留有虞之二姚。
理弱而媒拙兮，恐导言之不固。
时溷浊而嫉贤兮，好蔽美而称恶。
……　　（《离骚》）

这些话怎样解呢？对于这一位意中人，已经演了失恋的痛史了，再换别人，只怕也是一样。宓妃呢？纬繣难迁；有娀吗？不好，佻巧。二姚吗？导言不固。总结一句，就是旧戏本说的笑话："我想平儿，平儿老不想我。"怎么样他才会想我呢？除非我变个样子；然而我到底不肯；所以任凭你走遍天涯地角，终久找不着一个可意的人来结婚。于是他发出绝望的悲调，说：

忽反顾以流涕兮，哀高丘之无女。　　（《离骚》）

他理想的女人，简直没有。那么，他非在独身生活里头甘心终老不可了。

举世溷浊的感想，《招魂》上半篇表示得最明白。所谓：

魂兮归来，东方不可以托些。
……
魂兮归来，南方不可以止些。
……
魂兮归来，西方之害流沙千里些。

……

魂兮归来，北方不可以止些。

……

魂兮归来，君无上天些。

……

魂兮归来，君无下此幽都些。

……

似此"上下四方多贼奸"，有那一处可以说是比"故宇"强些呢？

所以丢开楚国，全是不彻底的理论，不能成立。丢开现社会，确是彻底的办法。屈原同时的庄周，就是这样。屈原也常常打这个主意。他说：

悲时俗之迫阨兮，愿轻举以远游。　　（《远游》）

他被现社会迫阨不过，常常要和他脱离关系，宣告独立。而且实际上，他的神识，亦往往靠这一条路得些安慰。他作品中表现这种理想者最多。如：

驾青虬兮骖白螭，吾与重华游兮瑶之圃。
登昆仑兮食玉英，与天地兮比寿，与日月兮齐光。（《涉江》）
与女游兮九河，冲风起兮水扬波。
乘水车兮荷盖，驾两龙兮骖螭。
登昆仑兮四望，心飞扬兮浩荡。　　（《河伯》）
春秋忽其不淹兮，奚久留此故居。
轩辕不可攀援兮，吾将从王乔而娱戏。
餐六气而饮沆瀣兮，漱正阳而含朝霞。
保神明之清澄兮，精气入而粗秽除。

顺凯风以从游兮，至南巢而一息。
见王子而宿之兮，审一气之和德。　　（《远游》）
穆眇眇之无垠兮，莽芒芒之无仪。
声有隐而相感兮，物有纯而不可为。
藐蔓蔓之不可量兮，缥绵绵之不可纡。
……

上高岩之峭岸兮，处雌蜺之标颠。
据青冥而攄虹兮，遂儵忽而扪天。　　（《悲回风》）
遭吾道夫昆仑兮，路修远以周流。
扬云霓之晻蔼兮，鸣玉鸾之啾啾。
朝发轫于天津兮，夕余至乎西极。
凤皇翼其承旂兮，高翱翔之翼翼。
忽吾行此流沙兮，遵赤水而容与。
麾蛟龙使梁津兮，诏西皇使涉予。
……

屯余车其千乘兮，齐玉轪而并驰。
驾八龙之婉婉兮，载云旗之委蛇。
抑志而弭节兮，神高驰之邈邈。
奏《九歌》而舞《韶》兮，聊假日以媮乐。　　（《离骚》）

诸如此类，所写都是超现实的境界，都是从宗教的或哲学的想象力构造出来。倘使屈原肯往这方面专做他的精神生活，他的日子原可以过得很舒服。然而不能。他在《远游》篇，正在说"绝氛埃而淑尤兮，终不反其故都"，底下忽然接着道：

恐天时之代序兮，耀灵晔而西征。
微霜降而下沦兮，悼芳草之先零。

他在《离骚》篇，正在说"假日媮乐"，底下忽然接着道：

陟升皇之赫戏兮，忽临睨夫旧乡。
仆夫悲余马怀兮，蜷局顾而不行。

乃至如《招魂》篇把物质上娱乐敷陈了一大堆，煞尾却说道：

皋兰被径兮斯路渐，湛湛江水兮上有枫。
目极千里兮伤春心，魂兮归来哀江南。

屈原是情感的化身，他对于社会的同情心，常常到沸度。看见众生苦痛，便和身受一般，这种感觉，任凭用多大力量的麻药也麻他不下。正所谓"此情无计可消除，才下眉头，却上心头"。说丢开吗？如何能够呢？他自己说：

登高吾不说兮，入下吾不能。　　（《思美人》）

这两句真是把自己心的状态，全盘揭出。超现实的生活不愿做，一般人的凡下现实生活又做不来，他的路于是乎穷了。

六

对于社会的同情心既如此其富，同情心刺戟最烈者，当然是祖国，所以放逐不归，是他最难过的一件事。他写初去国时的情绪道：

发郢都而去闾兮，怊荒忽之焉极。
楫齐扬以容与兮，哀见君而不再得。

望长楸而太息兮,涕淫淫其若霰。
过夏首而西浮兮,顾龙门而不见。
……
将运舟而下浮兮,上洞庭而下江。
去终古之所居兮,今逍遥而来东。
羌灵魂之欲归兮,何须臾而忘反。
背夏浦而西思兮,哀故都之日远。　　(《哀郢》)
望孟夏之短夜兮,何晦明之若岁。
惟郢路之辽远兮,魂一夕而九逝。
曾不知路之曲直兮,南指月与列星。
愿径逝而不得兮,魂识路之营营。　　(《抽思》)

内中最沉痛的是:

曼余目以流观兮,冀一反之何时。
鸟飞返故居兮,狐死必首丘。
信非余罪而放逐兮,何日夜而忘之。　　(《哀郢》)

这等作品,真所谓"一声河满子,双泪落君前"。任凭是铁石人,读了怕都不能不感动哩!

他在湖南过的生活,《涉江》篇中描写一部分如下:

乘舲船余上沅兮,齐吴榜以击汰。
船容与而不进兮,淹回水而凝滞。
朝发枉陼兮,夕宿辰阳。
苟余心其端直兮,虽僻远其何伤。
入溆浦余儃佪兮,迷不知吾所如。

> 深林杳以冥冥兮，乃猿狖之所居。
> 山峻高以蔽日兮，下幽晦以多雨。
> 霰雪纷其无垠兮，云霏霏而承宇。
> 哀吾生之无乐兮，幽独处乎山中。
> 吾不能变心而从俗兮，固将愁苦而终穷。

大概他在这种阴惨岑寂的自然界中过那非社会的生活，经了许多年。像他这富于社会性的人，如何能受？他在那里

> 退静默而莫余知兮，进号呼又莫吾闻。 （《惜诵》）

他和恶社会这场血战，真已到矢尽援绝的地步。肯降服吗？到底不肯。他把他的洁癖坚持到底。说道：

> 安能以身之察察，受物之汶汶者乎？
> 宁赴湘流，葬于江鱼之腹中。
> 安能以皓皓之白，而蒙世俗之尘埃乎？ （《渔父》）

他是有精神生活的人，看着这臭皮囊，原不算什么一回事。他最后觉悟到他可以死而且不能不死，他便从容死去。临死时的绝作说道：

> 民生禀命，各有所错兮。
> 定心广志，余何畏惧兮。
> 曾伤爰哀，永叹喟兮。
> 世溷浊莫吾知，人心不可谓兮。
> 知死不可让，愿勿爱兮。
> 明告君子，吾将以为类兮。 （《怀沙》）

西方的道德论，说凡自杀皆怯懦。依我们看：犯罪的自杀是怯懦，义务的自杀是光荣。匹夫匹妇自经沟渎的行为，我们诚然不必推奖他。至于"志士不忘在沟壑，勇士不忘丧其元"，这有什么见不得人之处？屈原说的"定心广志何畏惧"，"知死不可让愿勿爱"，这是怯懦的人所能做到吗？《九歌》中有赞美战死的武士一篇，说道：

……
出不入兮往不反，平原忽兮路超远。
带长剑兮挟秦弓，首身离兮心不惩。
诚既勇兮又以武，终刚强兮不可凌。
身既死兮神以灵，子魂魄兮为鬼雄。　　（《国殇》）

这虽属侑神之词，实亦写他自己的魄力和身分。我们这位文学老祖宗留下二十多篇名著，给我们民族偌大一份遗产，他的责任算完全尽了。末后加上这汨罗一跳，把他的作品添出几倍权威，成就万劫不磨的生命，永远和我们相摩相荡。呵呵！"诚既勇兮又以武，终刚强兮不可凌。"呵呵！屈原不死！屈原惟自杀故，越发不死！

七

以上所讲，专从屈原作品里头体现出他的人格，我对于屈原的主要研究，算是结束了。最后对于他的文学技术，应该附论几句。

屈原以前的文学，我们看得着的只有《诗经》三百篇。三百篇好的作品，都是写实感。实感自然是文学主要的生命，但文学还有第二个生命，曰想象力。从想象力中活跳出实感来，才算极文学之能事。就这一点论，屈原在文学史的地位，不特前无古人，截到今日止，仍是后无来者。因为屈原以后的作品，在散文或小说里头，想象力比屈原优胜的或者还有；在韵文里头，我敢说还没有人比得上他。

他作品中最表现想象力者，莫如《天问》、《招魂》、《远游》三篇。《远游》的文句，前头多已征引，今不再说。《天问》纯是神话文学，把宇宙万有，都赋予他一种神秘性，活像希腊人思想。《招魂》前半篇说了无数半神半人的奇情异俗，令人目摇魄荡；后半篇说人世间的快乐，也是一件一件地从他脑子里幻构出来。至如《离骚》：什么灵氛，什么巫咸，什么丰隆，望舒，蹇修，飞廉，雷师，这些鬼神，都拉来对面谈话，或指派差事。什么宓妃，什么有娀佚女，什么有虞二姚，都和他商量爱情。凤皇，鸩，鸠，鷤鸠，都听他使唤，或者和他答话。虬龙，虹霓，鸾，或是替他拉车，或是替他打伞，或是替他搭桥。兰，茝，桂，椒，芰荷，芙蓉，……无数芳草，都做了他的服饰。昆仑，县圃，咸池，扶桑，苍梧，崦嵫，阊阖，阆风，穷石，洧盘，天津，赤水，不周，……种种地名或建筑物，都是他脑海里头的国土。又如《九歌》十篇，每篇写一神，便把这神的身分和意识都写出来。想象力丰富瑰伟到这样，何止中国，在世界文学作品中，除了但丁《神曲》外，恐怕还没有几家够得上比较哩！

班固说："不歌而诵谓之赋。"从前的诗，谅来都是可以歌的，不歌的诗，自"屈原赋"始。几千字一篇韵文，在体格上已经是空前创作，那波澜壮阔，层叠排奡，完全表出他气魄之伟大。有许多话讲了又讲，正见得缠绵悱恻，一往情深，有这种技术，才配说"感情的权化"。

写客观的意境，便活给他一个生命，这是屈原绝大本领。这类作品，《九歌》中最多。如：

> 君不行兮夷犹，蹇谁留兮中洲？
> 美要眇兮宜修，沛吾乘兮桂舟。
> 令沅湘兮无波，使江水兮安流。　　（《湘君》）
> 帝子降兮北渚，目眇眇兮愁予。

袅袅兮秋风，洞庭波兮木叶下。
……
沅有芷兮澧有兰，思公子兮未敢言。　　（《湘夫人》）
秋兰兮蘪芜，罗生兮堂下。
绿叶兮素枝，芳菲菲兮袭予。
……
秋兰兮青青，绿叶兮紫茎。
满堂兮美人，忽独与余兮目成。
入不言兮出不辞，乘回风兮载云旗。
悲莫悲兮生别离，乐莫乐兮新相知。
荷衣兮蕙带，倏而来兮忽而逝。
夕宿兮帝郊，君谁须兮云之际。
……　　　　　　　　　　　　（《少司命》）
子交手兮东行，送美人兮南浦。
波滔滔兮来迎，鱼鳞鳞兮媵予。　　（《河伯》）

这类作品，读起来，能令自然之美，和我们心灵相触逗，如此，才算是有生命的文学。太史公批评屈原道：

> 其文约，其辞微，其志洁，其行廉。其称文小而其指极大，举类迩而见义远。其志洁，故其称物芳；其行廉，故死而不容自疏。濯淖污泥之中，蝉蜕于浊秽，以浮游尘埃之处，不获世之滋垢，皭然泥而不滓者也。推此志也，虽与日月争光可也。　　（《史记》本传）

虽未能尽见屈原，也算略窥一斑了。我就把这段作为全篇的结束。

情圣杜甫

一

今日承诗学研究会嘱托讲演，可惜我文学素养很浅薄，不能有甚么新贡献，只好把咱们家里老古董搬出来和诸君摩挲一番，题目是"情圣杜甫"。在讲演本题以前，有两段话应该简单说明：

第一，新事物固然可爱，老古董也不可轻轻抹煞。内中艺术的古董，尤为有特殊价值。因为艺术是情感的表现，情感是不受进化法则支配的；不能说现代人的情感一定比古人优美，所以不能说现代人的艺术一定比古人进步。

第二，用文字表出来的艺术——如诗词歌剧小说等类，多少总含有几分国民的性质。因为现在人类语言未能统一，无论何国的作家，总须用本国语言文字做工具；这副工具操练得不纯熟，纵然有很丰富高妙的思想，也不能成为艺术的表现。我根据这两种理由，希望现代研究文学的青年，对于本国二千年来的名家作品，着实费一番工夫去赏会他，那么，杜工部自然是首屈一指的人物了。

二

杜工部被后人上他徽号叫做"诗圣"。诗怎么样才算"圣"，标准很难确定，我们也不必轻轻附和。我以为工部最少可以当得起"情圣"的徽号。因为他的情感的内容，是极丰富的，极真实的，极深刻的。他表情的方法又极熟练，能鞭辟到最深处，能将他全部完全反映不走样子，能像电气一般，一振一荡的打到别人的心弦上，中国文学界写情圣手，没有人比得上他，所以我叫他做"情圣"。

我们研究杜工部，先要把他所生的时代和他一生经历略叙梗概，看出他整个的人格。两晋六朝几百年间，可以说是中国民族混成时代，中原被异族侵入，搀杂许多新民族的血；江南则因中原旧家次第迁渡，把原住民的文化提高了。当时文艺上南北派的痕迹显然，北派真率悲壮，南派整齐柔婉，在古乐府里头，最可以看出这分野。唐朝民族化合作用，经过完成了，政治上统一，影响及于文艺，自然会把两派特性合冶一炉，形成大民族的新美。初唐是黎明时代，盛唐正是成熟时代。内中玄宗开元间四十年太平，正孕育出中国艺术史上黄金时代。到天宝之乱，黄金忽变为黑灰。时事变迁之剧，未有其比。当时蕴蓄深厚的文学界，受了这种激刺，益发波澜壮阔。杜工部正是这个时代的骄儿。他是河南人，生当玄宗开元之初。早年漫游四方，大河以北都有他足迹，同时大文学家李太白、高达夫，都是他的挚友。中年值安禄山之乱，从贼中逃出，跑到甘肃的灵武谒见肃宗，补了个"拾遗"的官，不久告假回家。又碰着饥荒，在陕西的同谷县，几乎饿死。后来流落到四川，依一位故人严武。严武死后，四川又乱，他避难到湖南，在路上死了。他有两位兄弟，一位妹子，都因乱离难得见面。他和他的夫人也常常隔离，他一个小儿子，因饥荒饿死；两个大儿子，晚年跟着他在四川。他一生简单的经历，大略如此。他是一位极热肠的人，又是一位极有脾气的人。从小便心高气傲，不肯趋承人。他的诗道：

以兹悟生理，独耻事干谒。　（《奉先咏怀》）

又说：

白鸥没浩荡，万里谁能驯。　（《赠韦左丞》）

可以见他的气概。严武做四川节度,他当无家可归的时候去投奔他,然而一点不肯趋承将就,相传有好几回冲撞严武,几乎严武容他不下哩。他集中有一首诗,可以当他人格的象征:

绝代有佳人,幽居在空谷。
自言良家子,零落依草木。
……
在山泉水清,出山泉水浊。
侍婢卖珠回,牵萝补茅屋。
摘花不插鬓,采柏动盈掬。
天寒翠袖薄,日暮倚修竹。　　(《佳人》)

这位佳人,身分是非常名贵的,境遇是非常可怜的,情绪是非常温厚的,性格是非常高亢的,这便是他本人自己的写照。

三

他是个最富于同情心的人。他有两句诗:

穷年忧黎元,叹息肠内热。　　(《奉先咏怀》)

这不是瞎吹的话,在他的作品中,到处可以证明。这首诗底下便有两段说:

彤庭所分帛,本自寒女出。
鞭挞其夫家,聚敛贡城阙。　　(同上)

又说：

> 况闻内金盘，尽在卫霍室。中堂舞神仙，烟雾散玉质。
> 暖客貂鼠裘，悲管逐清瑟。劝客驼蹄羹，霜橙压香橘。
> 朱门酒肉臭，路有冻死骨。　　　（同上）

这种诗几乎纯是现代社会党的口吻。他做这诗的时候，正是唐朝黄金时代，全国人正在被镜里雾里的太平景象醉倒了。这种景象映到他的眼中，却有无限悲哀。

他的眼光，常常注视到社会最下层，这一层的可怜人那些状况，别人看不出，他都看出；他们的情绪，别人传不出，他都传出。他著名的作品"三吏"、"三别"，便是那时代社会状况最真实的影戏片。《垂老别》的：

> 老妻卧路啼，岁暮衣裳单。熟知是死别，且复伤其寒。
> 此去必不归，还闻劝加餐。

《新安吏》的：

> 肥男有母送，瘦男独伶俜。白水暮东流，青山犹哭声。
> 莫自使眼枯，收汝泪纵横。眼枯即见骨，天地终无情。

《石壕吏》的：

> 三男邺城戍。一男附书至，二男新战死。
> 存者且偷生，死者长已矣。

这些诗是要作者的精神和那所写之人的精神并合为一,才能做出。他所写的是否他亲闻亲见的事实,抑或他脑中创造的影像,且不管他。总之他做这首《垂老别》时,他已经化身做那位六七十岁拖去当兵的老头子;做这首《石壕吏》时,他已经化身做那位儿女死绝衣食不给的老太婆,所以他说的话,完全和他们自己说一样。

他还有《又呈吴郎》一首七律,那上半首是:

> 堂前扑枣任西邻,无食无儿一妇人。
> 不为困穷宁有此,只缘恐惧转须亲。

这首诗,以诗论,并没什么好处,但叙当时一件琐碎实事,——一位很可怜的邻舍妇人偷他的枣子吃,因那人的惶恐,把作者的同情心引起了。这也是他注意下层社会的证据。

有一首《缚鸡行》,表出他对于生物的泛爱,而且很含些哲理:

> 小奴缚鸡向市卖,鸡被缚急相喧争。
> 家人厌鸡食虫蚁,不知鸡卖还遭烹。
> 虫鸡于人何厚薄,吾叱奴人解其缚。
> 鸡虫得失无了时,注目寒江倚山阁。

有一首《茅屋为秋风所破歌》,结尾几句说道:

> ……
> 安得广厦千万间,大庇天下寒士俱欢颜。
> 风雨不动安如山。
> 呜呼!何时眼前突兀见此屋,吾庐独破受冻死亦足。

有人批评他是名士说大话,但据我看来,此老确有这种胸襟。因为他对于下层社会的痛苦，看得真切，所以常把他们的痛苦当作自己的痛苦。

四

他对于一般人如此多情，对于自己有关系的人，更不待说了。我们试看他对朋友：那位因陷贼贬做台州司户的郑虔，他有诗送他道：

……
便与先生应永诀，九重泉路尽交期。

又有诗怀他道：

天台隔三江，风浪无晨暮。
郑公纵得归，老病不识路。
……

（《有怀台州郑十八司户》）

那位因附永王璘造反长流夜郎的李白，他有诗梦他道：

死别已吞声，生别常恻恻。江南瘴疠地，逐客无消息。
故人入我梦，明我长相忆。恐非平生魂，路远不可测。
魂来枫林青，魂返关塞黑。君今在罗网，何以有羽翼。
落月满屋梁，犹疑照颜色。水深波浪阔，毋使蛟龙得。

（《梦李白》二首之一）

这些诗不是寻常应酬话，他实在拿郑、李等人当一个朋友，对于他们的境遇，所感痛苦，和自己亲受一样，所以做出来的诗，句句都带血带泪。

他集中想念他兄弟和妹子的诗，前后有二十来首，处处至性流露。最沉痛的如《同谷七歌》中：

有弟有弟在远方，三人各瘦何人强。
生别展转不相见，胡尘暗天道路长。
前飞鴐鹅后鹙鸧，安得送我置汝旁。
呜呼三歌兮歌三发，汝归何处收兄骨。

有妹有妹在钟离，良人早没诸孤痴。
长淮浪高蛟龙怒，十年不见来何时。
扁舟欲往箭满眼，杳杳南国多旌旗。
呜呼四歌兮歌四奏，林猿为我啼清昼。

他自己直系的小家庭，光景是很困苦的，爱情却是很执挚的。他早年有一首思家诗：

今夜鄜州月，闺中只独看。遥怜小儿女，未解忆长安。
香雾云鬟湿，清辉玉臂寒。何时倚虚幌，双照泪痕干。
（《月夜》）

这种缘情旖旎之作，在集中很少见。但这一首已可证明工部是一位温柔细腻的人。他到中年以后，遭值多难，家属离合，经过不少的酸苦。乱前他回家一次，小的儿子饿死了。他的诗道：

……
老妻寄异县，十口隔风雪。

谁能久不顾，庶往共饥渴。
入门闻号啕，幼子饿已卒。
吾宁舍一哀，里巷亦呜咽。
所愧为人父，无食致夭折。　　（《奉先咏怀》）

乱后和家族隔绝，有一首诗：

去年潼关破；妻子隔绝久。
……
自寄一封书，今已十月后。
反畏消息来，寸心亦何有。
……
　　　　　　　　　　　（《述怀》）

其后从贼中逃归，得和家族团聚，他有好几首诗写那时候的光景：《羌村》三首中的第一首：

峥嵘赤云西，日脚下平地。柴门鸟雀噪，归客千里至。
妻孥怪我在，惊定还拭泪。世乱遭飘荡，生还偶然遂。
邻人满墙头，感叹亦歔欷。夜阑更秉烛，相对如梦寐。

《北征》里头的一段：

况我堕胡尘，及归尽华发。经年至茅屋，妻子衣百结。
恸哭松声回，悲泉共幽咽。平生所娇儿，颜色白胜雪。
见耶背面啼，垢腻脚不袜。床前两小女，补绽才过膝。
海图坼波涛，旧绣移曲折。天吴及紫凤，颠倒在裋褐。
老夫情怀恶，呕泄卧数日。那无囊中帛，救汝寒凛栗。

粉黛亦解包,衾裯稍罗列。瘦妻面复光,痴女头自栉。
学母无不为,晓妆随手抹。移时施朱铅,狼藉画眉阔。
生还对童稚,似欲忘饥渴。问事竞挽须,谁能即嗔喝。
翻思在贼愁,甘受杂乱聒。

其后挈眷避乱,路上很苦。他有诗追叙那时情况道:

忆昔避贼初,北走经险艰。
夜深彭衙道,月照白水山。
尽室久徒步,逢人多厚颜。
……
痴女饥咬我,啼畏虎狼闻。
怀中掩其口,反侧声愈嗔。
小儿强解事,故索苦李餐。
一旬半雷雨,泥泞相牵攀。
……
　　　　　　　　　　　　　　　　(《彭衙行》)

他合家避乱到同谷县山中,又遇着饥荒,靠草根木皮活命,在他困苦的全生涯中,当以这时候为最甚。他的诗说:

长镵长镵白木柄,我生托子以为命。
黄独无苗山雪盛,短衣数挽不掩胫。
此时与子空归来,男呻女吟四壁静。
……
　　　　　　　　　　　　　　　　(《同谷七歌》之二)

以上所举各诗写他自己家庭状况,我替他起个名字叫做"半写实派"。他处处把自己主观的情感暴露,原不算写实派的作法。但如《羌村》、《北征》等篇,多用第三者客观的资格,描写所观察得来的环境和别人情感，从极琐碎的断片详密刻画，确是近世写实派用的方法，所以可叫做半写实。这种作法，在中国文学界上，虽不敢说是杜工部首创，却可以说是杜工部用得最多而最妙。从前古乐府里头，虽然有些，但不如工部之描写入微。这类诗的好处在真，事愈写得详，真情愈发得透。我们熟读他，可以理会得"真即是美"的道理。

五

杜工部的"忠君爱国"，前人恭维他的很多，不用我再添话。他集中对于时事痛哭流涕的作品，差不多占四分之一，若把他分类研究起来，不惟在文学上有价值，而且在史料上有绝大价值。为时间所限，恕我不征引了。内中价值最大者，在能确实描写出社会状况，及能确实讴吟出时代心理。刚才举出半写实派的几首诗，是集中最通用的作法，此外还有许多是纯写实的。试举他几首：

> 献凯日继踵，两蕃静无虞。渔阳豪侠地，击鼓吹笙竽。
> 云帆转辽海，粳稻来东吴。越罗与楚练，照耀舆台躯。
> 主将位益崇，气骄凌上都。边人不敢议，议者死路衢。
>
> （《后出塞》五首之四）

读这些诗，令人立刻联想到现在军阀的豪奢专横。——尤其逼肖奉直战争前张作霖的状况。最妙处是不著一个字批评，但把客观事实直写，自然会令读者叹气或瞪眼。又如《丽人行》那首七古，全首将近二百字的长篇，完全立在第三者地位观察事实。从"三月三日天气新"，到"青鸟飞去衔红巾"，占全首二十六句中之二十四句，只是极力铺叙那种豪奢热闹情状，不惟字面上没有讥刺痕迹，连骨子里头也没有。直至结尾两句：

炙手可热势绝伦，慎莫近前丞相嗔。

算是把主意一逗。但依然不著议论，完全让读者自去批评。这种可以说讽刺文学中之最高技术。因为人类对于某种社会现象之批评，自有共同心理，作家只要把那现象写得真切，自然会使读者心理起反应；若把读者心中要说的话，作者先替他倾吐无余，那便索然寡味了。杜工部这类诗，比白香山《新乐府》高一筹，所争就在此。《石壕吏》、《垂老别》诸篇，所用技术，都是此类。

工部的写实诗，十有九属于讽刺类。不独工部为然，近代欧洲写实文学，那一家不是专写社会黑暗方面呢？但杜集中用写实法写社会优美方面的亦不是没有。如《遭田父泥饮》那篇：

步屧随春风，村村自花柳。田翁逼社日，邀我尝春酒。
酒酣夸新尹，畜眼未见有。回头指大男，"渠是弓弩手。
名在飞骑籍，长番岁时久。前日放营农，辛苦救衰朽。
差科死则已，誓不举家走。今年大作社，拾遗能住否？"
叫妇开大瓶，盆中为吾取。
……
高声索果栗，欲起时被肘。
指挥过无礼，未觉村野丑。月出遮我留，仍嗔问升斗。

这首诗把乡下老百姓极粹美的真性情，一齐活现。你看他父子夫妇间何等亲热；对于国家的义务心何等郑重；对于社交，何等爽快，何等恳切。我们若把这首诗当个画题，可以把篇中各人的心理从面孔上传出，便成了一幅绝好的风俗画。我们须知道：杜集中关于时事的诗，以这类为最上乘。

六

　　工部写情，能将许多性质不同的情绪，归拢在一篇中，而得调和之美。例如《北征》篇，大体算是忧时之作。然而"青云动高兴，幽事亦可悦"以下一段，纯是玩赏天然之美。"夜深经战场，寒月照白骨"以下一段，凭吊往事。"况我堕胡尘"以下一大段，纯写家庭实况，忽然而悲，忽然而喜。"至尊尚蒙尘"以下一段，正面感慨时事，一面盼望内乱速平，一面又忧虑到凭藉回鹘外力的危险。"忆昨狼狈初"以下到篇末，把过去的事实，一齐涌到心上。像这许多杂乱情绪迸在一篇，调和得恰可，非有绝大力量不能。

　　工部写情，往往愈捞愈紧，愈转愈深，像《哀王孙》那篇，几乎一句一意，试将现行新符号去点读他，差不多每句都须用"。"符或"；"符。他的情感，像一堆乱石，突兀在胸中，断断续续的吐出，从无条理中见条理，真极文章之能事。

　　工部写情，有时又淋漓尽致一口气说出，如八股家评语所谓"大开大合"。这种类不以曲折见长，然亦能极其美。集中模范的作品，如《忆昔行》第二首，从"忆昔开元全盛日"起到"叔孙礼乐萧何律"止，极力追述从前太平景象，从社会道德上赞美，令意义格外深厚。自"岂闻一缣直万钱"到"复恐初从乱离说"，翻过来说现在乱离景象，两两比对，令读者胆战肉跃。

　　工部还有一种特别技能，几乎可以说别人学不到：他最能用极简的语句，包括无限情绪，写得极深刻。如《喜达行在所》三首中第三首的头两句。

　　　　死去凭谁报，归来始自怜。

仅仅十个字，把十个月内虎口余生的甜酸苦辣都写出来，这是何等魄力。又如前文所引《述怀》篇的"反畏消息来"五个字，写乱离中担心家中情状，真是惊心动魄。又如《垂老别》里头：

势异邺城下，纵死时犹宽。

死是早已安排定了，只好拿期限长些作安慰，（原文是写老妻送行时语。）这是何等沉痛。又如前文所引的：

郑公纵得归，老病不识路。

明明知道他绝对不得归了，让一步虽得归，已经万事不堪回首。此外如：

带甲满天地，胡为君远行。　　（《送远》）
万方同一概，吾道竟何之。　　（《秦州杂诗》）
国破山河在，城春草木深。　　（《春望》）
亲朋无一字，老病有孤舟。　　（《登岳阳楼》）
古往今来皆涕泪，断肠分手各风烟。　（《公安送韦二少府》）

都是用极少的字表极复杂极深刻的情绪，他是用洗练工夫用得极到家，所以说："语不惊人死不休。"此其所以为文学家的文学。

悲哀愁闷的情感易写，欢喜的情感难写。古今作家中，能将喜情写得逼真的，除却杜集《闻官军收河南河北》外，怕没有第二首。那诗道：

剑外忽闻收蓟北，初闻涕泪满衣裳。

却看妻子愁何在，漫卷诗书喜欲狂。
白日放歌须纵酒，青春作伴好还乡。
即从巴峡穿巫峡，便下襄阳向洛阳。

那种手舞足蹈情形，从心坎上奔进而出，我说他和古乐府的《公无渡河》是同一样笔法。彼是写忽然剧变的悲情，此是写忽然剧变的喜情，都是用快光镜照相照得的。

七

工部流连风景的诗比较少，但每有所作，一定于所咏的景物观察入微。便把那景物做象征，从里头印出情绪。如：

竹凉侵卧内，野月满庭隅。重露成涓滴，稀星乍有无。
暗飞萤自照，水宿鸟相呼。万事干戈里，空悲清夜徂。

（《倦夜》）

题目是"倦夜"，景物从初夜写到中夜后夜，是独自一个人有心事睡不着，疲倦无聊中所看出的光景，所写环境，句句和心理反应。又如：

风急天高猿啸哀，渚清沙白鸟飞回。
无边落木萧萧下，不尽长江滚滚来。
……

（《登高》）

虽然只是写景，却有一位老病独客秋天登高的人在里头。便不读下文"万里悲秋常作客，百年多病独登台"两句，已经如见其人了。又如：

细草微风岸，危樯独夜舟。
星垂平野阔，月涌大江流。
……

(《旅夜书怀》)

从寂寞的环境上领略出很空阔很自由的趣味。末两句说："飘飘何所似，天地一沙鸥。"把情绪一点便醒。

所以工部的写景诗，多半是把景做表情的工具。像王、孟、韦、柳的写景，固然也离不了情，但不如杜之情的分量多。

八

诗是歌的笑的好呀，还是哭的叫的好？换一句话说：诗的任务在赞美自然之美呀，抑在呼诉人生之苦？再换一句话说：我们应该为做诗而做诗呀，抑或应该为人生问题中某项目的而做诗？这两种主张，各有极强的理由；我们不能作极端的左右袒，也不愿作极端的左右袒。依我所见：人生目的不是单调的，美也不是单调的。为爱美而爱美，也可以说为的是人生目的；因为爱美本来是人生目的的一部分。诉人生苦痛，写人生黑暗，也不能不说是美。因为美的作用，不外令自己或别人起快感；痛楚的刺激，也是快感之一；例如肤痒的人，用手抓到出血，越抓越畅快。像情感怎么热烈的杜工部，他的作品，自然是刺激性极强，近于哭叫人生目的那一路；主张人生艺术观的人，固然要读他。但还要知道：他的哭声，是三板一眼的哭出来，节节含着真美。主张唯美艺术观的人，也非读他不可。我很惭愧：我的艺术素养浅薄，这篇讲演，不能充分发挥"情圣"作品的价值；但我希望这位"情圣"的精神，和我们的语言文字同其寿命；尤盼望这种精神有一部分注入现代青年文学家的脑里头。

三十自述

"风云入世多,日月掷人急。如何一少年,忽忽已三十。"此余今年正月二十六日在日本东海道汽车中所作《三十初度口占十首》之一也。人海奔走,年光蹉跎,所志所事,百未一就,揽镜据鞍,能无悲惭?擎一既结集其文,复欲为作小传。余谢之曰:"若某之行谊经历,曾何足有记载之一值。若必不获已者,则人之知我,何如我之自知?吾死友谭浏阳曾作《三十自述》,吾毋宁效颦焉。"作《三十自述》。

余乡人也,于赤县神州,有当秦汉之交,屹然独立群雄之表数十年,用其地与其人,称蛮夷大长,留英雄之名誉于历史上之一省;于其省也,有当宋元之交,我黄帝子孙与北狄异种血战不胜,君臣殉国,自沉崖山,留悲愤之记念于历史上之一县,是即余之故乡也。乡名熊子,距崖山七里强,当西江入南海交汇之冲,其江口列岛七,而熊子宅其中央,余实中国极南之一岛民也。先世自宋末由福州徙南雄,明末由南雄徙新会,定居焉,数百年栖于山谷。族之伯叔兄弟,且耕且读,不问世事,如桃源中人。顾闻父老口碑所述,吾大王父最富于阴德,力耕所获,一粟一帛,辄以分惠诸族党之无告者。王父讳维清,字镜泉,为郡生员,例选广文,不就。王母氏黎。父名宝瑛,字莲涧。凤教授于乡里。母氏赵。

余生同治癸酉正月二十六日,实太平国亡于金陵后十年,清大学士曾国藩卒后一年,普法战争后三年,而意大利建国罗马之岁也。生一月而王母黎卒。逮事王父者十九年。王父及见之孙八人,而爱余尤甚。三岁仲弟启勋生,四五岁就王父及母膝下授四子书、《诗经》,夜则就睡王父榻,日与言古豪杰哲人嘉言懿行,而尤喜举亡宋、亡明国难之事,津津道之。六岁后,就父读,受中国略史,五经卒业。八岁学为文。九岁能缀千言。十二岁应试学院,补博士弟子员,日治帖括,虽心不慊之,然不知天地间于帖括外,更有所谓学也,辄埋头钻研。顾颇喜词章,王父、父母时授以唐人诗,嗜之过于八股。家贫无书可读,惟有《史记》一,《纲鉴易知录》一,王父、父日以课之,故至今《史记》之文,能成诵八九。父执有爱其慧者,赠以《汉书》一,姚氏《古文辞类纂》一,则大喜,读之卒业焉。父慈而严,督课之外,使之劳作,言语举动稍不谨,辄呵斥不少假借,常训之曰:"汝自视乃如常儿乎?"至今诵此语不敢忘。十三岁始知有段、王训诂之学,大好之,渐有弃帖括之志。十五岁,母赵恭人见背,以四弟之产难也,余方游学省会,而时无轮舶,奔丧归乡,已不获亲含殓,终天之恨,莫此为甚。时肄业于省会之学海堂,堂为嘉庆间前总督阮元所立,以训诂词章课粤人者也。至是乃决舍帖括以从事于此,不知天地间于训诂词章之外,更有所谓学也。已丑,年十七,举于乡,主考为李尚书端棻,王镇江仁堪。年十八计偕入京师,父以其稚也,挚与偕行,李公以其妹许字焉。下第归,道上海,从坊间购得《瀛环志略》读之,始知有五大洲各国,且见上海制造局译出西书若干种,心好之,以无力不能购也。

其年秋,始交陈通甫①。通甫时亦肄业学海堂,以高才生闻。既而通甫相语曰:"吾闻康南海先生上书请变法,不达,新从京师归,吾往谒焉。其学乃为吾与子所未梦及,吾与子今得师矣。"于是乃因通甫修弟子礼事南海先生。时余以少年科第,且于时流所推重之训诂词章学,颇有所知,辄沾沾自喜。先生乃以大海潮音,作师子吼,取其所挟持之数百年无用旧学更端驳诘,悉举而摧陷廓清之。自辰入见,及戌始退,冷水浇背,当头一棒,一旦尽失其故垒,惘惘然不知所从事,且惊且喜,且怨且艾,且疑且惧,与通甫联床竟夕不能寐。明日再谒,请为学

---

① 陈通甫:即陈千秋(1869—1895),字通甫,号随生。清末学者,康有为弟子,著有《广经传释词》。

方针，先生乃教以陆王心学，而并及史学、西学之梗概。自是决然舍去旧学，自退出学海堂，而间日请业南海之门。生平知有学自兹始。

辛卯，余年十九，南海先生始讲学于广东省城长兴里之万木草堂，徇通甫与余之请也。先生为讲中国数千年来学术源流，历史政治，沿革得失，取万国以比例推断之。余与诸同学日札记其讲义，一生学问之得力，皆在此年。先生又常为语佛学之精奥博大，余夙根浅薄，不能多所受。先生时方著《公理通》、《大同学》等书，每与通甫商榷，辨析入微，余辄侍末席，有听受，无问难，盖知其美而不能通其故也。先生著《新学伪经考》，从事校勘；著《孔子改制考》，从事分纂。日课则《宋元明儒学案》、二十四史、《文献通考》等，而草堂颇有藏书，得恣涉猎，学稍进矣。其年始交康幼博[1]。十月，入京师，结婚李氏。明年壬辰，年二十，王父弃养。自是学于草堂者凡三年。

甲午，年二十二，客京师，于京国所谓名士者多所往还。六月，日本战事起，惋愤时局，时有所吐露，人微言轻，莫之闻也。顾益读译书，治算学、地理、历史等。明年乙未，和议成，代表广东公车百九十人，上书陈时局。既而南海先生联公车三千人，上书请变法，余亦从其后奔走焉。其年七月，京师强学会开，发起之者，为南海先生，赞之者为郎中陈炽，郎中沈曾植，编修张孝谦，浙江温处道袁世凯等。余被委为会中书记员。不三月，为言官所劾，会封禁。而余居会所数月，会中于译出西书购置颇备，得以余日尽浏览之，而后益斐然有述作之志。其年始交谭复生、杨叔峤、吴季清、铁樵、子发父子[2]。

京师之开强学会也，上海亦踵起。京师会禁，上海会亦废。而黄公度倡议续其余绪[3]，开一报馆，以书见招。三月去京师，至上海，始交公度。七月《时务报》开，余专任撰述之役，报馆生涯自兹始，著《变

---

[1] 康幼博：即康广仁，清末维新派人物。名有溥，字广仁，号幼博。
[2] 谭复生：即谭嗣同。杨叔峤：即杨锐。
[3] 黄公度：即黄遵宪（1848—1905），字公度。清末维新派、诗人。著有《人境庐诗草》等。

法通议》、《西学书目表》等书。其冬，公度简出使德国大臣，奏请偕行，会公度使事辍，不果。出使美、日、秘大臣伍廷芳，复奏派为参赞，力辞之。伍固请，许以来年往，既而终辞，专任报事。丁酉四月，直隶总督王文韶，湖广总督张之洞，大理寺卿盛宣怀，连衔奏保，有旨交铁路大臣差遣，余不之知也。既而以札来，粘奏折上谕焉，以不愿被人差遣辞之。张之洞屡招邀，欲致之幕府，固辞。时谭复生宦隐金陵，间月至上海，相过从，连舆接席。复生著《仁学》，每成一篇，辄相商榷，相与治佛学，复生所以砥砺之者良厚。十月，湖南陈中丞宝箴，江督学标，聘主湖南时务学堂讲席，就之。时公度官湖南按察使，复生亦归湘助乡治，湘中同志称极盛。未几，德国割据胶州湾事起，瓜分之忧，震动全国，而湖南始创南学会，将以为地方自治之基础，余颇有所赞画。而时务学堂于精神教育，亦三致意焉。其年始交刘裴邨、林暾谷、唐绂丞，及时务学堂诸生李虎村、林述唐、田均一、蔡树珊等①。

明年戊戌，年二十六。春，大病几死，出就医上海，既痊，乃入京师。南海先生方开保国会，余多所赞画奔走。四月，以徐侍郎致靖之荐，总理衙门再荐，被召见，命办大学堂译书局事务。时朝廷锐意变法，百度更新，南海先生深受主知，言听谏行，复生、暾谷、叔峤、裴邨，以京卿参预新政，余亦从诸君子之后，黾勉尽瘁。八月政变，六君子为国流血，南海以英人仗义出险，余遂乘日本大岛兵舰而东。去国以来，忽忽四年矣。

戊戌九月至日本，十月与横滨商界诸同志谋设《清议报》。自此居日本东京者一年，稍能读东文，思想为之一变。己亥七月，复与滨人共设高等大同学校于东京，以为内地留学生预备科之用，即今之清华学校是也。其年，美洲商界同志，始有中国维新会之设，由南海先生所鼓舞

---

① 刘裴邨：即刘光第（1859—1898），清末维新派人物，戊戌六君子之一。林暾谷：即林旭（1875—1898），字暾谷，清末维新派人物，戊戌六君子之一。唐绂丞：即唐才常（1867—1900），清末维新派人物。

也。冬间美洲人招往游，应之。以十一月首途，道出夏威夷岛，其地华商二万余人，相絷留，因暂住焉，创夏威夷维新会。适以治疫故，航路不通，遂居夏威夷半年。至庚子六月，方欲入美，而义和国变已大起，内地消息，风声鹤唳，一日百变。已而屡得内地函电，促归国，遂回马首而西。比及日本，已闻北京失守之报。七月急归沪，方思有所效，抵沪之翌日，而汉口难作，唐、林、李、蔡、黎、傅诸烈，先后就义，公私皆不获有所救。留沪十日，遂去，适香港，既而渡南洋，谒南海，遂道印度，游澳洲，应彼中维新会之招也。居澳半年，由西而东，环洲历一周而还。辛丑四月，复至日本。

尔来蛰居东国，忽又岁余矣，所志所事，百不一就。惟日日为文字之奴隶，空言喋喋，无补时艰，平旦自思，只有惭悚。顾自审我之才力，及我今日之地位，舍此更无术可以尽国民责任于万一。兹事虽小，亦安得已。一年以来，颇竭棉薄，欲草一中国通史以助爱国思想之发达，然荏苒日月，至今犹未能成十之二。惟于今春为《新民丛报》，冬间复创刊《新小说》，述其所学所怀抱者，以质于当世达人志士，冀以为中国国民遒铎之一助。呜呼！国家多难，岁月如流，眇眇之身，力小任重。吾友韩孔广诗云："舌下无英雄，笔底无奇士。"呜呼，笔舌生涯，已催我中年矣！此后所以报国民之恩者，未知何如？每一念及，未尝不惊心动魄，抑塞而谁语也。

孔子纪元二千四百五十三年壬寅十一月，任公自述。

亡友夏穗卿先生①

我正在这里埋头埋脑做我的《中国近三百年学术史》里头《清代学者整理旧学之总成绩》一篇，忽然接到夏浮筠的信说他父亲穗卿先生死了！

我像受电气打击一般蓦地把三十年前的印象从悲痛里兜转来！几天内天天要写他又写不出。今天到车站上迎太戈尔，回家来又想起穗卿了。胡乱写那么几句。

近十年来，社会上早忘却有夏穗卿其人了。穗卿也自贫病交攻，借酒自戕。正是李太白诗说的"君平既弃世，世亦弃君平"。连我也轻易见不着他一面，何况别人？但是，若有读过十八九年前的《新民丛报》和《东方杂志》的人，当知其中有署名别士的文章，读起来令人很感觉他思想的深刻和卓越。"别士"是谁？就是穗卿。

穗卿是晚清思想界革命的先驱者。

穗卿是我少年做学问最有力的一位导师。

穗卿既不著书，又不讲学，他的思想，只是和欣赏的朋友偶然讲讲，或者在报纸上随意写一两篇。——印出来的著作，只有十几年前商务印书馆出版的一部《中国历史教科书》，也并非得意之作。——他晚年思想到怎样程度，恐怕除了他自己外没有人知道。但我敢说：

他对于中国历史有崭新的见解——尤其是古代史，尤其是有史以前。

---

① 夏穗卿：即夏曾佑（1865—1924），字遂卿，作穗卿，一字惠卿。近代文学家、学者。著有《中国历史教科书》等。

他对于佛学有精深的研究——近世认识"唯识学"价值的人，要算他头一个。

我将来打算做一篇穗卿的传，把他学术全部详细说明。——但不知道我能不能，因为穗卿虽然现在才死，然而关于他的资料已不易搜集，尤其是晚年。——现在只把我所谓"三十年前印象"写写便了。

穗卿和我的交际，有他赠我两首诗说得最明白。第二首我记不真了——原稿更没有。第一首却一字不忘。请把他写下来：

> 壬辰在京师，广座见吾子。
> 草草致一揖，仅足记姓氏。
> 洎乎癸甲间，衡宇望尺咫。
> 春骑醉莺花，秋灯狎图史。
> 冥冥兰陵门，万鬼头如蚁。
> 质多举只手，阳乌为之死。
> 袒裼往暴之，一击类执豕。
> 酒酣掷杯起，跌宕笑相视。
> 颇谓宙合间，只此足欢喜。
> 夕烽从东来，孤帆共南指。
> 再别再相遭，便已十年矣。
> 君子尚青春，英声乃如此。
> 嗟嗟吾党人，视子为泰否。

这首诗是他甲辰年游日本时赠我的，距今恰恰整二十年了。我因这首诗才可以将我们交往的年月约略记忆转来。

我十九岁始认得穗卿。——我的"外江佬"朋友里头，他算是第一个。初时不过"草草一揖"，了不相关，以后不晓得怎么样便投契起来了。我当时说的纯是"广东官话",他的杭州腔又是终身不肯改的,我们交换谈话很困难,但不久都互相了解了。他租得一个小房子在贾家胡同,我住的是粉房琉璃街新会馆。——后来又加入一位谭复生,他住在北半截胡同浏阳馆。——"衡宇望尺咫",我们几个没有一天不见面。见面就谈学问,常常对吵,每天总大吵一两场。但吵的结果,十次有九次我被穗卿屈服,我们大概总得到意见一致。

这会想起来,那时候我们的思想真"浪漫"得可惊!不知从那里会有恁么多问题,一会发生一个,一会又发生一个。我们要把宇宙间所有的问题都解决;但帮助我们解决的资料却没有,我们便靠主观的冥想,想得的便拿来对吵;吵到意见一致的时候,便自以为已经解决了。由今回想,真是可笑!但到后来知道问题不是那么容易解决,发生问题的勇气也一天减少一天了。

穗卿和我都是从小治乾嘉派考证学有相当素养的人。到我们在一块儿的时候,我们对于从前所学生极大的反动,不惟厌他,而且恨他。穗卿诗里头"冥冥兰陵门,万鬼头如蚁。质多举只手,阳乌为之死","兰陵"指的是荀卿;"质多"是佛典上魔鬼的译名,——或者即基督教经典里头的撒但。阳乌即太阳——日中有乌是相传的神话。清儒所做的汉学,自命为"荀学"。我们要把当时垄断学界的汉学打倒,便用"擒贼擒王"的手段去打他们的老祖宗——荀子。到底打倒没有呢?且不管。但我刚才说过,"我们吵到没有得吵的时候,便算问题解决。"我们主观上认为已经打倒了!"祖袒往暴之,一击类执豕。酒酣掷杯起,跌宕笑相视。颇谓宙合间,只此足欢喜。"这是我们合奏的革命成功凯歌。读起来可以想起当时我们狂到怎么样,也可以想见我们精神解放后所得的愉快怎么样。

穗卿自己的宇宙观、人生观,常喜欢用诗写出来。他前后作有几十首绝句,说的都是怪话。我只记得他第一首:

冰期世界太清凉。洪水芒芒下土方。
巴别塔前一挥手。人天从此感参商。

这是从地质学家所谓冰期洪水期讲起，以后光怪陆离的话不知多少。当时除我和谭复生外没有人能解他。因为他创造许多新名词，非常在一块的人不懂。可惜我把那诗都忘记了——他家里也未必有稿。他又有四首寄托遥深的律诗，我只记得两句：

阊视吾良秋柏实，化为瑶草洞庭深。

谭复生和他的是：

……
金裘喷血和天斗，黄竹闻歌匝地哀。
徐甲倘容心忏悔，愿身成骨骨成灰。

死生流转不相值，天地翻时忽一逢。
且喜无情成解脱，欲追前事已冥濛。
……

这些话都是表现他们的理想，用的字句都是象征。当时我也有和作，但太坏，记不得了。

简单说，我们当时认为：中国自汉以后的学问全要不得的；外来的学问都是好的。既然汉以后要不得，所以专读各经的正文和周秦诸子。既然外国学问都好，却是不懂外国话，不能读外国书，只好拿几部教会的译书当宝贝。再加上些我们主观的理想——似宗教非宗教似哲学非哲学似科学非科学似文学非文学的奇怪而幼稚的理想。我们所标榜的"新学",就是这三种原素混合构成。

我们的"新学"要得要不得,另一问题;但当时确用"宗教式的宣传"去宣传他。穗卿诗说:"嗟嗟吾党人",穗卿没有政治上的党,人人所共知;"吾党"却是学术界打死仗的党。

穗卿为什么自名为别士呢?"别士"这句话出于墨子,是和"兼士"对称的。墨子主张兼爱,常说"兼以易别",所以墨家叫做"兼士",非墨家便叫做"别士"。我是心醉墨学的人,所以自己号称"任公",又自命为"兼士"。穗卿说:"我却不能做摩顶放踵利天下的人,只好听你们墨家排挤罢。"因此自号别士。他又有两句赠我的诗说道:

君自为繁我为简,白云归去帝之居。

这是他口里来说出我们彼此不同之点。大概他厌世的色彩很深,不像我凡事都有兴味。我们常常彼此互规其短;但都不能改,以后我们各走各路,学风便很生差别了。

穗卿又起我一个绰号叫做"佞人"。这句话怎么解呢?我们有一天闲谈,谈到这"佞"字,古人自谦便称"不佞",《论语》又说"仁而不佞",又说:"非敢为佞也,疾固也。"不佞有什么可惜又有什么可谦呢?因记起某部书的训诂"佞,才也"。知道不佞即不才,仁而不佞即仁而无才,非敢为佞即不敢自命有才。然则穗卿为什么叫我做佞人呢?《庄子·天下》篇论墨子学术总结一句是"才士也夫"。——穗卿当时赠我的诗有一句:"帝杀黑龙才士隐","黑龙"用《墨子·贵义》篇的话,才士即指墨子——他挖苦我的"墨学狂",把庄子上给墨子的徽号移赠我,叫我做"才士",再拿旧训诂展转注解一番,一变便变成了"佞人"!有一年正当丁香花盛开时候,我不知往那里去了,三天没有见他。回来见案头上留下他一首歪诗说道:

> 不见佞人三日了，不知为佞去何方。
> 春光如此不游赏，终日栖栖为底忙？

这虽不过当时一种绝不相干的雅谑，但令我永远不能忘记。现在三十年前的丁香花又烂漫着开，枝头如雪，"佞人"依旧"栖栖"，却不见留笺的人！

我们都学佛，但穗卿常常和我说："怕只法相宗才算真佛学。"那时窥基的《成唯识论述记》初回到中国，他看见了欢喜得几乎发狂！他又屡说"《楞严经》是假的"，当时我不以为然，和他吵了多次。但后来越读《楞严》越发现他是假。我十年来久想仿阎百诗《古文尚书疏证》的体例著一部《佛顶楞严经疏证》[①]。三年前见穗卿和他谈起，他很高兴，还供给我许多资料。我这部书不知何年何月才做成，便做成也不能请教我的导师了！

穗卿是最静穆的人，常常终日对客不发一言。我记得他有一句诗：

> 一灯静如鹭。

我说这诗就是他自己写照。从前我们用的两根灯草的油灯，夜长人寂时澄心眇虑和他相对，好像沙滩边白鹭翘起一足在那里出神。穗卿这句诗固然体物入微，但也是他的人格的象征了。

"白云归去帝之居。"呜呼，穗卿先生归去了。

呜呼！思想界革命先驱的夏穗卿先生！

呜呼！我三十年前的良友夏穗卿先生！

十三年，四月，二十三日，穗卿死后六日。

---

① 阎百诗：即阎若璩，清代学者。

南海先生七十寿言

岁丁卯二月五日，实我本师南海康先生七十生日①，上距广州长兴里万木草堂设教伊始三十有七年矣。同学著籍者遍天下，咸思所以为先生寿。其最初受业于门者及游宦于京邑者若而人，则胥谋命启超为之辞。

启超窃惟先生思以道援天下溺，恻恻焉数十年如一日，顾竟不得所藉手至于今。而世变愈棘，夷狄禽兽，交于中国；四民惨悴颠沛，不可终日。先生盖蠢然忧伤，其不能一日展眉以为欢也。虽然，先生有天游焉，终日行不离辎重，而神明乃栖息乎方之外。以故一生所历劳苦患难，非恒人所堪，而常能无入而不自得。古之真人，盖有入水不濡，入火不热，寿不知其几，而颜色常如婴儿者。孔子有言：智者乐，仁者寿。先生惟仁也，故有终身之忧；惟智也，故不改其乐。仁且智，故乐而寿，正惟弟子不能及也。先生之功在国家，与其学术之开拓千古，若悉说之，将累万言不能尽。吾侪今日求所以乐先生者，请语草堂之乐以为乐，可乎？

吾侪之初侍先生于长兴也，徒侣不满二十人，齿率在十五六乃至十八九之间，其弱冠以上者裁二三人耳，皆天真烂漫，而志气踸踔向上，相爱若昆弟，而先生视之犹子。堂中有书藏，先生自出其累代藏书置焉；有乐器库，先生督制琴竽干戚之属略备。先生每逾午，则升坐讲古今学术源流。每讲辄历二三小时，讲者忘倦，听者亦忘倦。每听一度，则各各欢喜踊跃，自以为有所创获，退省则醰醰然有味，历久而弥永

---

① 南海康先生：指康有为（1858—1927）。近代改良主义者、学者，梁启超的老师。康是广东南海人，故世称"南海先生"。

也。向晦，则燕见，率三四人入室旅谒，亦时有独造者。先生始则答问，继则广谭，因甲起乙，往往遂及道术，至广大至精微处。吾侪始学耳，能质疑献难者盖鲜有之，则先生大乐益纵，而所以诲之者益丰。每月夜，吾侪则从游焉。粤秀山之麓，吾侪舞雩也，与先生或相期或不相期。然而春秋佳日，三五之夕，学海堂、菊坡精舍、红棉草堂、镇海楼一带，其无万木草堂师弟踪迹者盖寡。每游，率以论文始，既乃杂遝泛滥于宇宙万有、芒乎汒乎，不知所终极。先生在，则拱默以听；不在，则主客论难锋起，声往往振林木。或联臂高歌，惊树中栖鸦拍拍起。於戏！学于万木，盖无日不乐，而此乐最殊胜矣。先生著《新学伪经考》方成，吾侪分任校雠；其著《孔子改制考》及《春秋董氏学》，则发凡起例，诏吾侪分纂焉。吾侪坐是获所启发，各斐然有述作之志。其著《大同书》，覃思独造，莫能赞一辞；然每发一义，未尝不择其可语者相与商榷，陈礼吉、曹著伟其最有异闻者也。抑先生虽以乐学教吾侪乎，然每语及国事杌陧，民生憔悴，外侮凭陵，辄慷慨歔欷，或至流涕。吾侪受其教，则振荡怵惕，懔然于匹夫之责，而不敢自放弃自暇逸。每出，则举所闻以语亲戚朋旧，强聒而不舍。流俗骇怪指目之，谥曰"康党"，吾侪亦居之不疑也。

自长兴以后，而邝家祠，而府学宫，从游者岁增，动至数百千人。虽得朋日丰，而亲炙之时日不能遍给，乐稍替矣。既而公车上书、强学会、戊戌政变以迄今日，忽忽三十年，先生转徙海外之日强半。吾侪相从于患难中，其间零落凋谢，不一二数。今先生七十，吾侪亦皆垂垂老矣，各牵于人事，或经数岁不得合并。然每一侍坐，则先生谭兴之豪，与抚爱之切挚，壹不减长兴时；吾侪深庆事先生之日方长，而所以鼓舞之使靖献于天下国家者，正未有艾也。

今国事诚有大不忍言者存，然剥极之后，会有其期。戊戌以后之新中国，惟先生实手辟之。今之少年，或能讥弹先生，然而导河积石，则孰非闻先生之风而兴者？事苟有济，成之何必在我！先生其亦或可稍纾悲悯，雍容扶杖，以待一阳之至也。

启超等或于役京国，或息影家园，或栖迟海外，不能一一抠衣趋祝；惟往往风晨雨夕，相促膝话畴昔少年同学事，则心魂温藦而神志飞扬，谓为有生第一至乐，而知先生亦必有以乐乎此也。乃以所以乐先生者为先生寿，而属亲炙于侧者致辞焉。先生其将莞尔而笑曰：吾党之小子狂简犹昔也。

校刻浏阳谭氏《仁学》序①

呜呼,此支那为国流血第一烈士亡友浏阳谭君之遗著也!烈士之烈,人人知之;烈士之学,则罕有知之者;亦有自谓知之,而其实未能知者。余之识烈士,虽仅三年,然此三年之中,学问、言论、行事,无所不与共。其于学也,同服膺南海②,无所不言,无所不契。每共居,则促膝对坐一榻中,往复上下,穷天人之奥,或彻数日夜废寝食,论不休。每十日不相见,则论事论学之书盈一箧。呜呼!烈士之可以千古,尚有出乎烈士之外者,余今不言,来者曷述焉?乃叙曰:

《仁学》何为而作也?将以光大南海之宗旨,会通世界圣哲之心法,以救全世界之众生也。南海之教学者曰:以求仁为宗旨,以大同为条理,以救中国为下手,以杀身破家为究竟。《仁学》者即发挥此语之书也,而烈士者即实行此语之人也。

今夫众生之大蔽,莫甚乎有我之见存。有我之见存,则因私利而生计较,因计较而生罣碍,因罣碍而生恐怖,驯至一事不敢办,一言不敢发。充其极也,乃至见孺子入井而不怵惕,闻邻榻呻吟而不动心,视同胞国民之糜烂而不加怜,任同体众生之痛痒而不知觉,于是乎大不仁之事起焉。故孔子绝四,终以"毋我"。佛说曰:"无我相。"今夫世界乃至恒河沙数之星界,如此其广大;我之一身,如此其藐小。自地球初有人类,初有生物,乃至前此无量劫,后此无量劫,如此其长;我之一身,数十寒暑,如此其短。世界物质,如此其复杂;我之一身,分合七十三原质中之各质组织而成,如此其虚幻。然则我之一身,何可私之

---

① 浏阳谭氏:指谭嗣同。《仁学》是谭嗣同的代表著作。
② 南海:指康有为。

有？何可爱之有？既无可私，既无可爱，则毋宁舍其身以为众生之牺牲，以行吾心之所安。盖大仁之极，而大勇生焉。顾婆罗门及其他旧教，往往有以身饲蛇虎，或断食，或卧车辙下求死，而孔、佛不尔者，则以吾固有不忍人之心。既曰不忍矣，而洁其身而不思救之，是亦忍也。故佛说："我不入地狱，谁入地狱？"孔子曰："天下有道，丘不与易也。"古之神圣哲人，无不现身于五浊恶世，经历千辛万苦者，此又佛所谓"乘本愿而出"，孔子所谓"求仁而得仁，又何怨"也。

烈士发为众生流血之大愿也久矣。虽然，或为救全世界之人而流血焉，或为救一种之人而流血焉，或为救一国之人而流血焉，乃至或为救一人而流血焉。其大小之界，至不同也；然自仁者视之，无不同也。何也？仁者平等也，无差别相也，无拣择法也，故无大小之可言也。此烈士所以先众人而流血也。况有《仁学》一书，以公于天下，为法之灯，为众生之眼，则烈士亦可以无慊于全世界也夫！亦可以无慊于全世界也夫！

烈士流血后九十日，同学梁启超叙。

重印郑所南《心史》序①

启超欲求郑所南先生《心史》，养养然梦寐以之者十余年。乙巳四月，客有自署无冰者，以家藏本见赠。穷日夜之力读之，每尽一篇，腔血辄腾跃一度。既卒业，隐几薲腾，睡则呓诵"誓以匹夫纾国难，艰于乱世取人才。屡曾算至难谋处，裂破肺肝天地哀"之句，咿嚶作小儿啜泣声。同舍生眙之，谓其病也。呜呼！启超读古人诗文辞多矣，未尝有振荡余心若此书之甚者。先生自跋曰："吾不知此书纸耶字耶语耶法耶誓耶诚耶人耶鬼耶神耶天耶心耶理耶性耶？"但启超读之，则如见先生披垢腻衣，手八尺藤杖，凛凛然临于吾前，滔滔然若悬河以诏我以所谓"一是"之大义者。呜呼！此书一日在天壤，则先生之精神，与中国永无尽也。

先生所抱主义，至单极简。全书殆数万言，所陈说唯一义，反之复之络之绎之，而不见其有一词之费。《诗》曰："其仪一兮；其仪一兮，心如结兮。"荀卿释之曰："故君子结于一也。"先生之谓矣！今之少年，其貌为先生之容者盖比比，吾不敢谓其皆无先生之志。虽然，学先生者必于其本；本原一谬，其去千里。吾观先生性情之厚，其独得于天者，或非人人所能几；至其坚苦刻厉、力学自得之处，曷尝不谆谆然？示后辈以周行而俾之率由，一言蔽之，亦曰诚而已矣。今之少年，发愤于国之积弱，诟詈呼天，或且迁怒以及孔子。然日本四十年前维新之业，彼中人士，推论自出，皆曰食儒教之赐无异辞。吾读所南先生之书，而叹

---

① 郑所南（1241—1318，一说1239—1316），宋末元初爱国诗人、画家。字忆翁；宋亡后改名思肖，号所南，表示心向南方故国。著有《心史》，后人集有《郑所南先生文集》等，存世画作有《国香图卷》、《竹卷》等。

儒教之精神，可以起国家之衰而建置之者，盖在是矣！盖在是矣！夫先生盖舍儒教外，他无所学者也。

　　先生之人格，求诸我国数千年先民中，罕与相类，惟日本之吉田松阴绝肖之。其行谊之高洁肖，其气象之俊伟肖；其主义之单纯肖，其自信之坚确肖；其实行其所持之主义，百折而气不挫也肖；其根本于道心道力，予天下后世以共见也肖。呜呼！海西海东数百年间，两人而已！两人而已！顾以一松阴能开今后之日本，而先生乃赍志没，仅以区区之《心史》贻子孙，此盖所处之时势难易不同。而日本则一松阴唱之，十百千万松阴和之，而所南并世无一所南。岂惟并世，即距今六七百年，而所谓区区之《心史》，犹若隐若见于人间世，而举国中，知有先生者，尚不可多得，微论崇拜也。先生固言之矣，曰："国之所与立者，非力也，人心也。故善观人国家者，惟观人心何如尔。此固儒者寻常迂阔之论，然万万不逾此理。"又曰："今之人，万其心，一于利。初若剖肝胆相授，熟窥于久实不然，坐空一世，悉莫我与合。"又曰："我始之待人为君子也，十必望其八九；久之则七六矣；又久之则五四三二矣；又久之，至于一亦无所取者有之。"呜呼！人心败坏一至此极，欲国之不亡，岂有幸也！

　　呜呼《心史》！呜呼《心史》！书万卷，读万遍，超度全国人心，以入于光明俊伟之域，乃所以援拯数千年国脉，以出于层云霾雾之中。先生有灵，尚呵护之！

　　乙巳四月，后学梁启超校竟记。